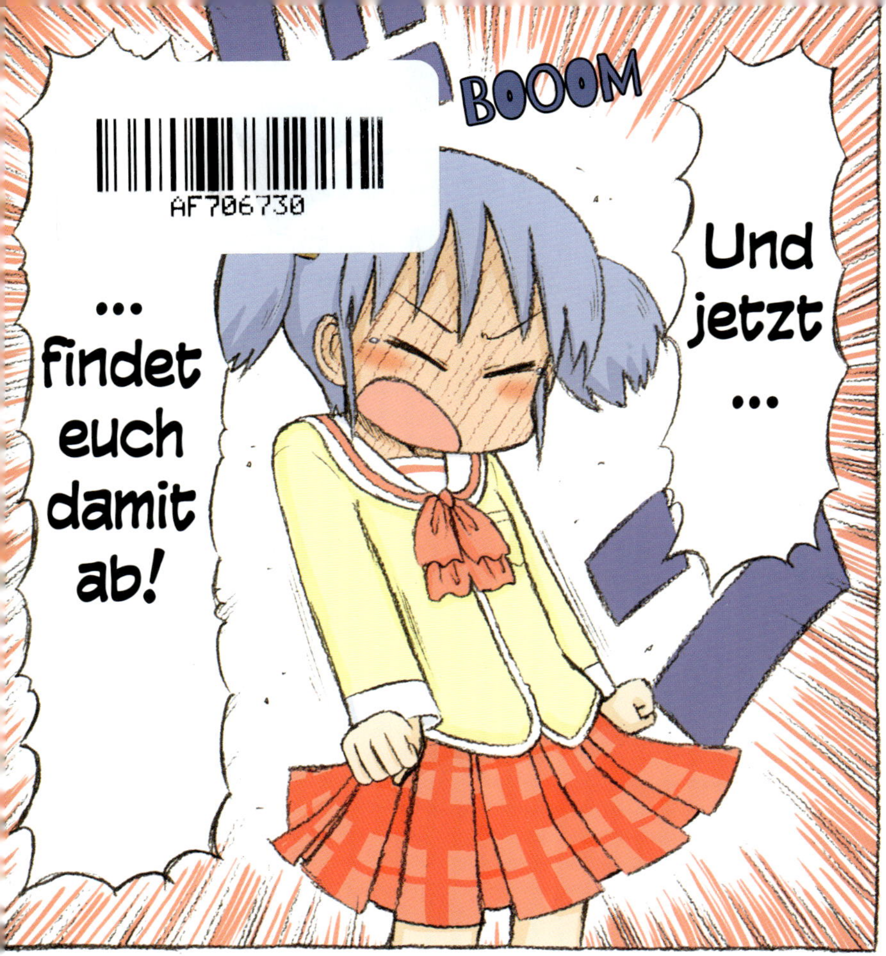
BOOOM
Und jetzt ...
... findet euch damit ab!

Keiichi Arawi

Nichijou

Das ganz normale Leben 7

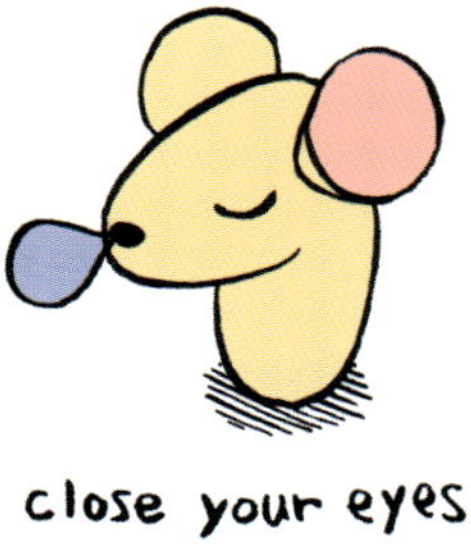
close your eyes

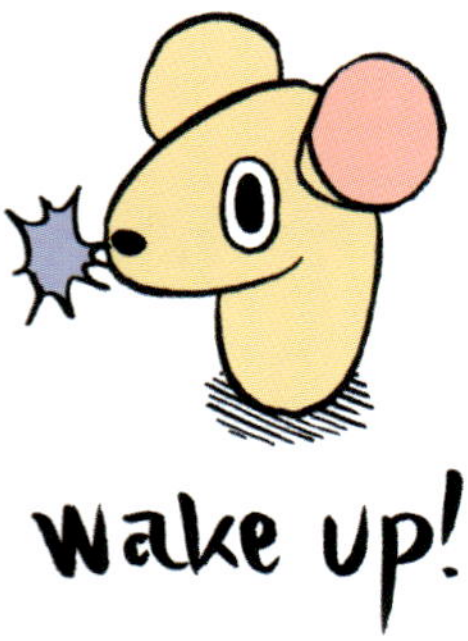
wake up!

ALLTAG 106

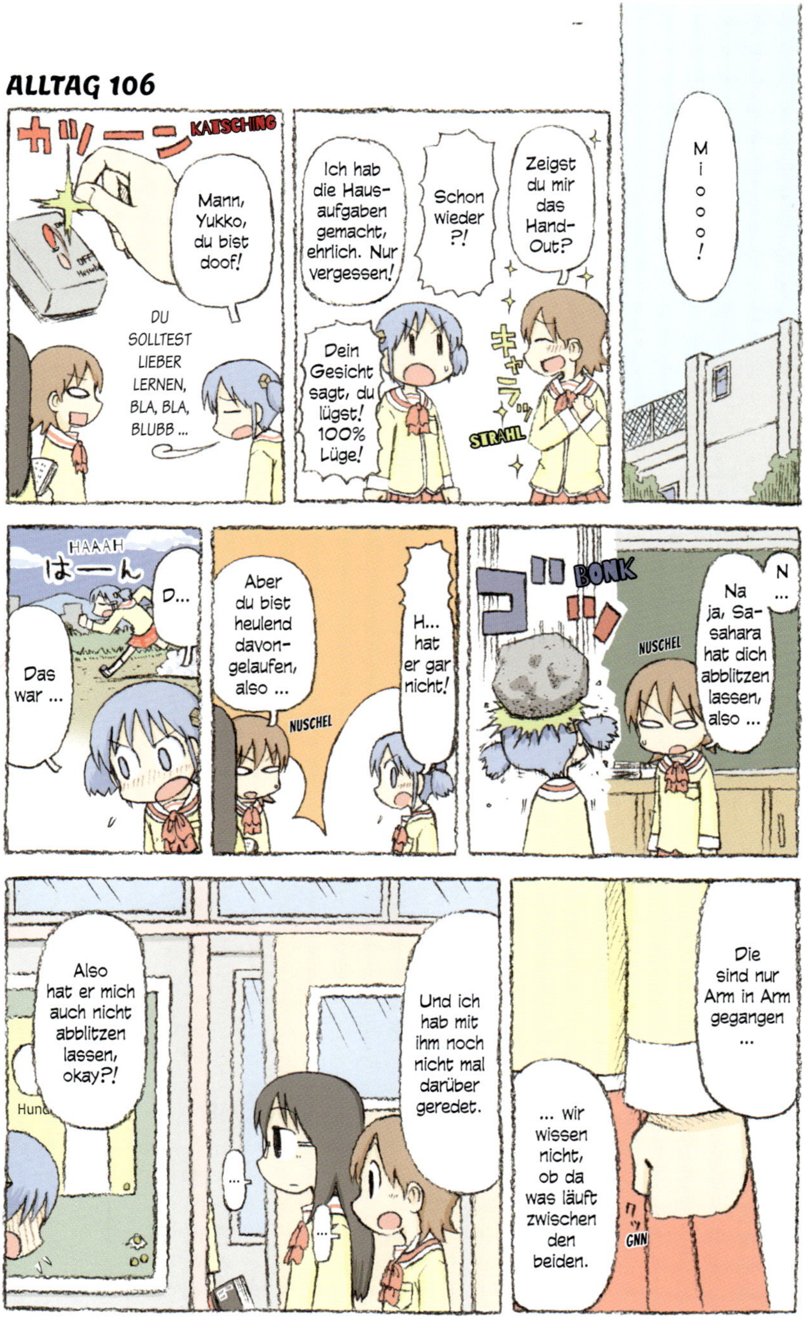
Miooo!
Zeigst du mir das Hand-Out?
Schon wieder?!
Ich hab die Hausaufgaben gemacht, ehrlich. Nur vergessen!
STRAHL
Dein Gesicht sagt, du lügst! 100% Lüge!
KATSCHING
Mann, Yukko, du bist doof!
DU SOLLTEST LIEBER LERNEN, BLA, BLA, BLUBB ...
BONK
N ...
Na ja, Sasahara hat dich abblitzen lassen, also ...
NUSCHEL
H... hat er gar nicht!
Aber du bist heulend davongelaufen, also ...
NUSCHEL
HAAAH
D...
Das war ...
Die sind nur Arm in Arm gegangen ...
... wir wissen nicht, ob da was läuft zwischen den beiden.
GNN
Und ich hab mit ihm noch nicht mal darüber geredet.
Also hat er mich auch nicht abblitzen lassen, okay?!
...
...

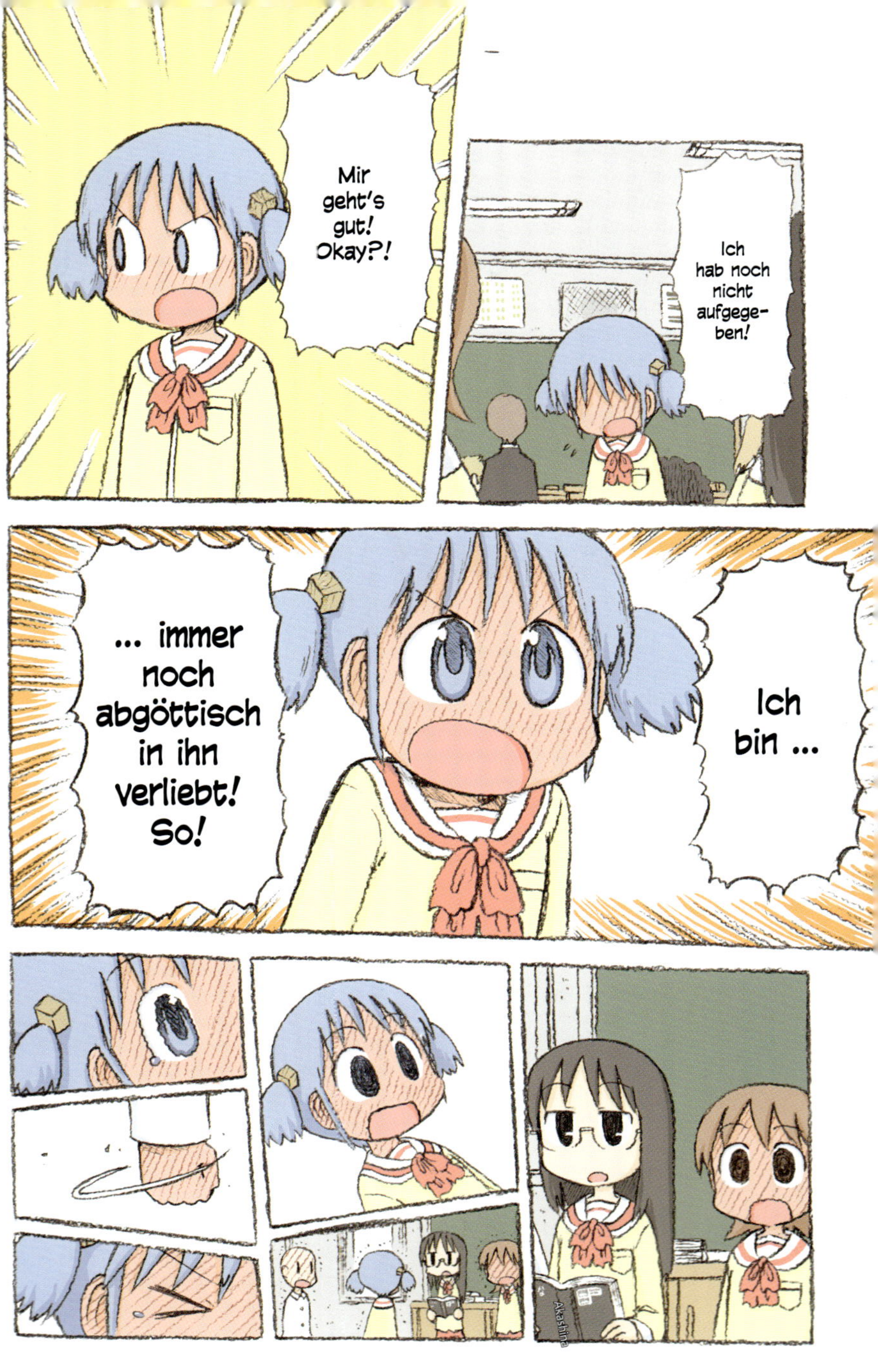
Ich hab noch nicht aufgegeben!
Mir geht's gut! Okay?!
Ich bin ...
... immer noch abgöttisch in ihn verliebt! So!
Akashina

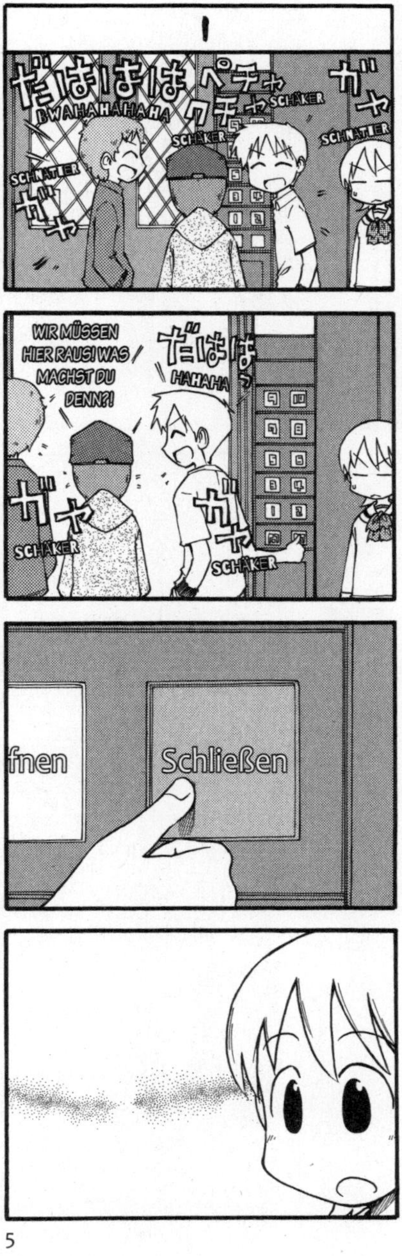
1
だははは
BWAHAHAHAHA
ペチャクチャ
SCHÄKER
ガヤ
SCHNATTER
SCHÄKER
SCHNATTER
ガヤ
WIR MÜSSEN HIER RAUS! WAS MACHST DU DENN?!
だはは
HAHAHA
ガヤ
SCHÄKER
ガヤ
SCHÄKER
fnen
Schließen

ALLTAG 107

Momente der Güte

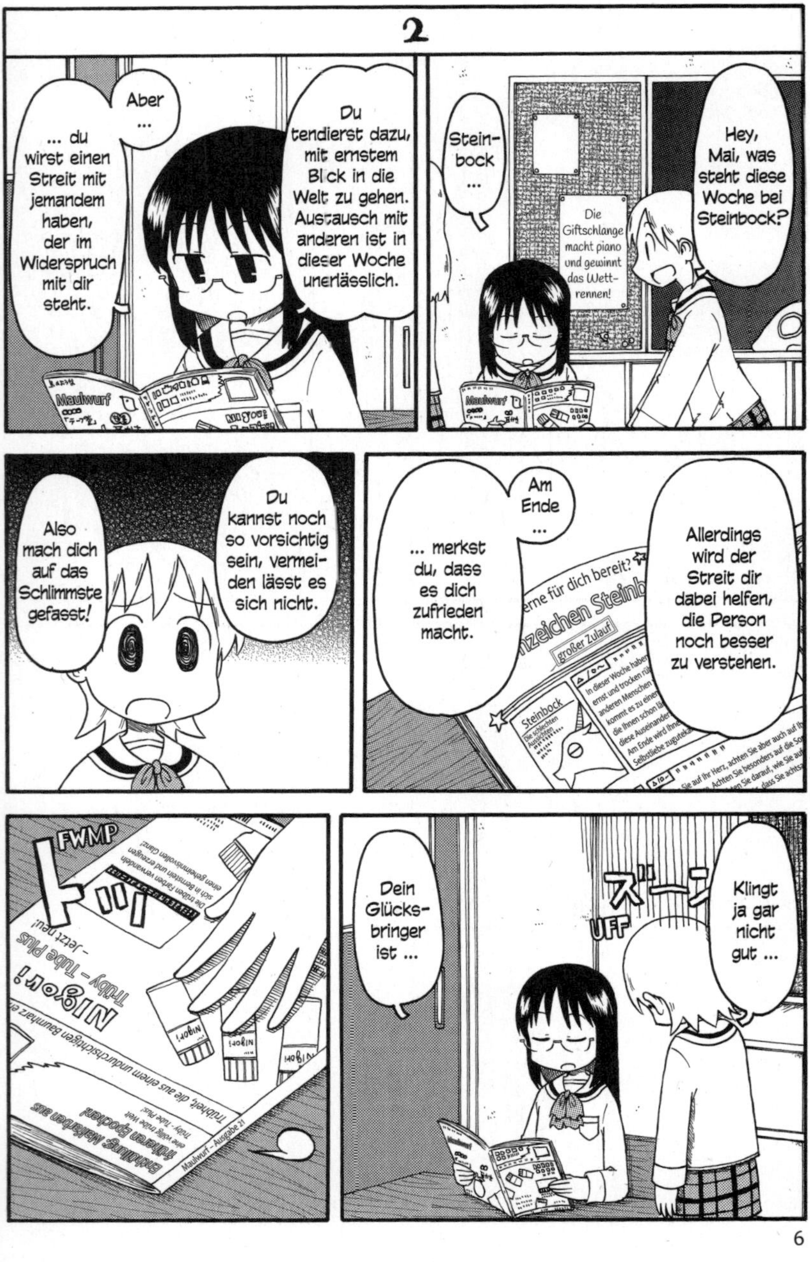
2
Hey, Mai, was steht diese Woche bei Steinbock?
Steinbock ...
Die Giftschlange macht piano und gewinnt das Wettrennen!
Du tendierst dazu, mit ernstem Blick in die Welt zu gehen. Austausch mit anderen ist in dieser Woche unerlässlich.
Aber ...
... du wirst einen Streit mit jemandem haben, der im Widerspruch mit dir steht.
Maulwurf
Allerdings wird der Streit dir dabei helfen, die Person noch besser zu verstehen.
Am Ende ...
... merkst du, dass es dich zufrieden macht.
großer Zulauf
Steinbock
Du kannst noch so vorsichtig sein, vermeiden lässt es sich nicht.
Also mach dich auf das Schlimmste gefasst!
Klingt ja gar nicht gut ...
UFF
Dein Glücksbringer ist ...
FWMP
Nigori!
Trüby – Tube Plus
– Jetzt neu!
Maulwurf – Ausgabe 21

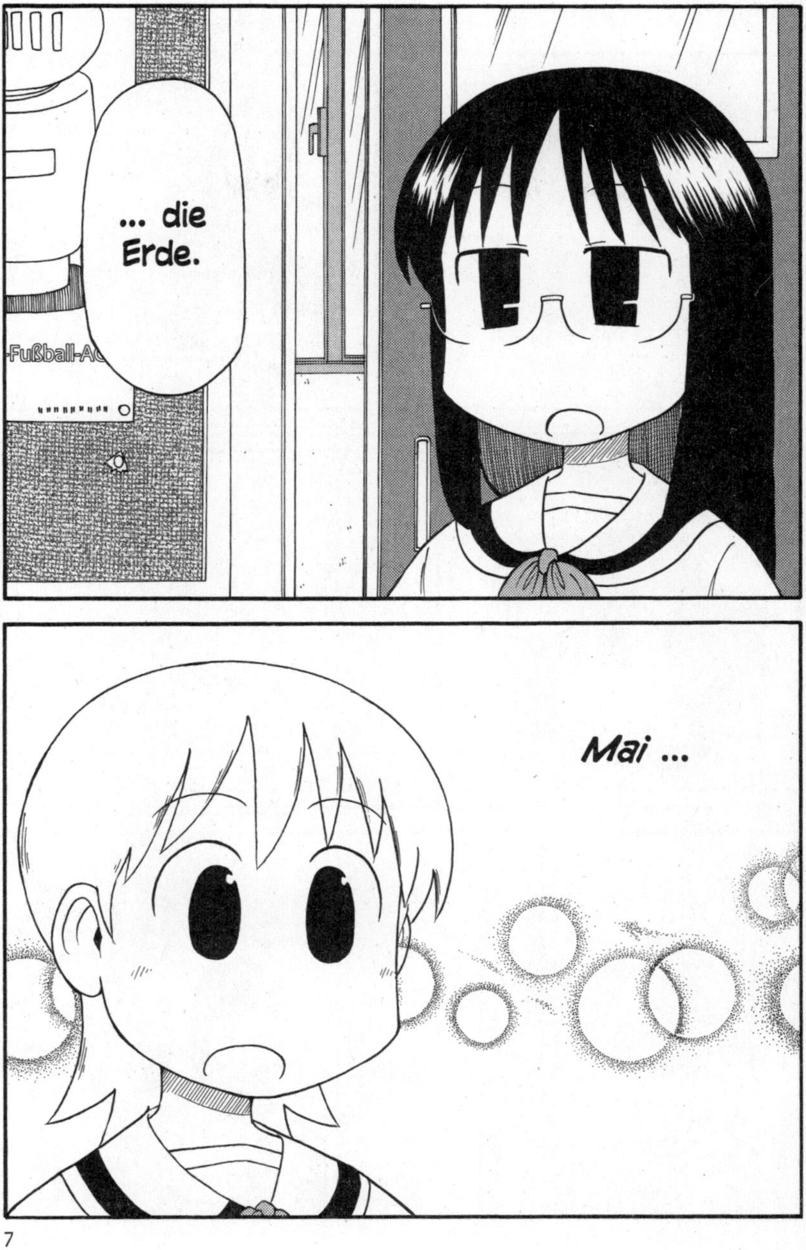
... die Erde.
-Fußball-AG
Mai ...

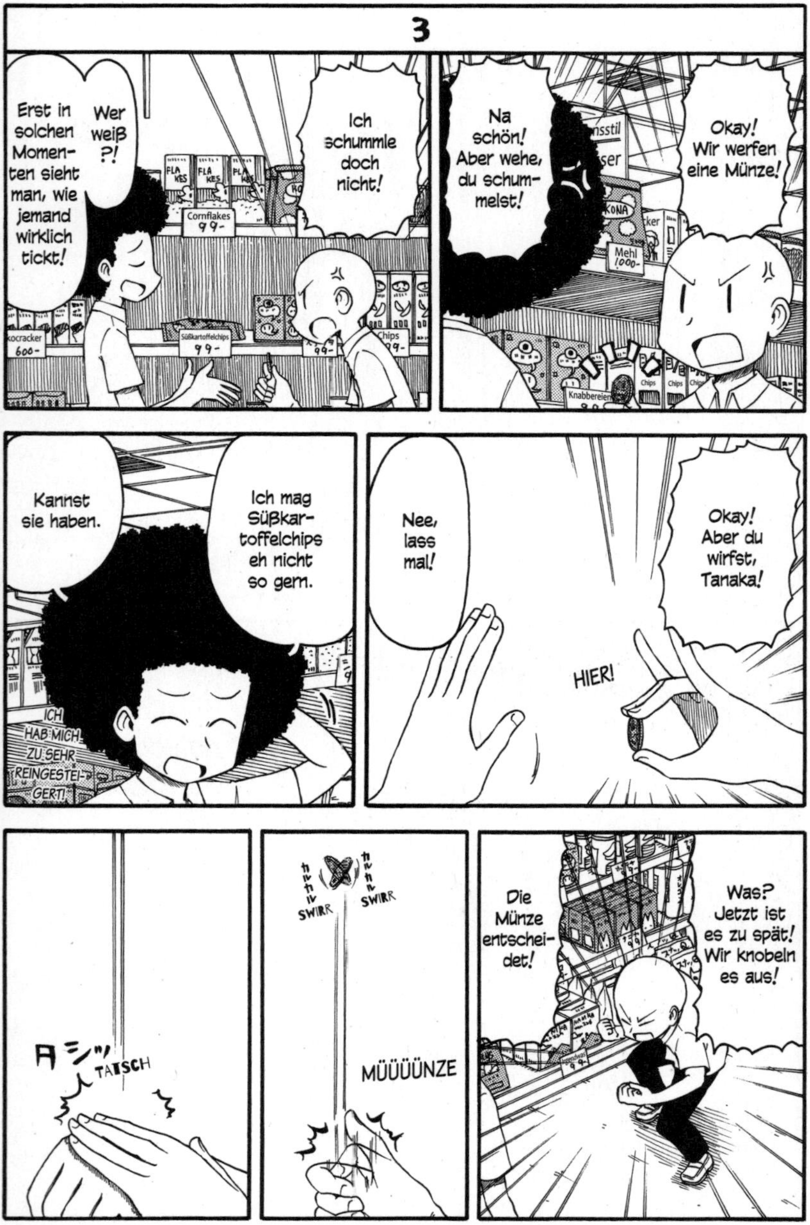
3
Okay! Wir werfen eine Münze!
Na schön! Aber wehe, du schummelst!
Mehl 1000-
Knabbereien
Chips
Ich schummle doch nicht!
Wer weiß?!
Erst in solchen Momenten sieht man, wie jemand wirklich tickt!
Cornflakes 99-
Süßkartoffelchips 99-
kocracker 600-
Okay! Aber du wirfst, Tanaka!
HIER!
Nee, lass mal!
Ich mag Süßkartoffelchips eh nicht so gern.
Kannst sie haben.
ICH HAB MICH ZU SEHR REINGESTEIGERT!
Was? Jetzt ist es zu spät! Wir knobeln es aus!
Die Münze entscheidet!
SWIRR
SWIRR
MÜÜÜÜNZE
TATSCH

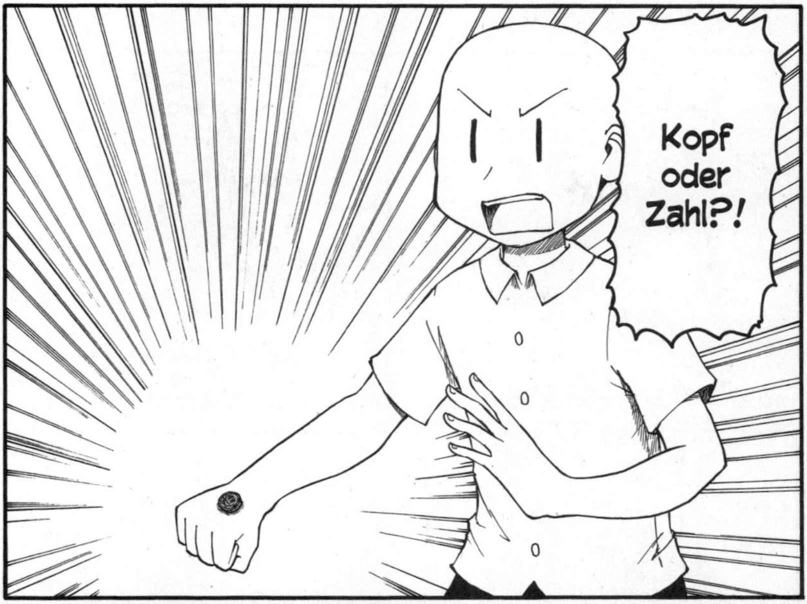
Kopf oder Zahl?!

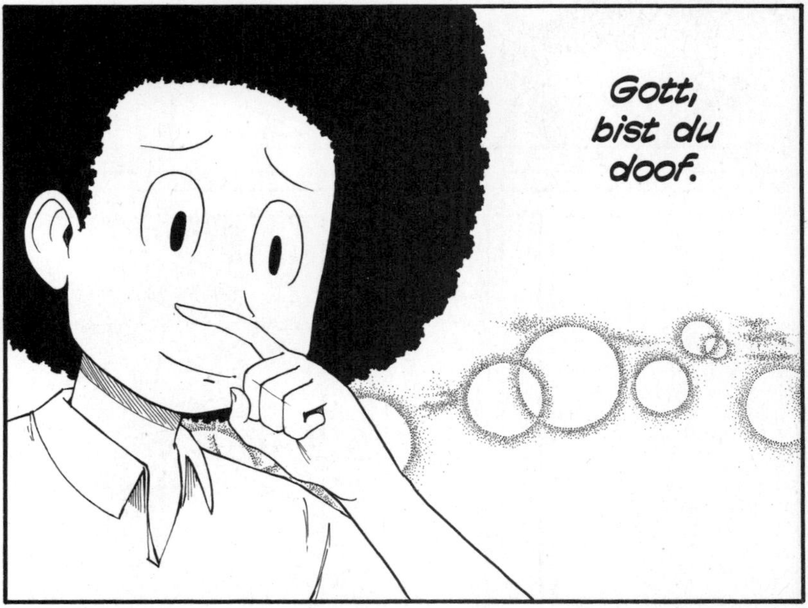
Gott, bist du doof.

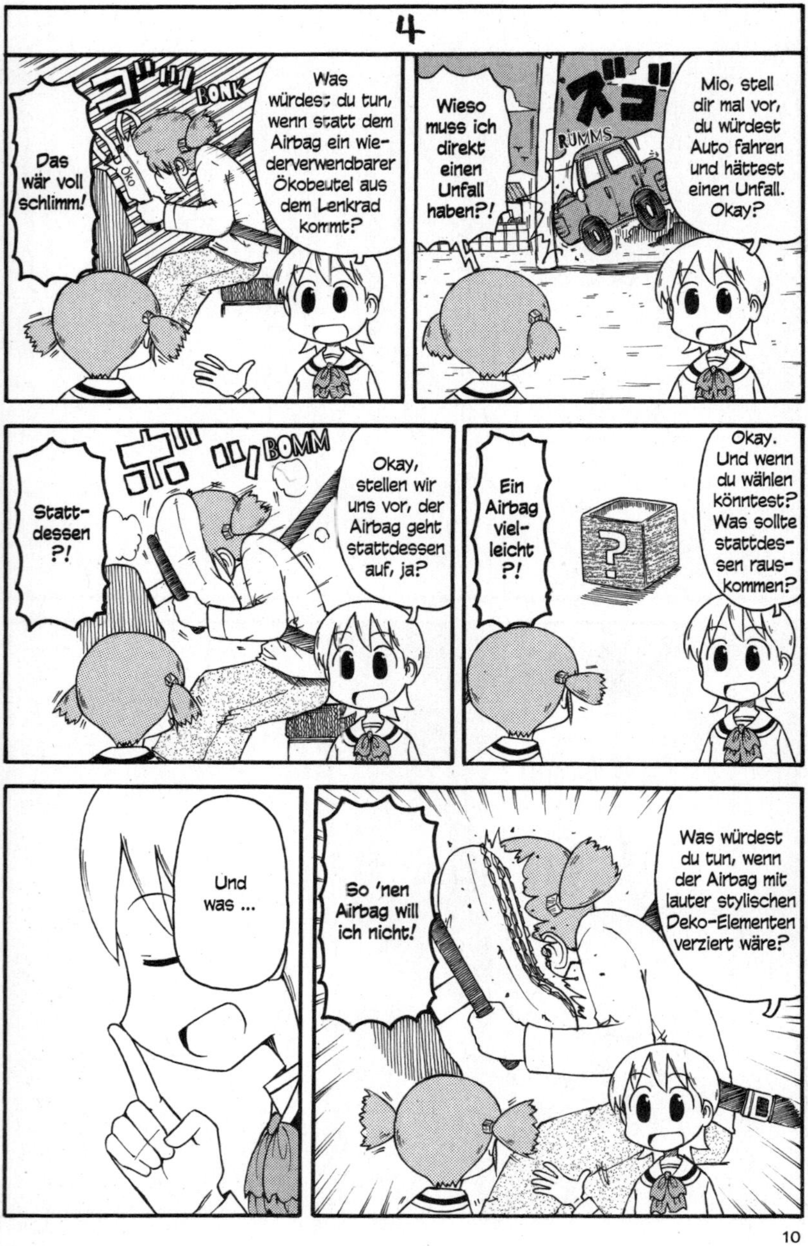
4
Mio, stell dir mal vor, du würdest Auto fahren und hättest einen Unfall. Okay?
RUMMS
Wieso muss ich direkt einen Unfall haben?!
Was würdest du tun, wenn statt dem Airbag ein wiederverwendbarer Ökobeutel aus dem Lenkrad kommt?
BONK
Öko
Das wär voll schlimm!
Okay. Und wenn du wählen könntest? Was sollte stattdessen rauskommen?
Ein Airbag vielleicht?!
Okay, stellen wir uns vor, der Airbag geht stattdessen auf, ja?
BOMM
Stattdessen?!
Was würdest du tun, wenn der Airbag mit lauter stylischen Deko-Elementen verziert wäre?
So 'nen Airbag will ich nicht!
Und was ...

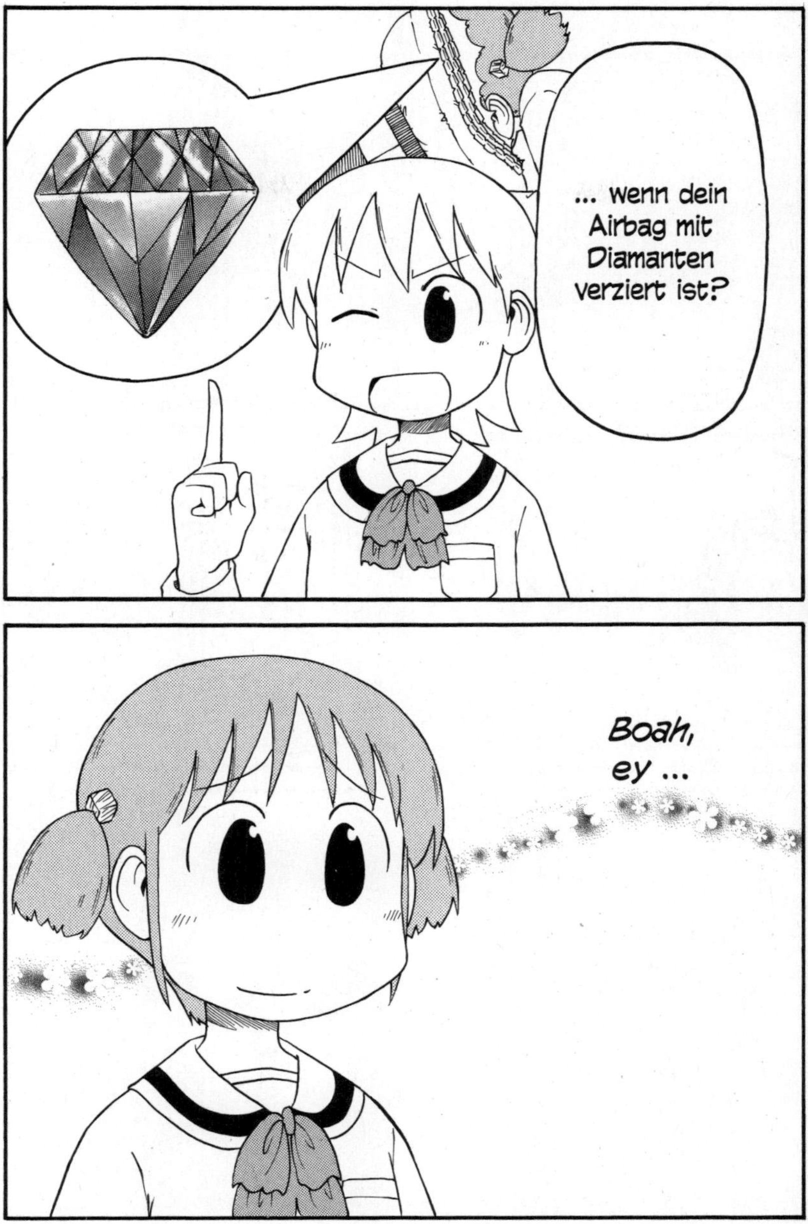
... wenn dein Airbag mit Diamanten verziert ist?
Boah, ey ...

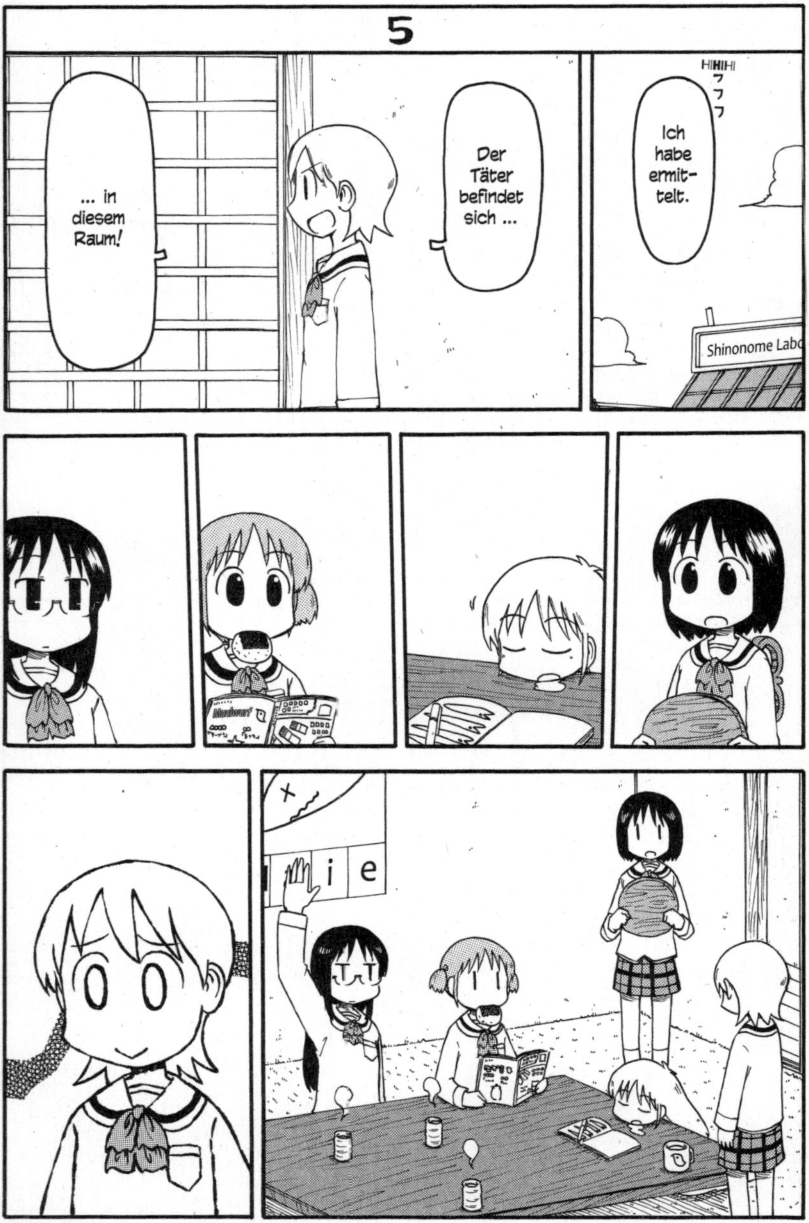
5
HIHIHI
フフフ
Ich habe ermit-telt.
Shinonome Labo
Der Täter befindet sich ...
... in diesem Raum!

ALLTAG 107 (ENDE)

ALLTAG 108

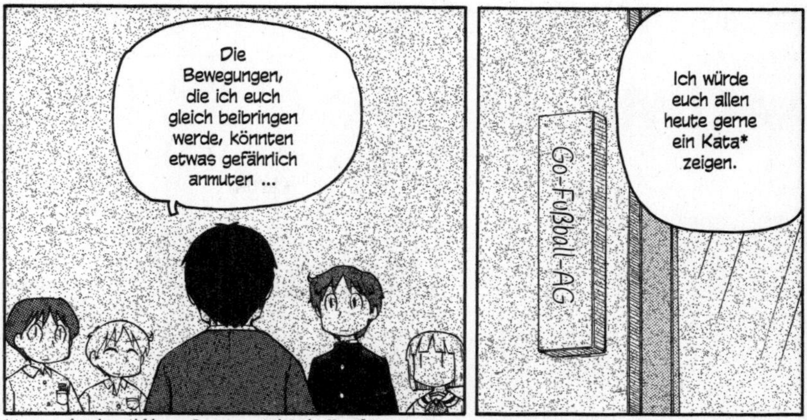
Ich würde euch allen heute gerne ein Kata* zeigen.
Go-Fußball-AG
Die Bewegungen, die ich euch gleich beibringen werde, könnten etwas gefährlich anmuten ...

*eine genau festgelegte Abfolge von Bewegungen insb. in den Kampfkünsten

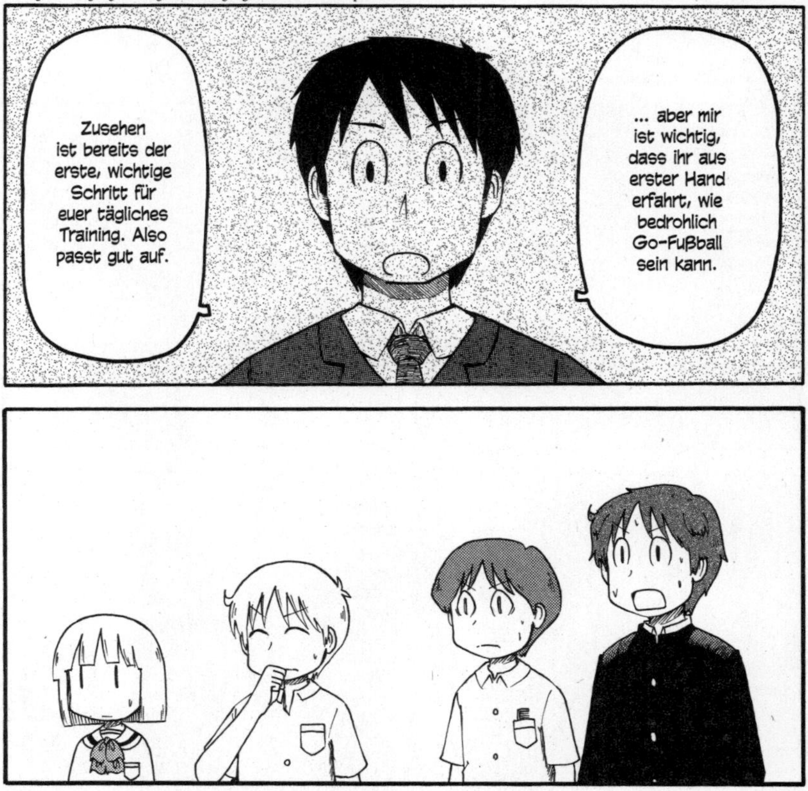
... aber mir ist wichtig, dass ihr aus erster Hand erfahrt, wie bedrohlich Go-Fußball sein kann.
Zusehen ist bereits der erste, wichtige Schritt für euer tägliches Training. Also passt gut auf.

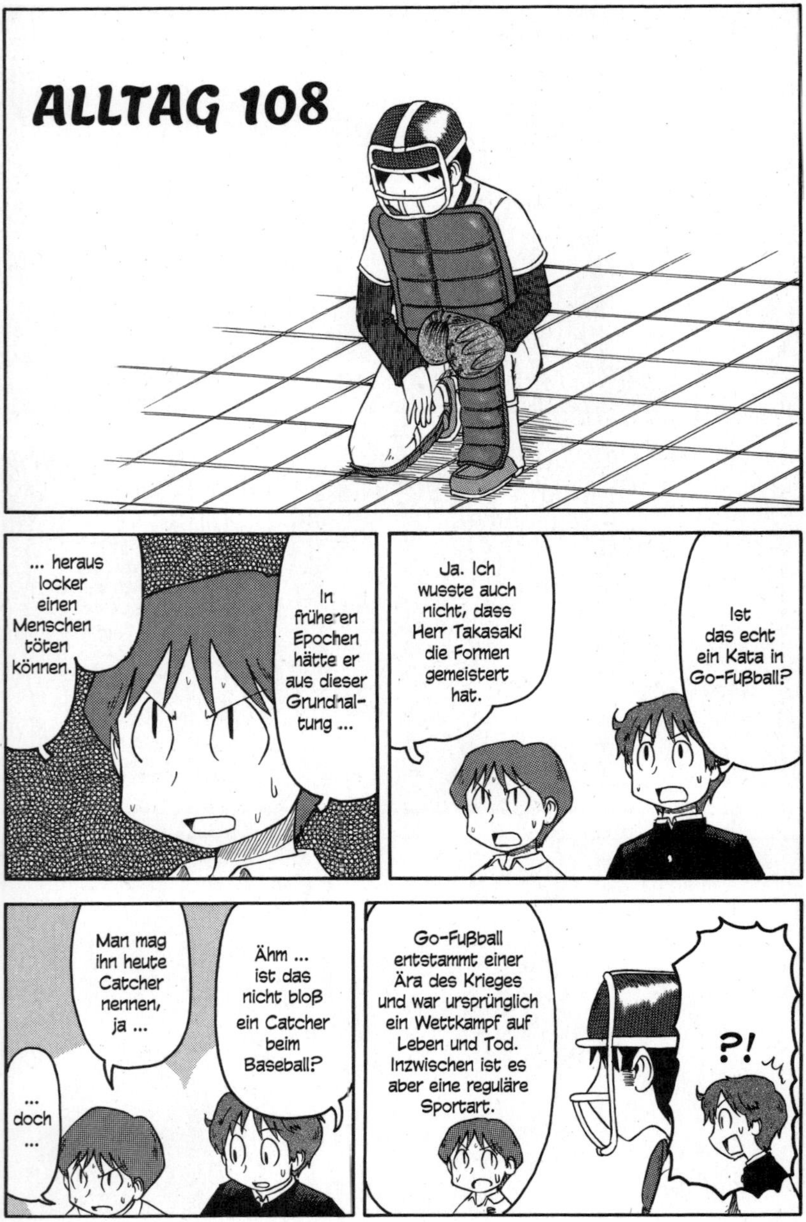

ALLTAG 108
Ist das echt ein Kata in Go-Fußball?
Ja. Ich wusste auch nicht, dass Herr Takasaki die Formen gemeistert hat.
In früheren Epochen hätte er aus dieser Grundhaltung ...
... heraus locker einen Menschen töten können.
?!
Go-Fußball entstammt einer Ära des Krieges und war ursprünglich ein Wettkampf auf Leben und Tod. Inzwischen ist es aber eine reguläre Sportart.
Ähm ... ist das nicht bloß ein Catcher beim Baseball?
Man mag ihn heute Catcher nennen, ja ...
... doch ...

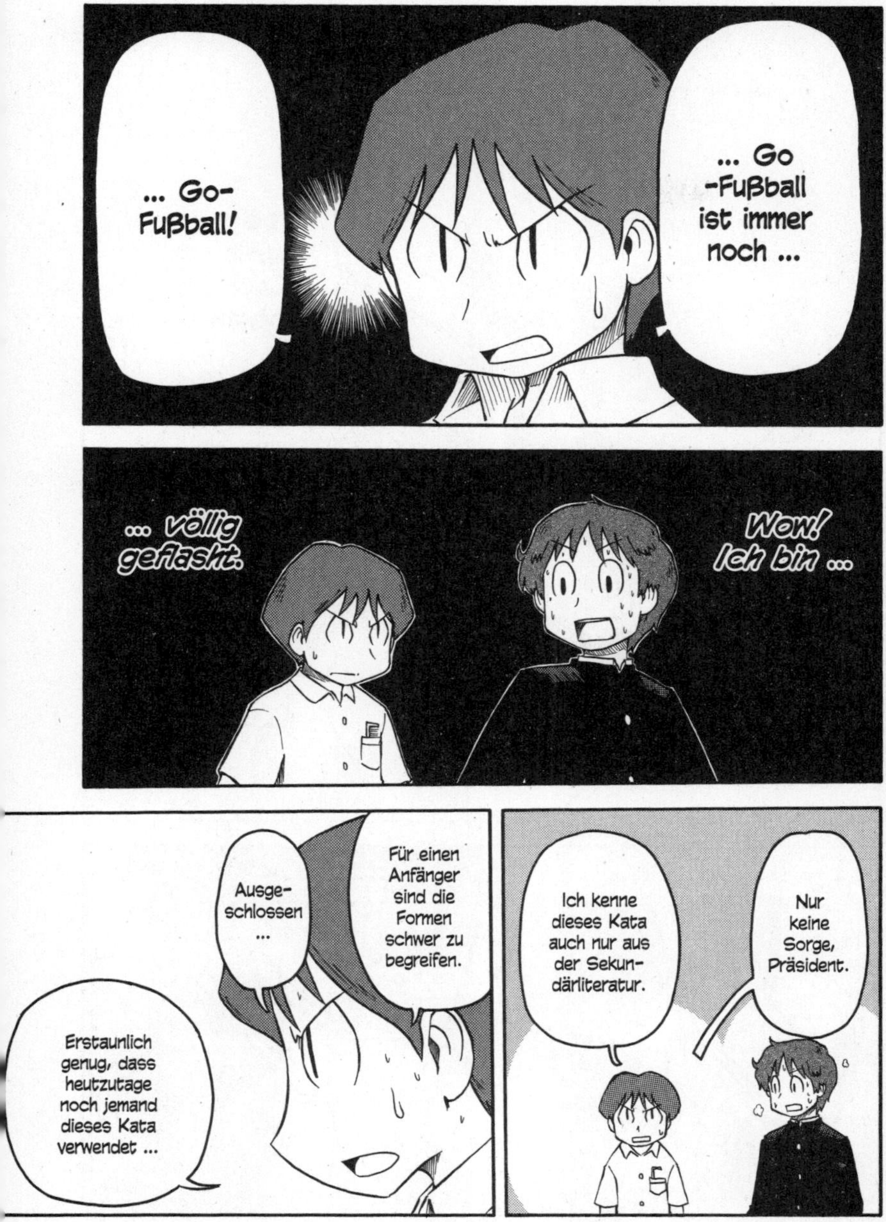
... Go -Fußball ist immer noch ...
... Go-Fußball!
Wow! Ich bin ...
... völlig geflasht.
Nur keine Sorge, Präsident.
Ich kenne dieses Kata auch nur aus der Sekundärliteratur.
Für einen Anfänger sind die Formen schwer zu begreifen.
Ausge- schlossen ...
Erstaunlich genug, dass heutzutage noch jemand dieses Kata verwendet ...

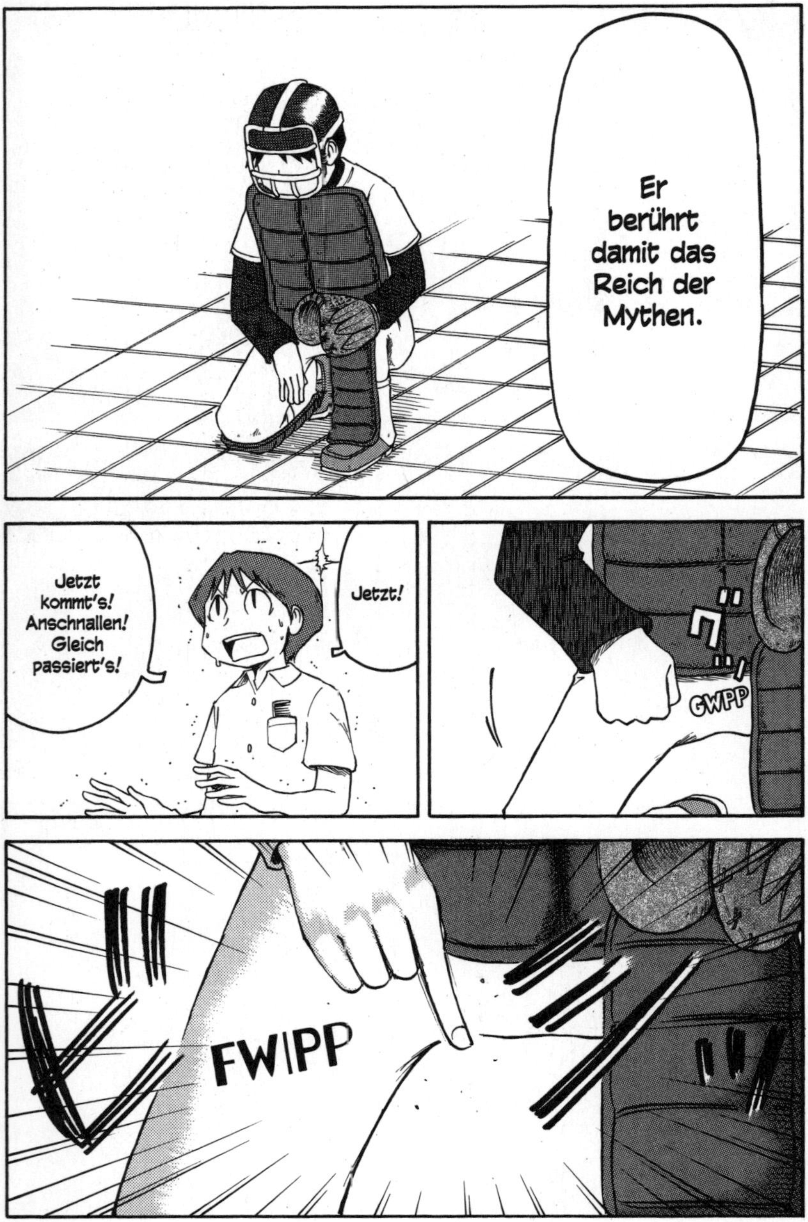
Er berührt damit das Reich der Mythen.
Jetzt!
Jetzt kommt's! Anschnallen! Gleich passiert's!
GWPP
FWIPP

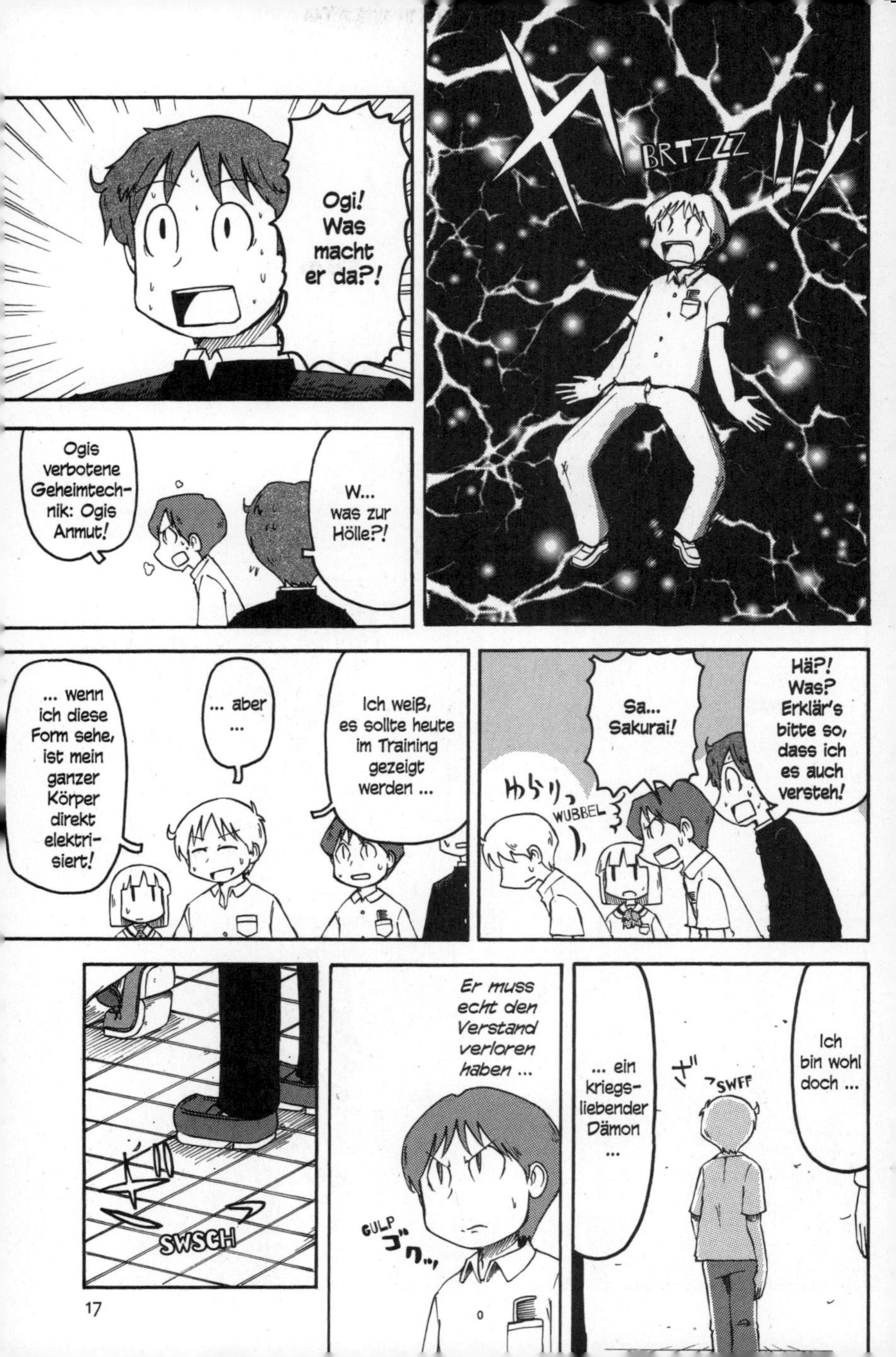
BRTZZZ
Ogi! Was macht er da?!
W... was zur Hölle?!
Ogis verbotene Geheimtechnik: Ogis Anmut!
Hä?! Was? Erklär's bitte so, dass ich es auch versteh!
Sa... Sakurai!
ゆらりっ
WUBBEL
Ich weiß, es sollte heute im Training gezeigt werden ...
... aber ...
... wenn ich diese Form sehe, ist mein ganzer Körper direkt elektrisiert!
Ich bin wohl doch ...
ザッ
SWFF
... ein kriegsliebender Dämon ...
Er muss echt den Verstand verloren haben ...
GULP
ゴクッ
SWSCH

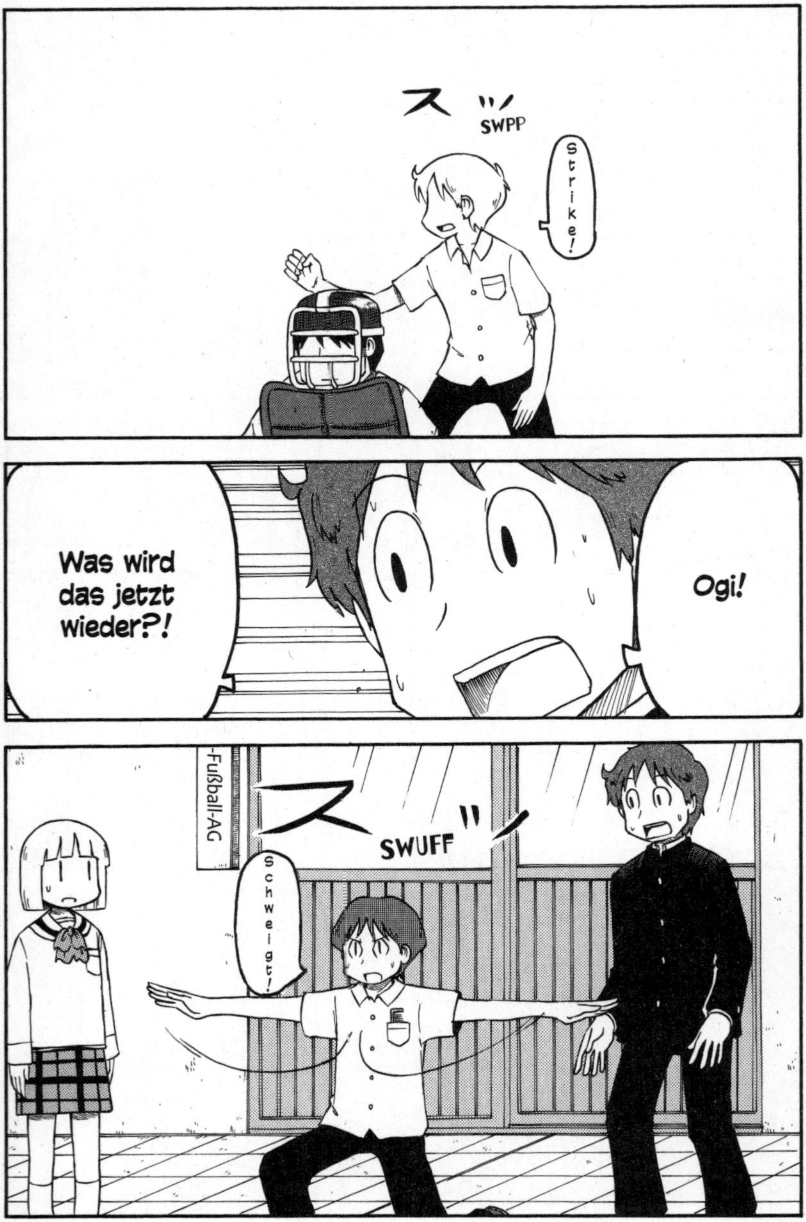
ス ッ
SWPP
Strike!
Ogi!
Was wird das jetzt wieder?!
-Fußball-AG
ス ッ
SWUFF
Schweigt!

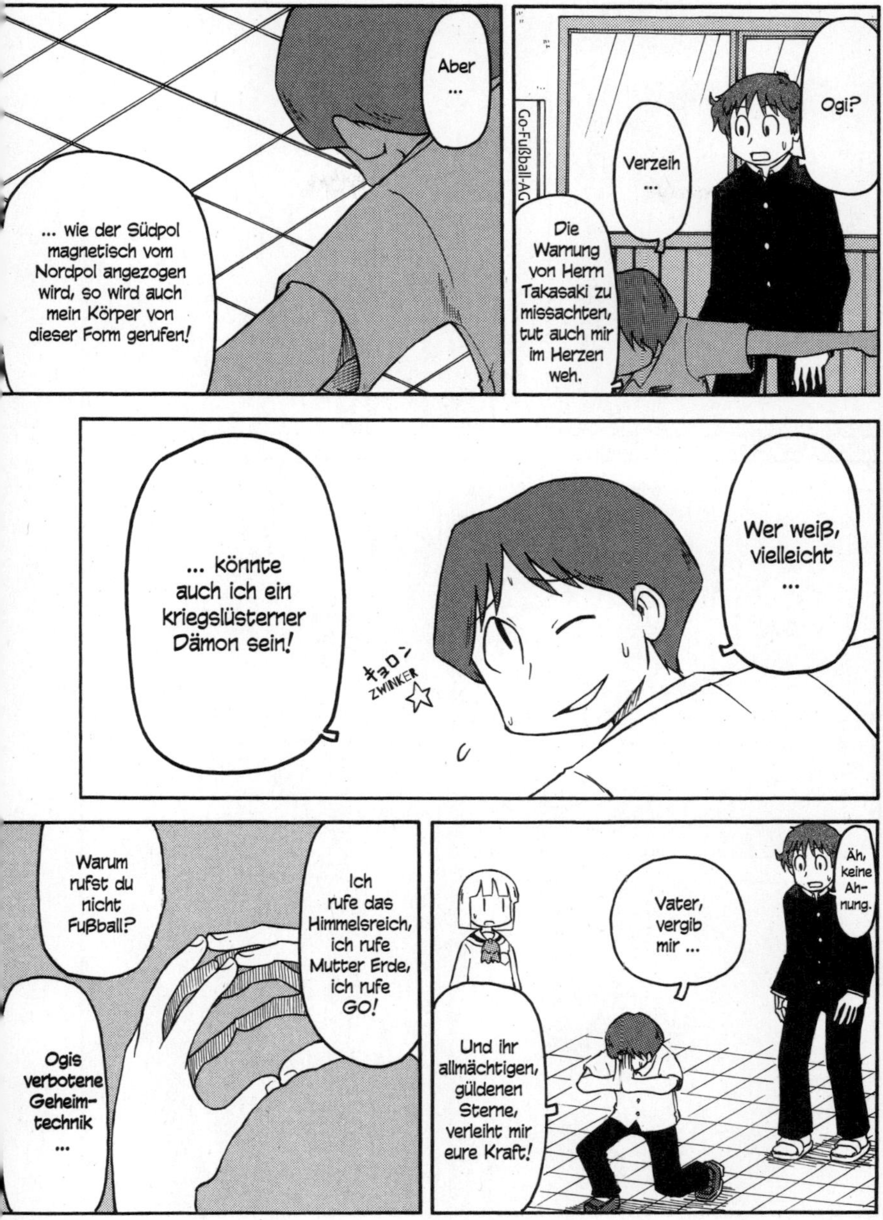
Ogi?
Verzeih ...
Die Warnung von Herrn Takasaki zu missachten, tut auch mir im Herzen weh.
Go-Fußball-AG
Aber ...
... wie der Südpol magnetisch vom Nordpol angezogen wird, so wird auch mein Körper von dieser Form gerufen!
Wer weiß, vielleicht ...
... könnte auch ich ein kriegslüsterner Dämon sein!
キョロン
ZWINKER
Äh, keine Ahnung.
Vater, vergib mir ...
Und ihr allmächtigen, güldenen Sterne, verleiht mir eure Kraft!
Ich rufe das Himmelsreich, ich rufe Mutter Erde, ich rufe GO!
Warum rufst du nicht Fußball?
Ogis verbotene Geheimtechnik ...

Ninja-Kampfkünste?!
Ninpou* …
… Ogi-Ranke!

*Technik des Ninjutsu (Ninjutsu ist die japan. mittelalterliche Kunst der Geheimaufklärung)

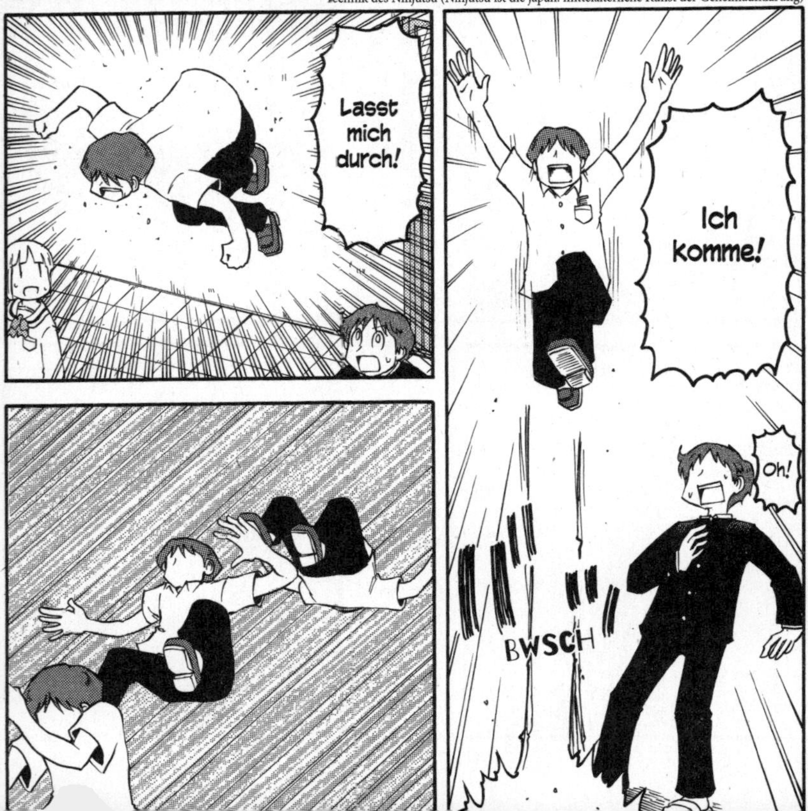
Lasst mich durch!
Ich komme!
Oh!
BWSCH

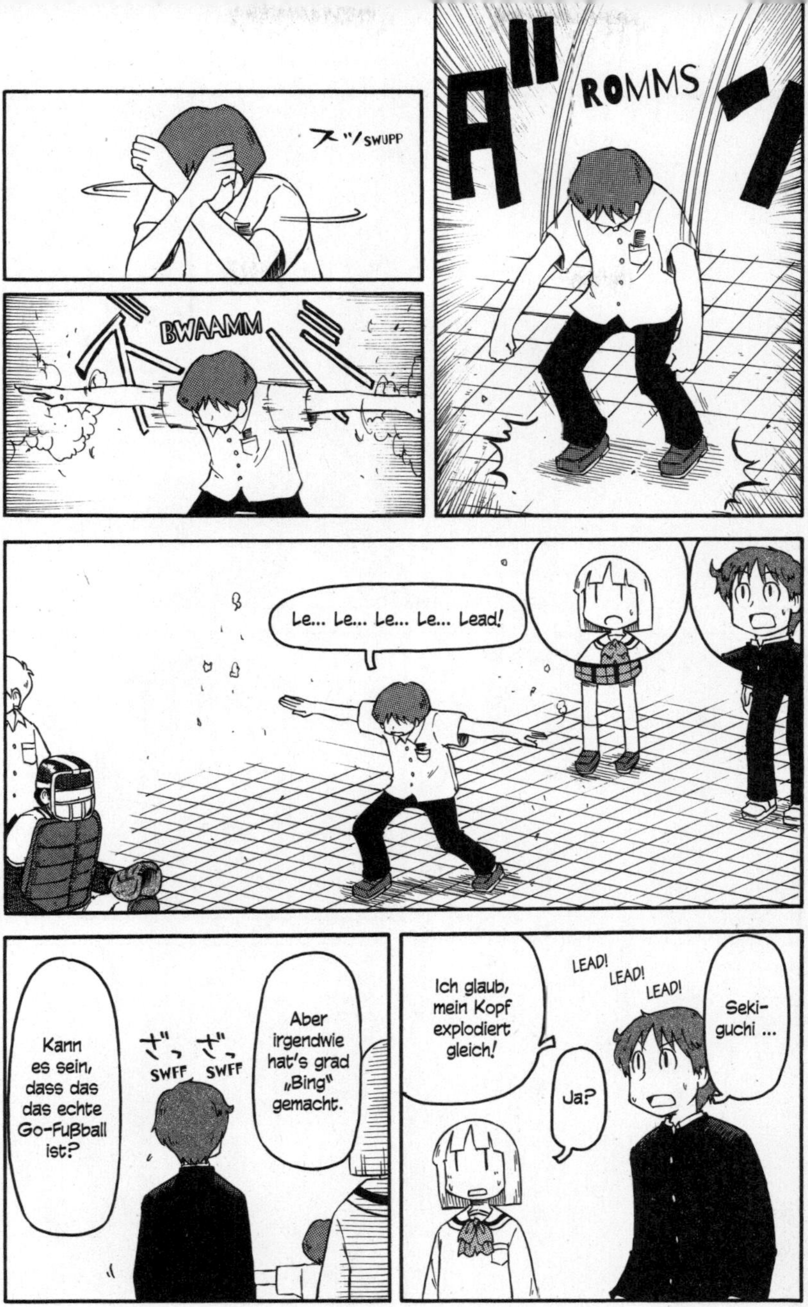
ROMMS
ズッ SWUPP
BWAAMM
Le... Le... Le... Le... Lead!
Seki-guchi ...
Ja?
LEAD!
LEAD!
LEAD!
Ich glaub, mein Kopf explodiert gleich!
Aber irgendwie hat's grad „Bing" gemacht.
ざっ SWFF
ざっ SWFF
Kann es sein, dass das das echte Go-Fußball ist?

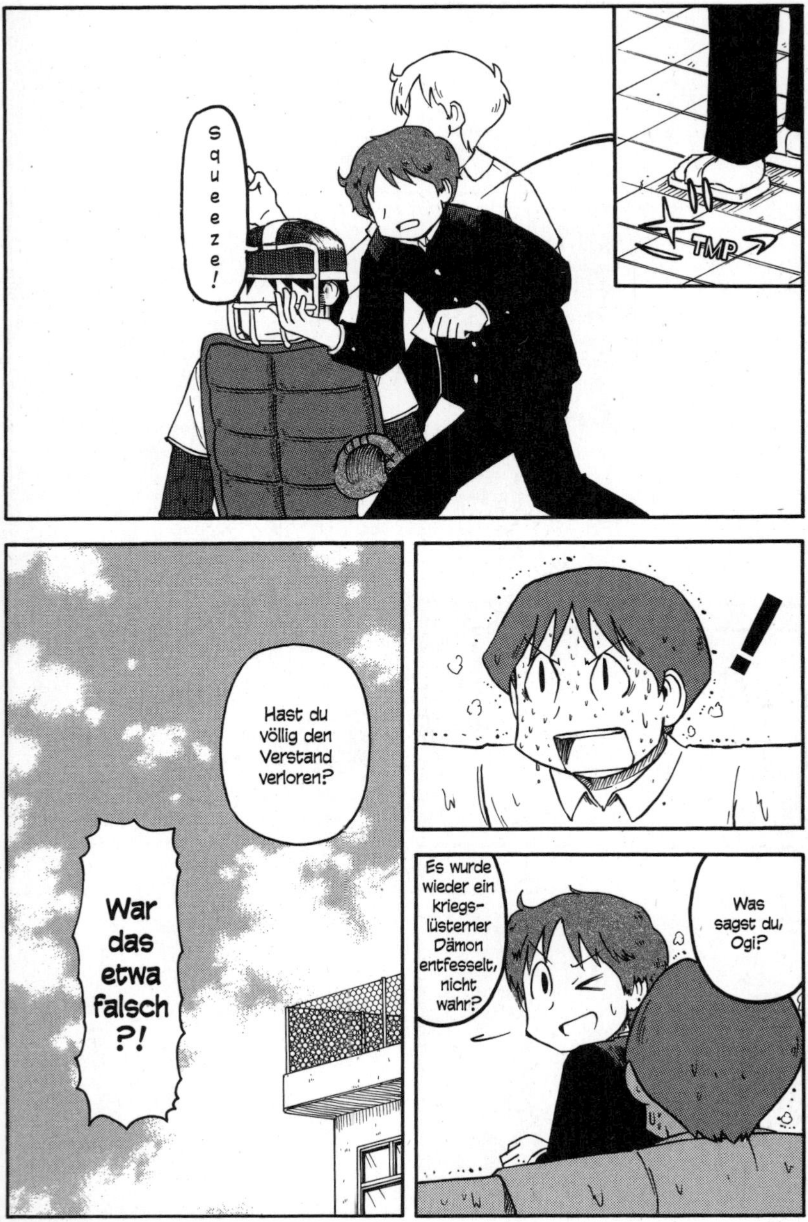
TMP
Squeeze!
Was sagst du, Ogi?
Es wurde wieder ein kriegs-lüsterner Dämon entfesselt, nicht wahr?
Hast du völlig den Verstand verloren?
War das etwa falsch?!

ALLTAG 108 (ENDE)

FECCHAN

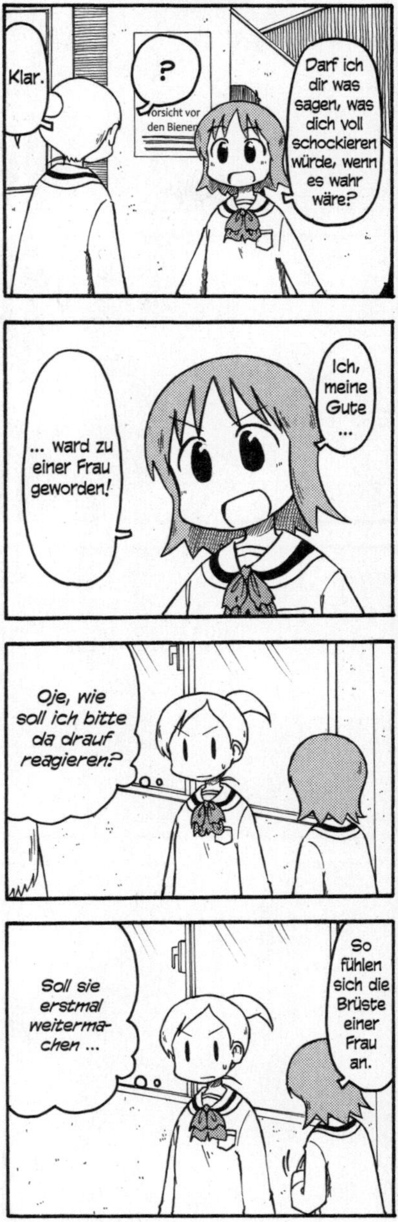
Darf ich dir was sagen, was dich voll schockieren würde, wenn es wahr wäre?
?
Vorsicht vor den Bienen
Klar.
Ich, meine Gute ...
... ward zu einer Frau geworden!
Oje, wie soll ich bitte da drauf reagieren?
So fühlen sich die Brüste einer Frau an.
Soll sie erstmal weiterma-chen ...

FECCHAN

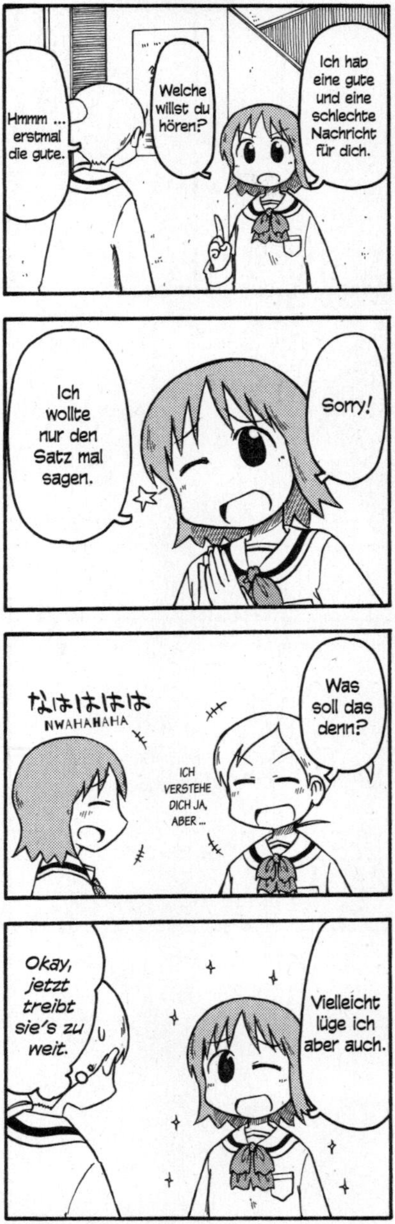
Ich hab eine gute und eine schlechte Nachricht für dich.
Welche willst du hören?
Hmmm ... erstmal die gute.
Sorry!
Ich wollte nur den Satz mal sagen.
Was soll das denn?
ICH VERSTEHE DICH JA, ABER ...
なはははは
NWAHAHAHA
Vielleicht lüge ich aber auch.
Okay, jetzt treibt sie's zu weit.

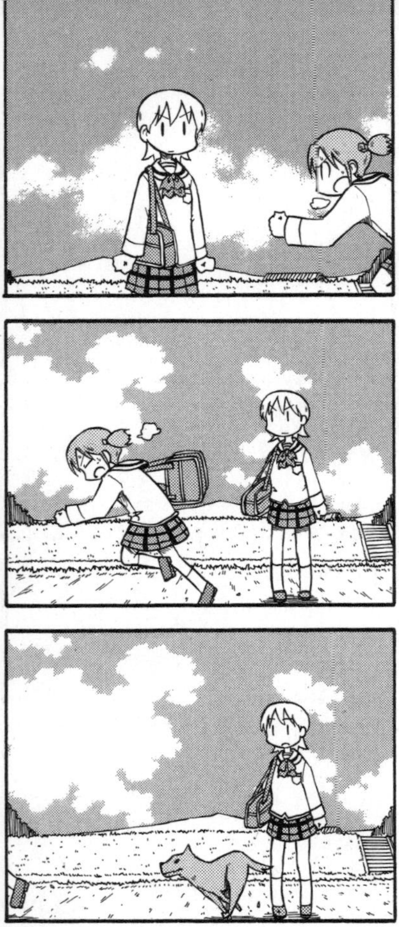
Warte, warte! Noch nicht!

NICHIJOU STRIPS 10 (ENDE)

LACHSHAUT

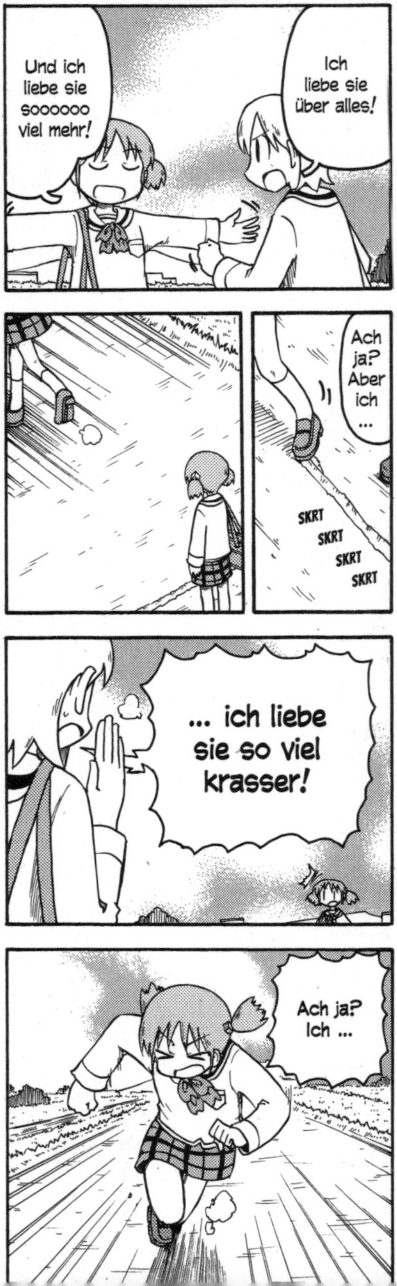
Ich liebe sie über alles!
Und ich liebe sie sooooooo viel mehr!
Ach ja? Aber ich ...
SKRT SKRT SKRT SKRT
... ich liebe sie so viel krasser!
Ach ja? Ich ...

ALLTAG 109

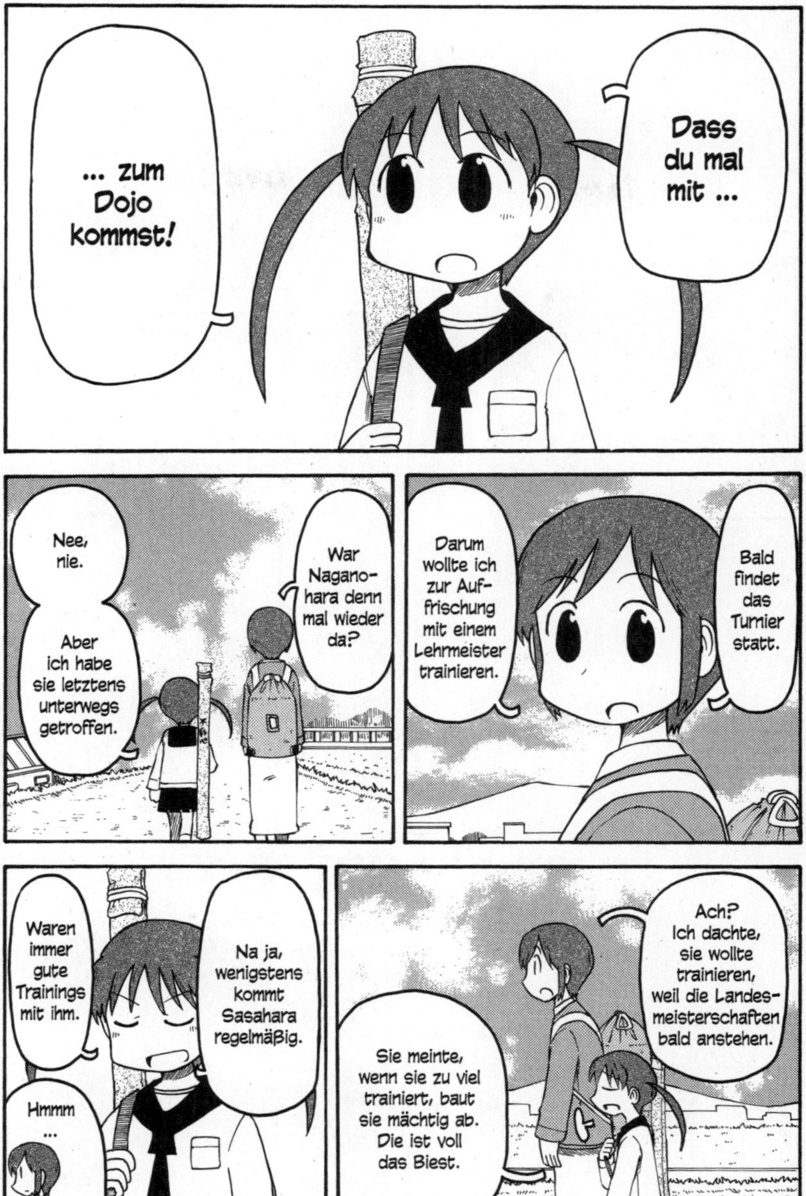

Dass du mal mit ...
... zum Dojo kommst!
Bald findet das Turnier statt.
Darum wollte ich zur Auffrischung mit einem Lehrmeister trainieren.
War Naganohara denn mal wieder da?
Nee, nie.
Aber ich habe sie letztens unterwegs getroffen.
Ach? Ich dachte, sie wollte trainieren, weil die Landesmeisterschaften bald anstehen.
Sie meinte, wenn sie zu viel trainiert, baut sie mächtig ab. Die ist voll das Biest.
Na ja, wenigstens kommt Sasahara regelmäßig.
Waren immer gute Trainings mit ihm.
Hmmm ...

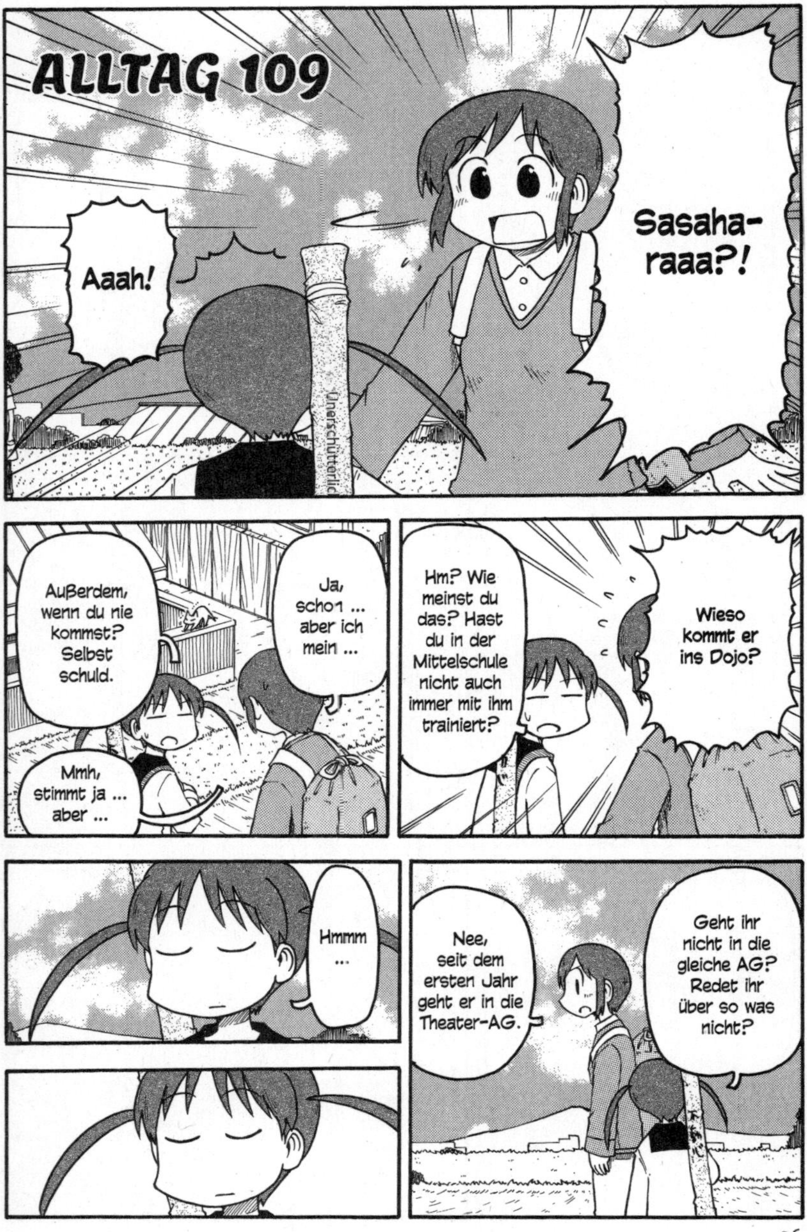
ALLTAG 109
Sasaha-raaa?!
Aaah!
Wieso kommt er ins Dojo?
Hm? Wie meinst du das? Hast du in der Mittelschule nicht auch immer mit ihm trainiert?
Ja, schon ... aber ich mein ...
Außerdem, wenn du nie kommst? Selbst schuld.
Mmh, stimmt ja ... aber ...
Geht ihr nicht in die gleiche AG? Redet ihr über so was nicht?
Nee, seit dem ersten Jahr geht er in die Theater-AG.
Hmmm ...

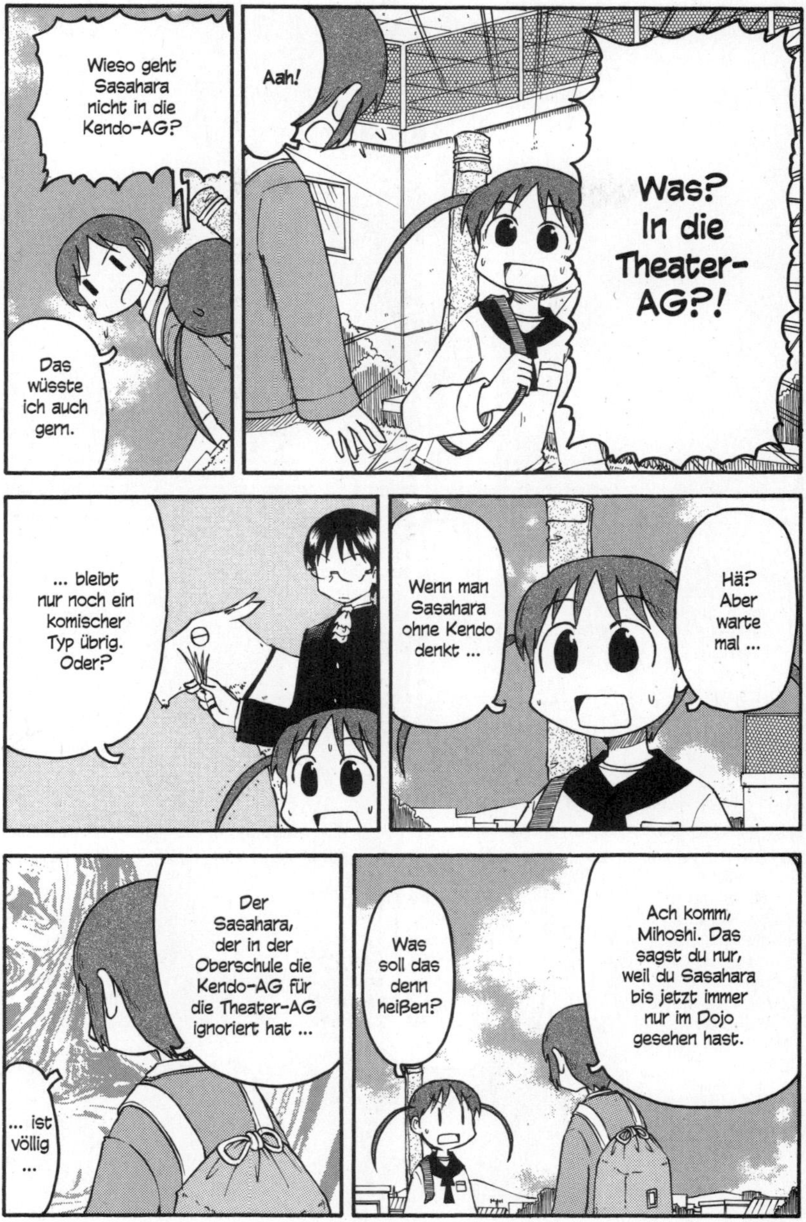

Was? In die Theater-AG?!
Aah!
Wieso geht Sasahara nicht in die Kendo-AG?
Das wüsste ich auch gern.
Hä? Aber warte mal ...
Wenn man Sasahara ohne Kendo denkt ...
... bleibt nur noch ein komischer Typ übrig. Oder?
Ach komm, Mihoshi. Das sagst du nur, weil du Sasahara bis jetzt immer nur im Dojo gesehen hast.
Was soll das denn heißen?
Der Sasahara, der in der Oberschule die Kendo-AG für die Theater-AG ignoriert hat ...
... ist völlig ...

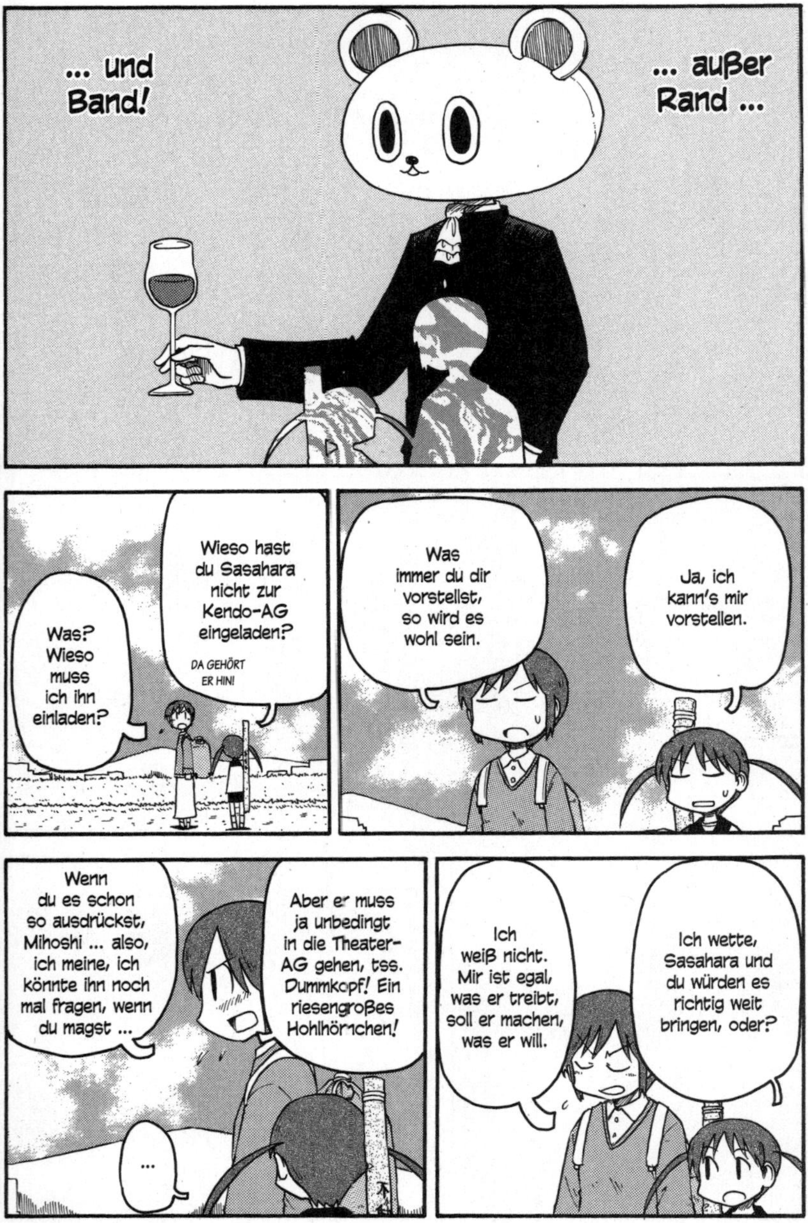

... außer Rand ...
... und Band!
Ja, ich kann's mir vorstellen.
Was immer du dir vorstellst, so wird es wohl sein.
Wieso hast du Sasahara nicht zur Kendo-AG eingeladen?
DA GEHÖRT ER HIN!
Was? Wieso muss ich ihn einladen?
Ich wette, Sasahara und du würden es richtig weit bringen, oder?
Ich weiß nicht. Mir ist egal, was er treibt, soll er machen, was er will.
Aber er muss ja unbedingt in die Theater-AG gehen, tss. Dummkopf! Ein riesengroßes Hohlhörnchen!
Wenn du es schon so ausdrückst, Mihoshi ... also, ich meine, ich könnte ihn noch mal fragen, wenn du magst ...
...

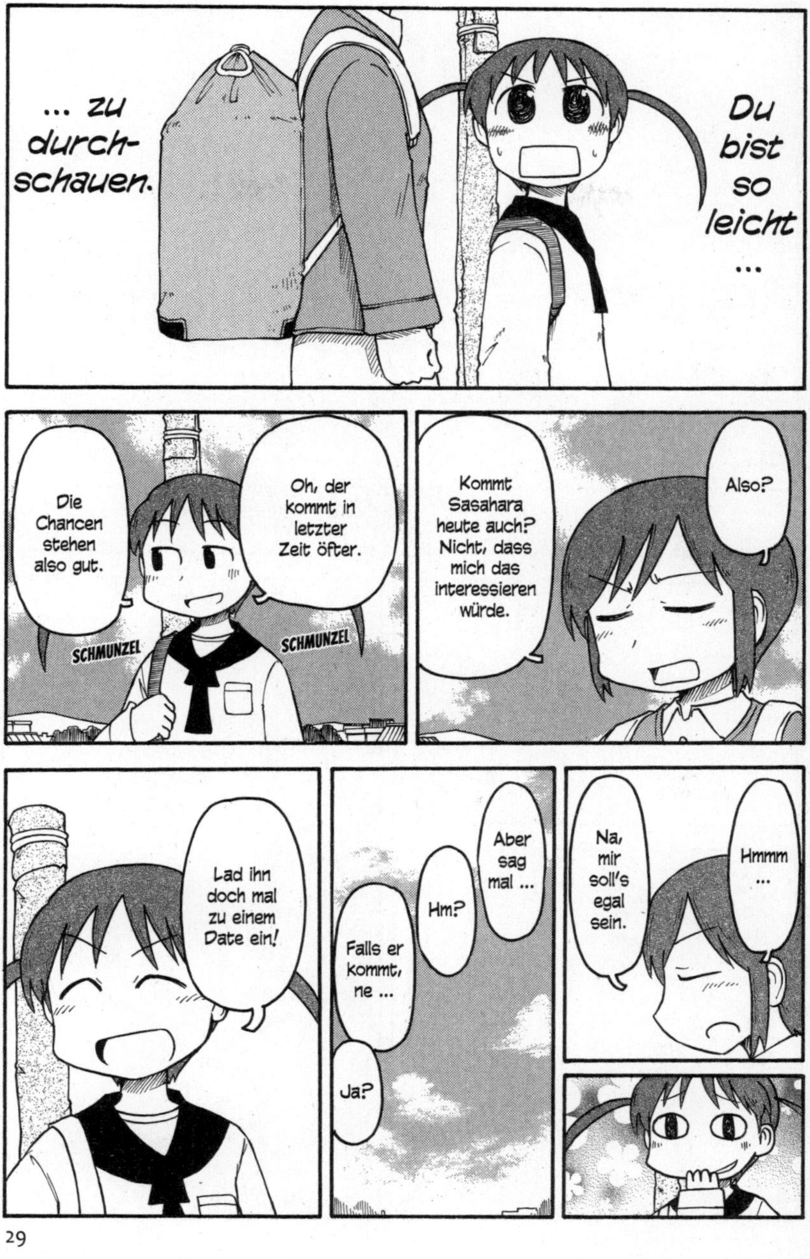
Du bist so leicht ...
... zu durchschauen.
Also?
Kommt Sasahara heute auch? Nicht, dass mich das interessieren würde.
Oh, der kommt in letzter Zeit öfter.
SCHMUNZEL
Die Chancen stehen also gut.
SCHMUNZEL
Hmmm ...
Na, mir soll's egal sein.
Aber sag mal ...
Hm?
Falls er kommt, ne ...
Ja?
Lad ihn doch mal zu einem Date ein!

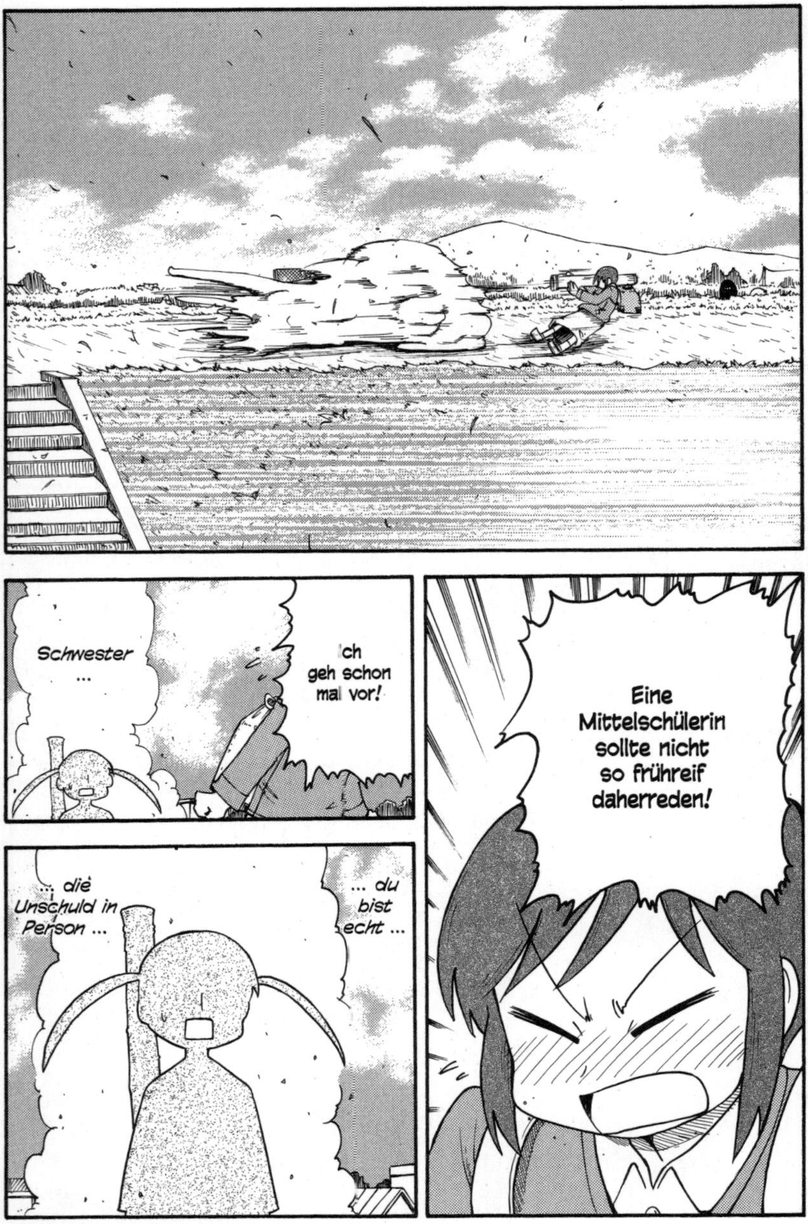
Eine Mittelschülerin sollte nicht so frühreif daherreden!
Ich geh schon mal vor!
Schwester ...
... du bist echt ...
... die Unschuld in Person ...

ALLTAG 109 (ENDE)

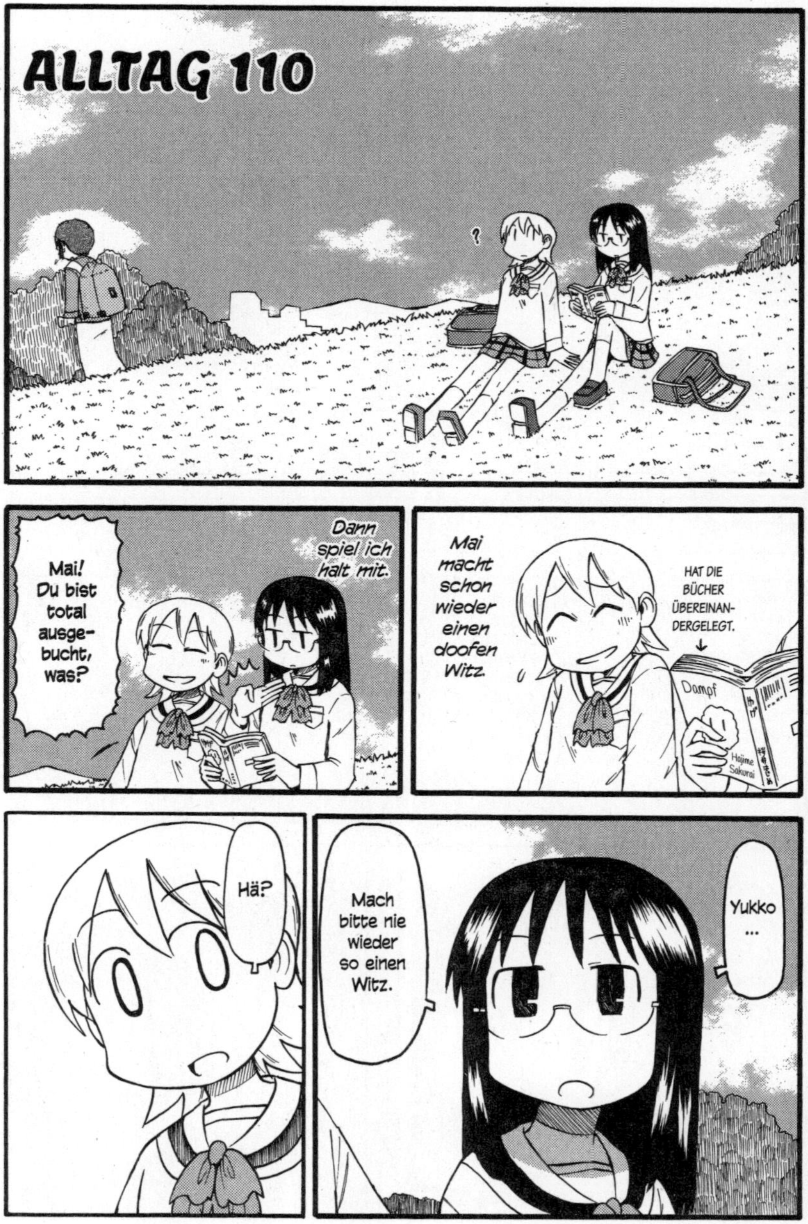
ALLTAG 110
?
Dann spiel ich halt mit.
Mai! Du bist total ausgebucht, was?
HAT DIE BÜCHER ÜBEREINANDERGELEGT.
Dampf
Hajime Sakurai
Mai macht schon wieder einen doofen Witz.
Yukko ...
Mach bitte nie wieder so einen Witz.
Hä?

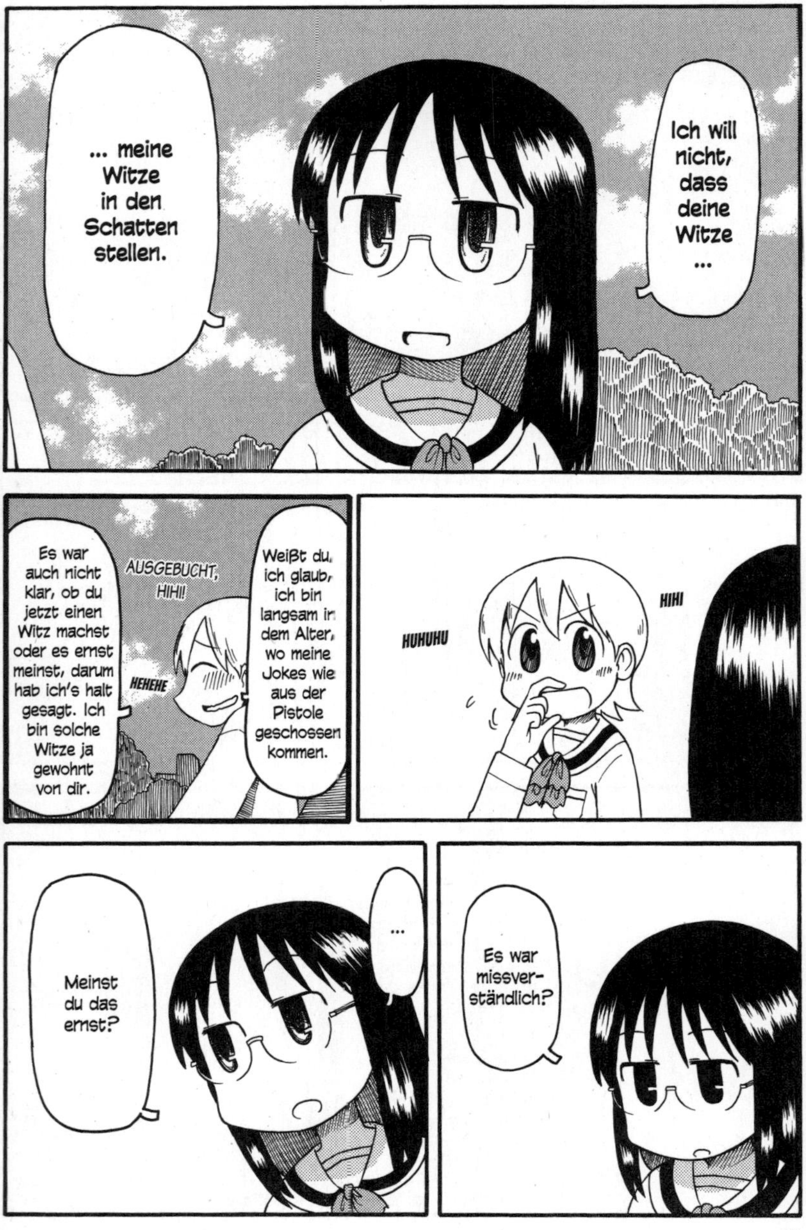
Ich will nicht, dass deine Witze ...
... meine Witze in den Schatten stellen.
HIHI
HUHUHU
Weißt du, ich glaub, ich bin langsam in dem Alter, wo meine Jokes wie aus der Pistole geschossen kommen.
AUSGEBUCHT, HIHI!
HEHEHE
Es war auch nicht klar, ob du jetzt einen Witz machst oder es ernst meinst, darum hab ich's halt gesagt. Ich bin solche Witze ja gewohnt von dir.
Es war missver-ständlich?
...
Meinst du das ernst?

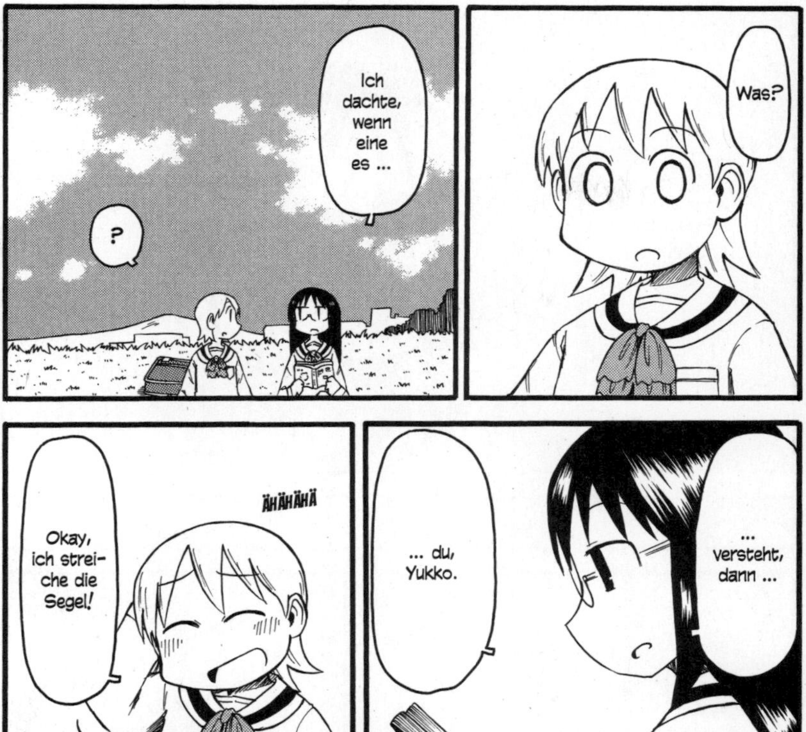
Was?
?
Ich dachte, wenn eine es ...
... versteht, dann ...
... du, Yukko.
ÄHÄHÄHÄ
Okay, ich streiche die Segel!
Schön, dass du so viel Vertrauen in mich hast.
HEHEHEHEHE
Vertrauen?
Wir sind nicht befreundet, lass das bitte. Ich möchte mit dir nicht darüber reden, ob ich dir vertraue oder nicht.
Hä?!

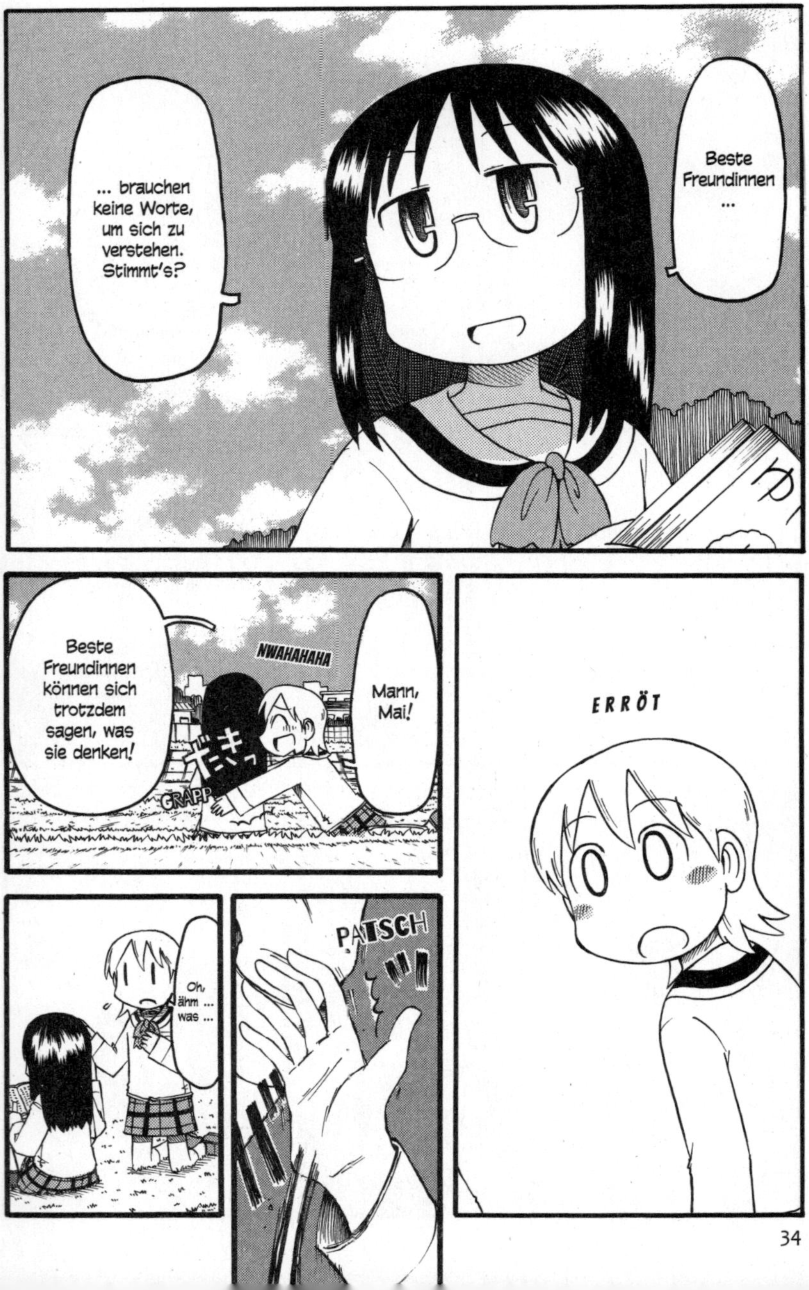
Beste Freundinnen ...
... brauchen keine Worte, um sich zu verstehen. Stimmt's?
ERRÖT
Mann, Mai!
NWAHAHAHA
GRAPP
Beste Freundinnen können sich trotzdem sagen, was sie denken!
PATSCH
Oh, ähm ... was ...

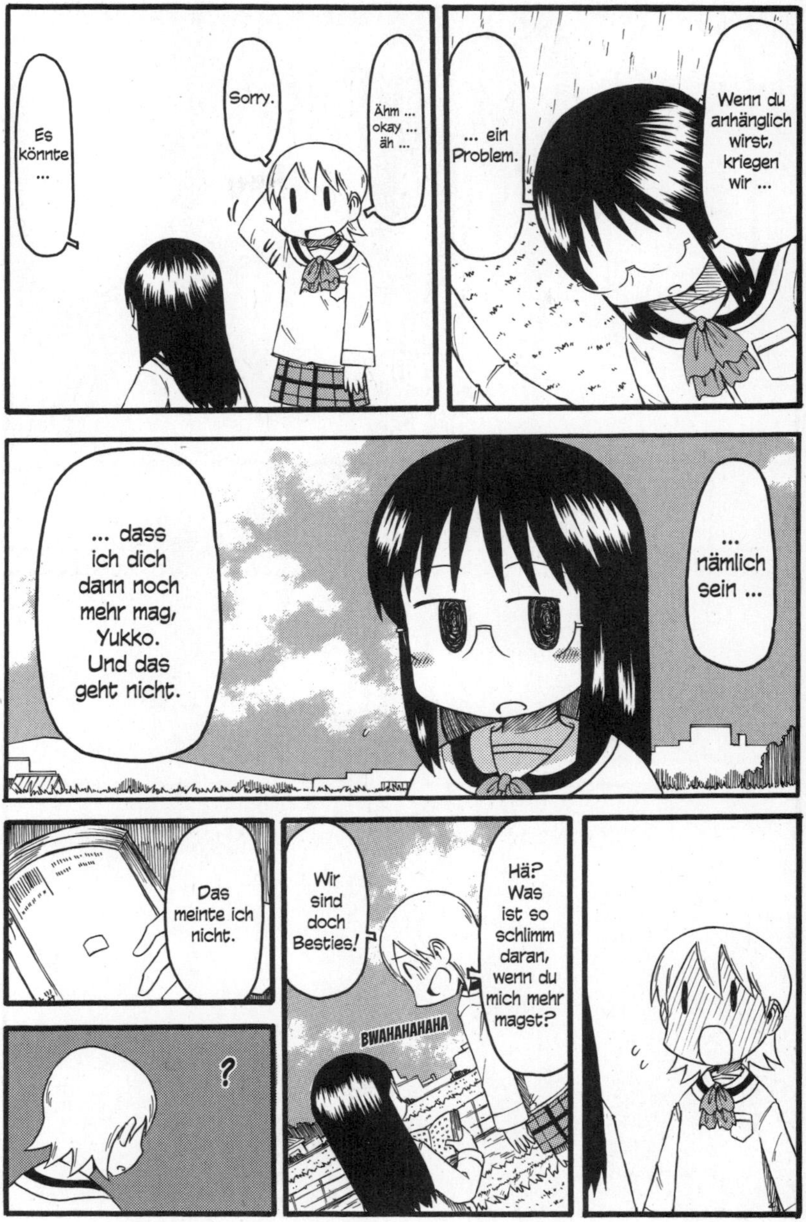
Wenn du anhänglich wirst, kriegen wir ...
... ein Problem.
Ähm ... okay ... äh ...
Sorry.
Es könnte ...
... nämlich sein ...
... dass ich dich dann noch mehr mag, Yukko. Und das geht nicht.
Hä? Was ist so schlimm daran, wenn du mich mehr magst?
Wir sind doch Besties!
BWAHAHAHAHA
Das meinte ich nicht.
?

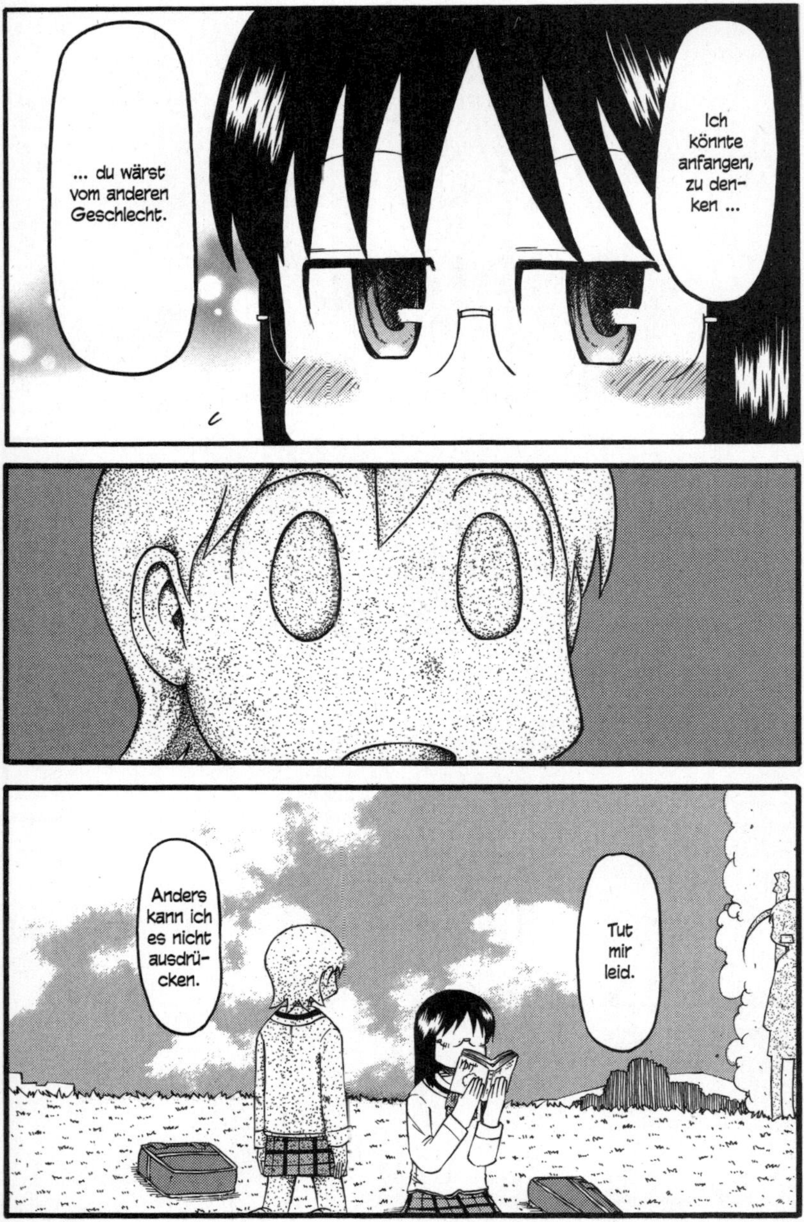
Ich könnte anfangen, zu denken ...
... du wärst vom anderen Geschlecht.
Tut mir leid.
Anders kann ich es nicht ausdrücken.

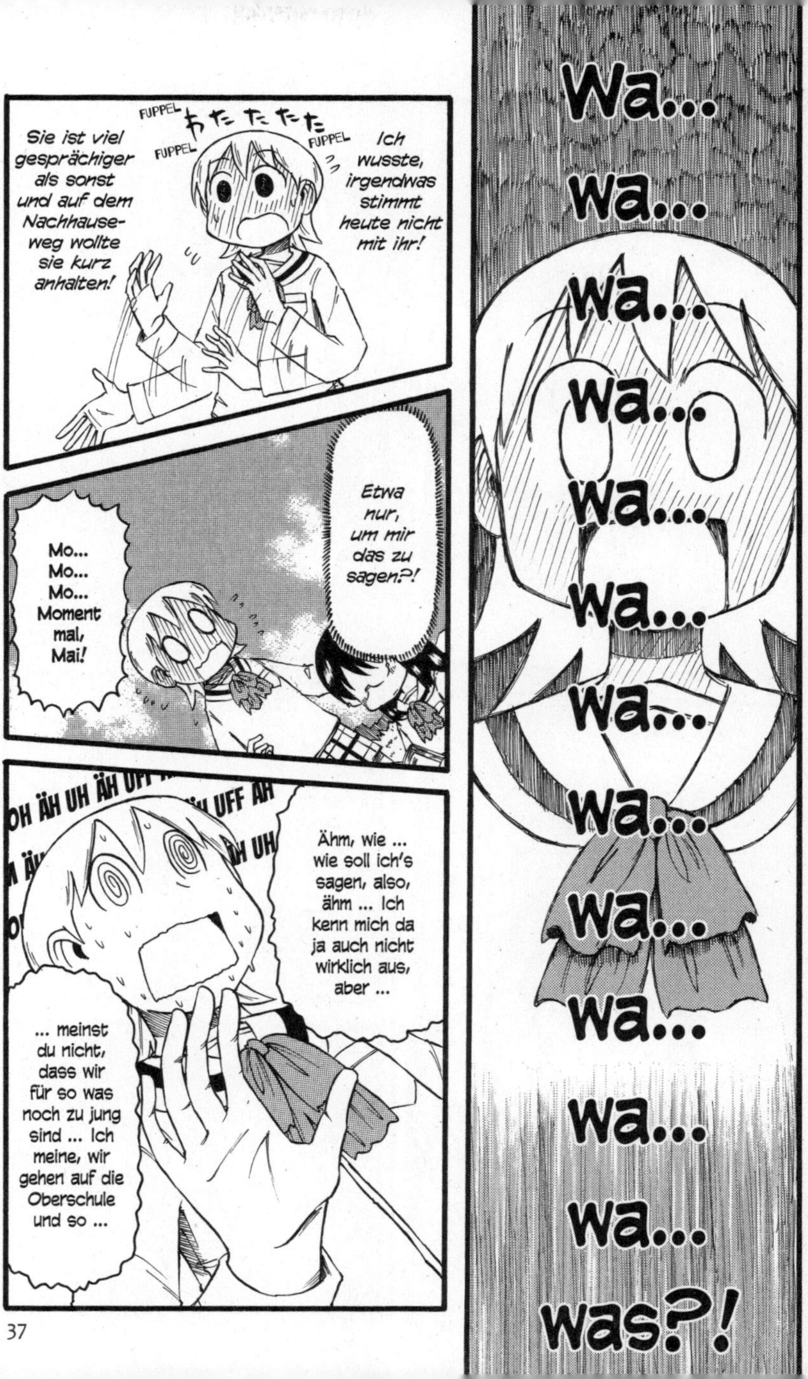
FUPPEL
わたたたた
FUPPEL
FUPPEL
Sie ist viel gesprächiger als sonst und auf dem Nachhauseweg wollte sie kurz anhalten!
Ich wusste, irgendwas stimmt heute nicht mit ihr!
Etwa nur, um mir das zu sagen?!
Mo... Mo... Mo... Moment mal, Mai!
OH ÄH UH ÄH UFF ÄH UFF ÄH ÄH UH
Ähm, wie ... wie soll ich's sagen, also, ähm ... Ich kenn mich da ja auch nicht wirklich aus, aber ...
... meinst du nicht, dass wir für so was noch zu jung sind ... Ich meine, wir gehen auf die Oberschule und so ...
Wa... wa... wa... wa... wa... wa... wa... wa... wa... wa... wa... wa... was?!

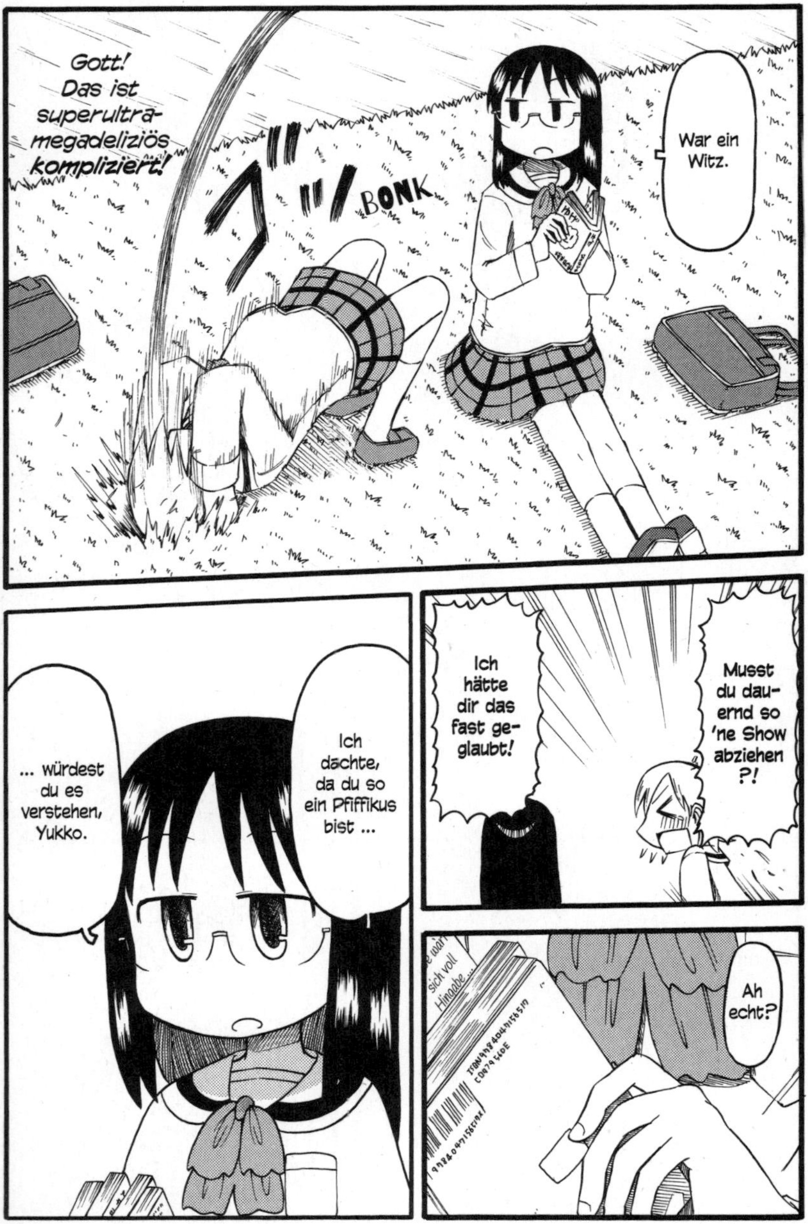
War ein Witz.
BONK
Gott! Das ist superultra-megadeliziös kompliziert!
Musst du dauernd so 'ne Show abziehen?!
Ich hätte dir das fast geglaubt!
Ah echt?
Ich dachte, da du so ein Pfiffikus bist ...
... würdest du es verstehen, Yukko.

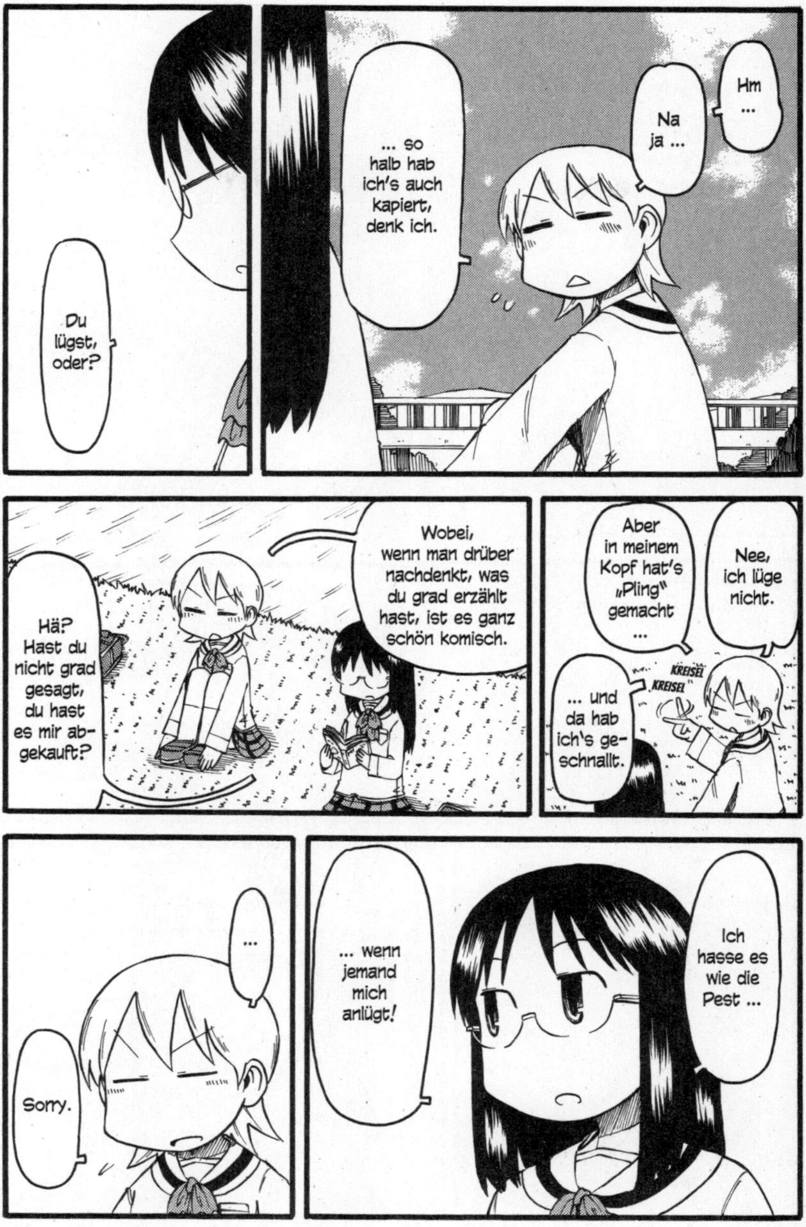
Hm ...
Na ja ...
... so halb hab ich's auch kapiert, denk ich.
Du lügst, oder?
Nee, ich lüge nicht.
Aber in meinem Kopf hat's „Pling" gemacht ...
KREISEL KREISEL
... und da hab ich's geschnallt.
Wobei, wenn man drüber nachdenkt, was du grad erzählt hast, ist es ganz schön komisch.
Hä? Hast du nicht grad gesagt, du hast es mir abgekauft?
Ich hasse es wie die Pest ...
... wenn jemand mich anlügt!
...
Sorry.

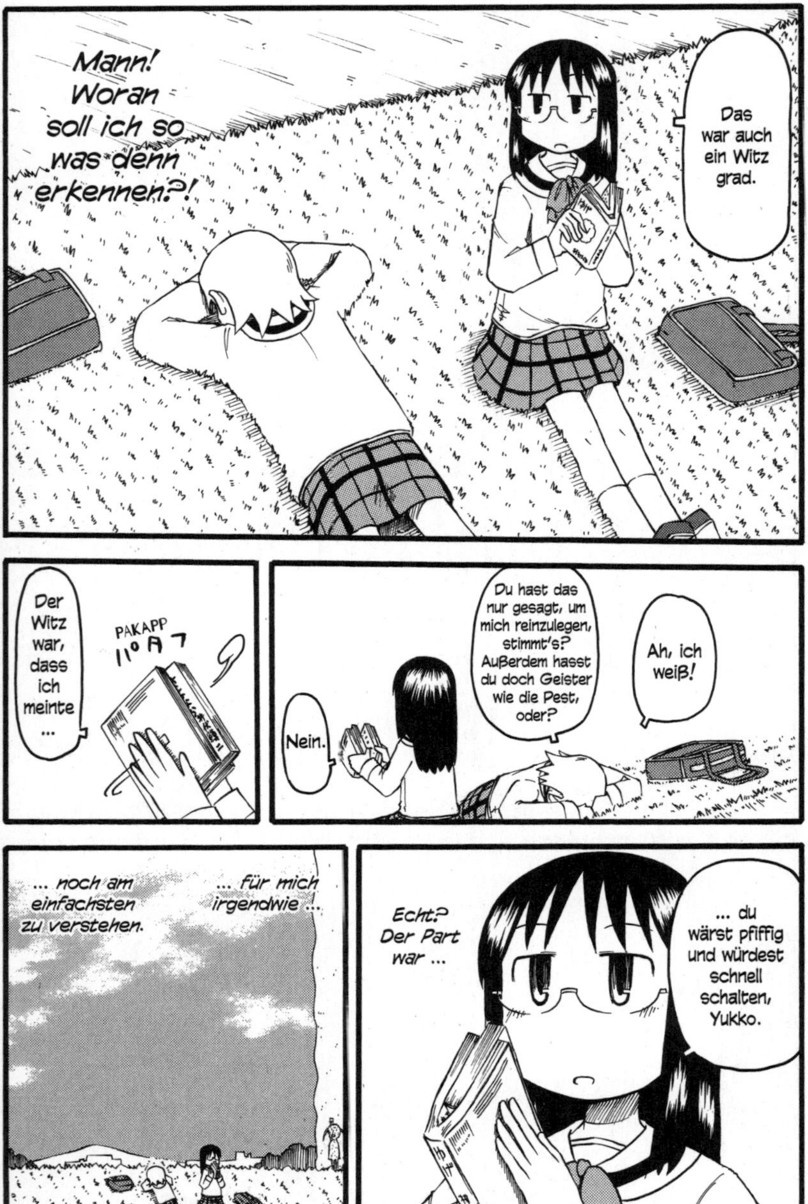
Das war auch ein Witz grad.
Mann! Woran soll ich so was denn erkennen?!
Ah, ich weiß!
Du hast das nur gesagt, um mich reinzulegen, stimmt's? Außerdem hasst du doch Geister wie die Pest, oder?
Nein.
Der Witz war, dass ich meinte ...
PAKAPP
... du wärst pfiffig und würdest schnell schalten, Yukko.
Echt? Der Part war ...
... für mich irgendwie ...
... noch am einfachsten zu verstehen.

ALLTAG 110 (ENDE)

ALLTAG 111

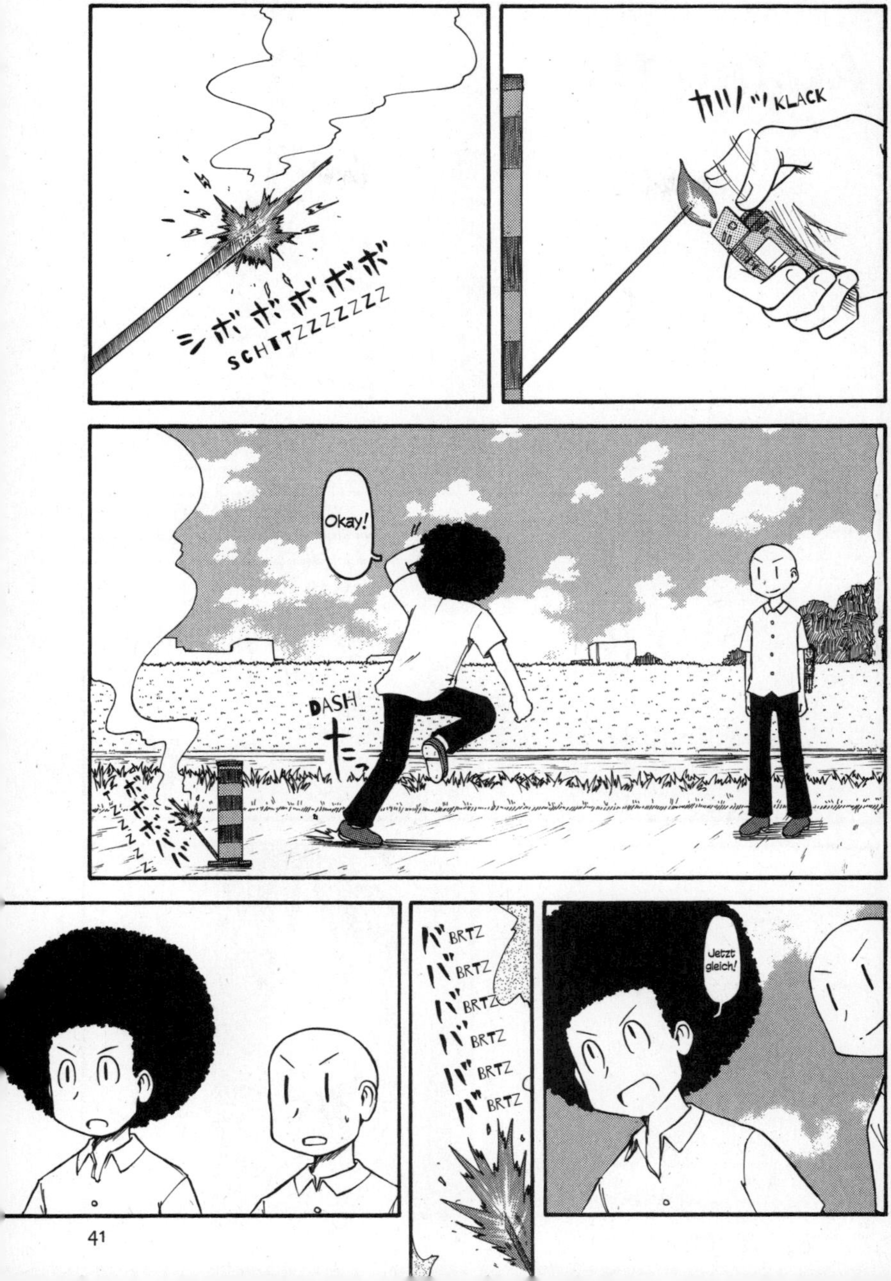

カバッ KLACK
シボボボボ
SCHITZZZZZZZ
Okay!
DASH
たっ
ボボボババ
ZZZZZZ
バ BRTZ
バ BRTZ
バ BRTZ
バ BRTZ
バ BRTZ
バ BRTZ
Jetzt gleich!

ALLTAG 111

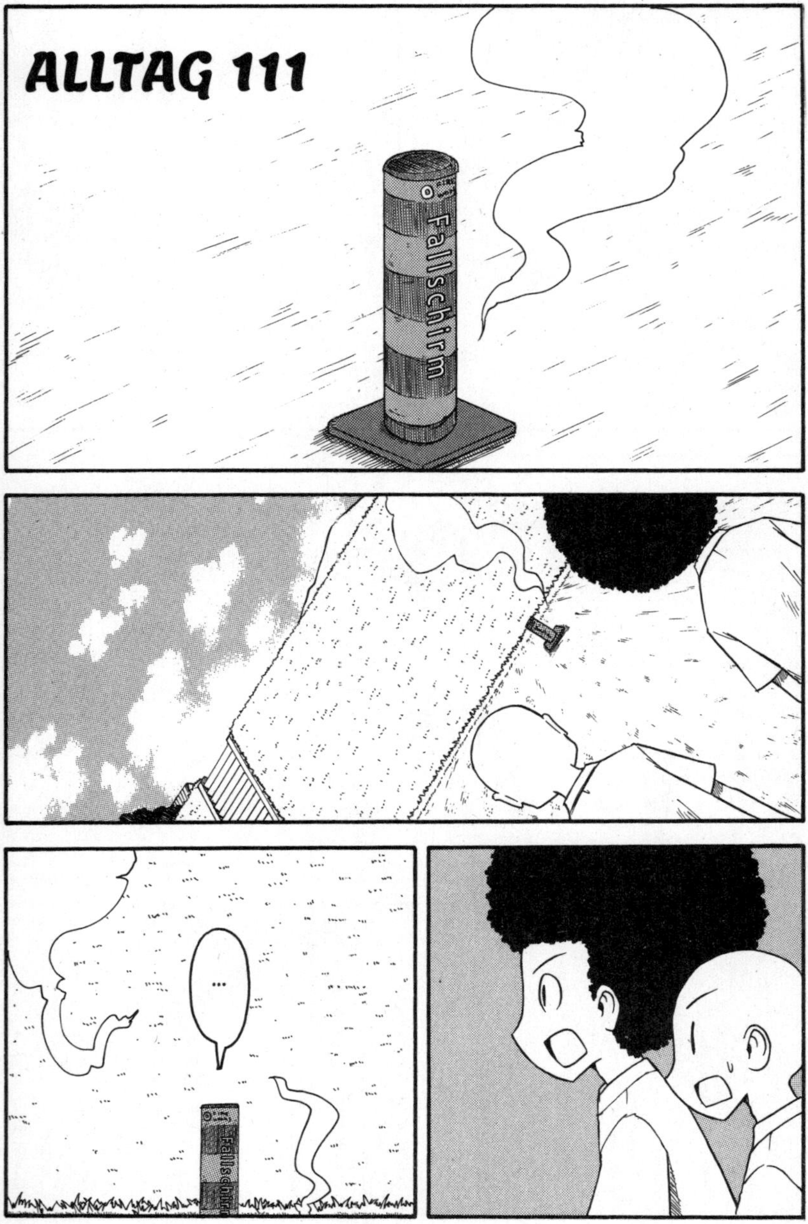

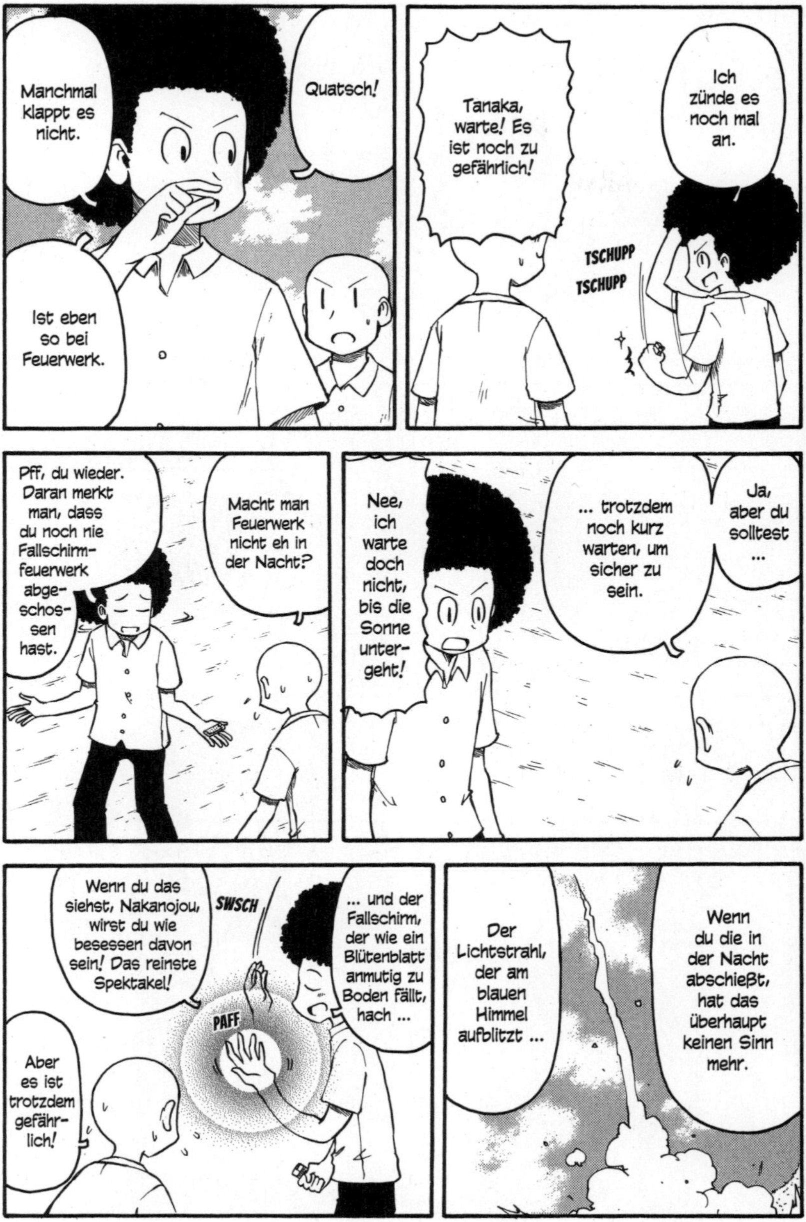
Ich zünde es noch mal an.
TSCHUPP
TSCHUPP
Tanaka, warte! Es ist noch zu gefährlich!
Quatsch!
Manchmal klappt es nicht.
Ist eben so bei Feuerwerk.
Ja, aber du solltest ...
... trotzdem noch kurz warten, um sicher zu sein.
Nee, ich warte doch nicht, bis die Sonne untergeht!
Macht man Feuerwerk nicht eh in der Nacht?
Pff, du wieder. Daran merkt man, dass du noch nie Fallschirmfeuerwerk abgeschossen hast.
Wenn du die in der Nacht abschießt, hat das überhaupt keinen Sinn mehr.
Der Lichtstrahl, der am blauen Himmel aufblitzt ...
... und der Fallschirm, der wie ein Blütenblatt anmutig zu Boden fällt, hach ...
SWSCH
PAFF
Wenn du das siehst, Nakanojou, wirst du wie besessen davon sein! Das reinste Spektakel!
Aber es ist trotzdem gefährlich!

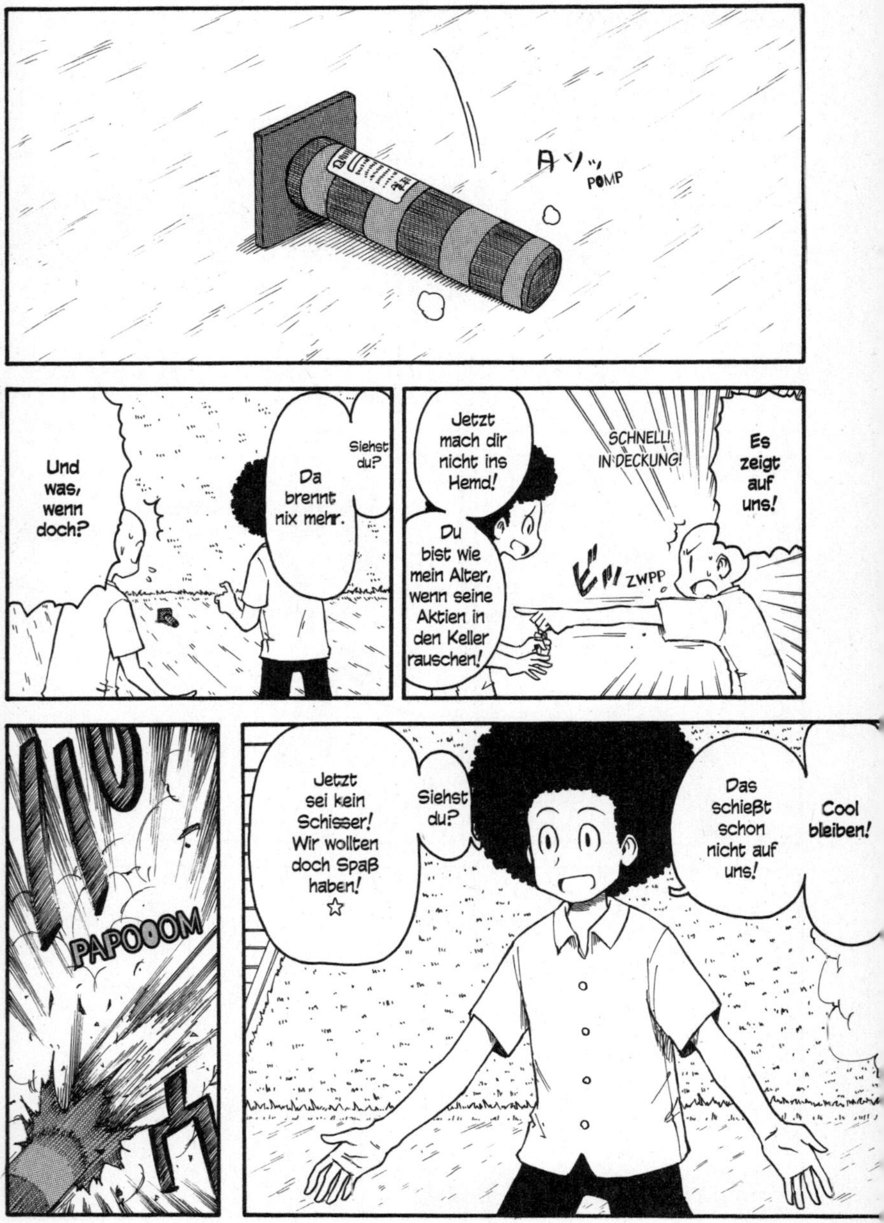

POMP
Es zeigt auf uns!
SCHNELL! IN DECKUNG!
ZWPP
Jetzt mach dir nicht ins Hemd!
Du bist wie mein Alter, wenn seine Aktien in den Keller rauschen!
Siehst du?
Da brennt nix mehr.
Und was, wenn doch?
Cool bleiben!
Das schießt schon nicht auf uns!
Siehst du?
Jetzt sei kein Schisser! Wir wollten doch Spaß haben! ☆
PAPOOOM

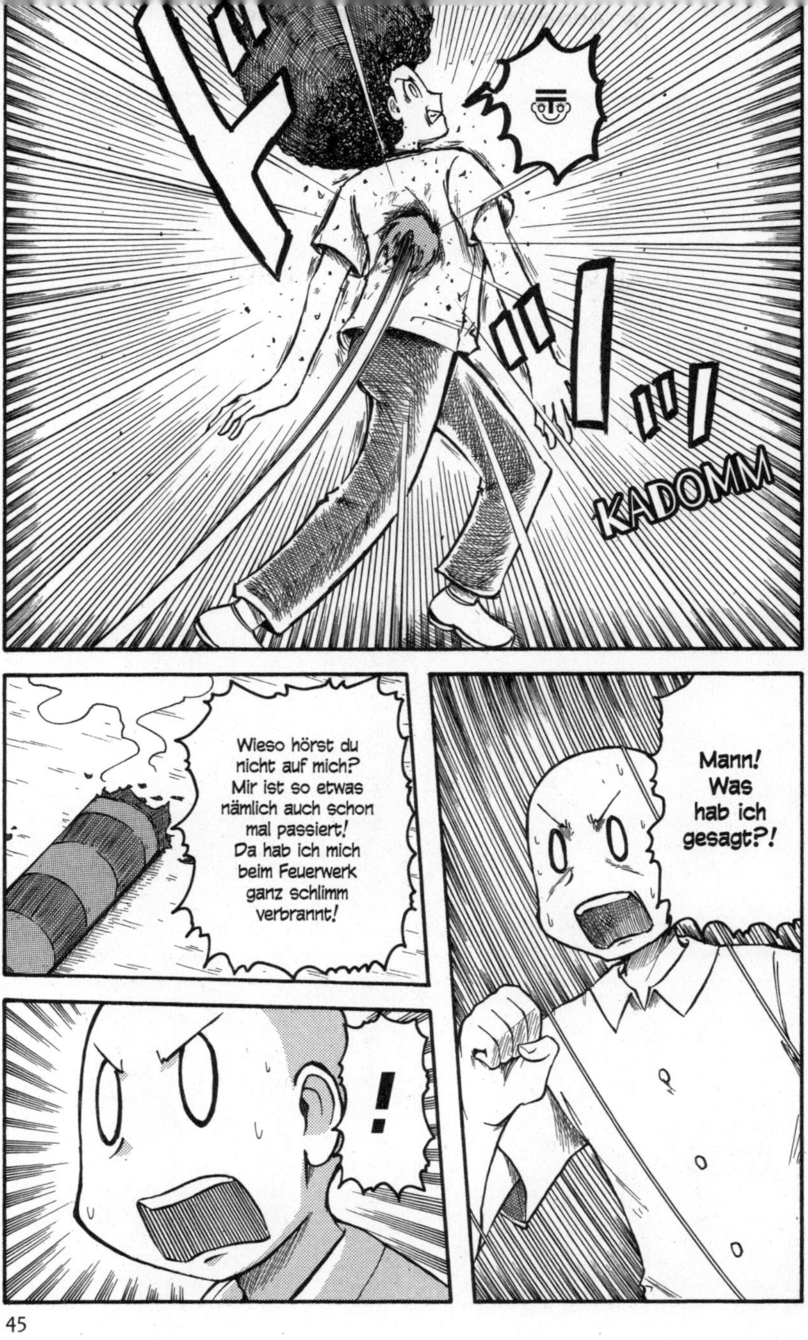
KADOMM
Wieso hörst du nicht auf mich? Mir ist so etwas nämlich auch schon mal passiert! Da hab ich mich beim Feuerwerk ganz schlimm verbrannt!
Mann! Was hab ich gesagt?!
!

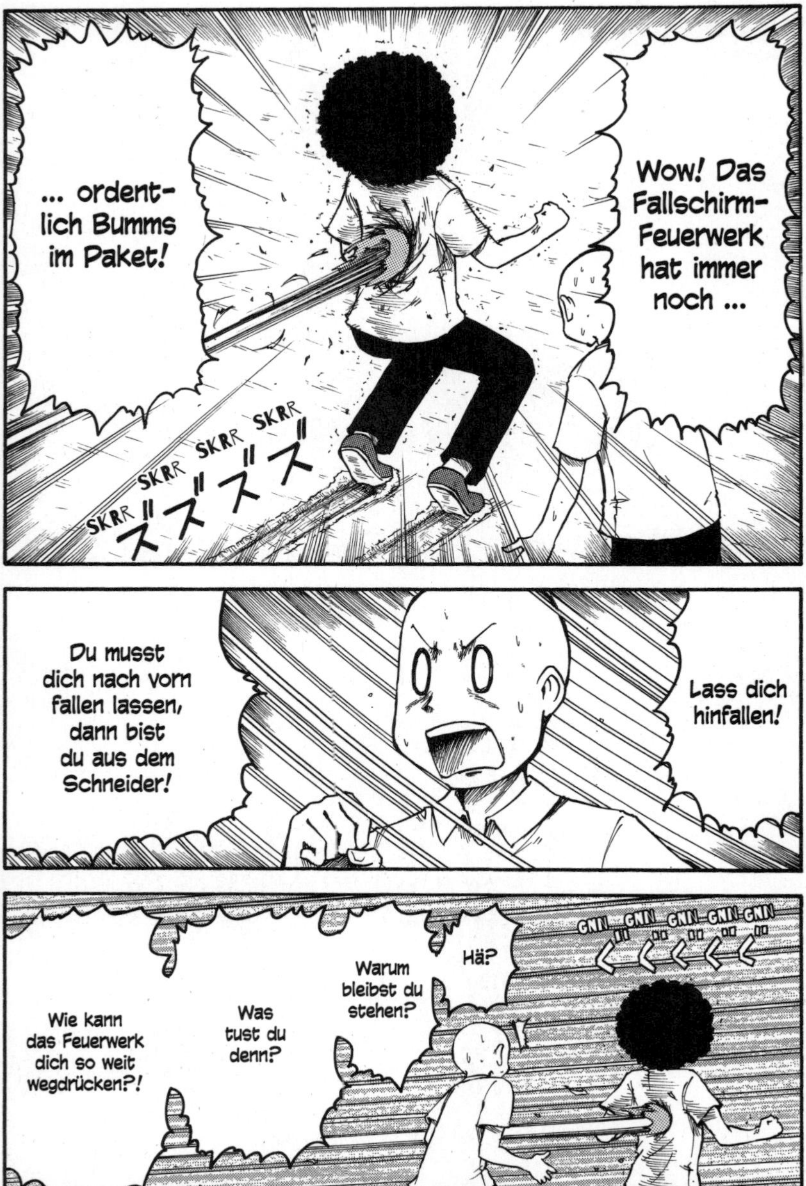

Wow! Das Fallschirm-Feuerwerk hat immer noch ...
... ordent-lich Bumms im Paket!
SKRR SKRR SKRR SKRR
Lass dich hinfallen!
Du musst dich nach vorn fallen lassen, dann bist du aus dem Schneider!
GNN GNN GNN GNN GNN
Hä?
Warum bleibst du stehen?
Was tust du denn?
Wie kann das Feuerwerk dich so weit wegdrücken?!

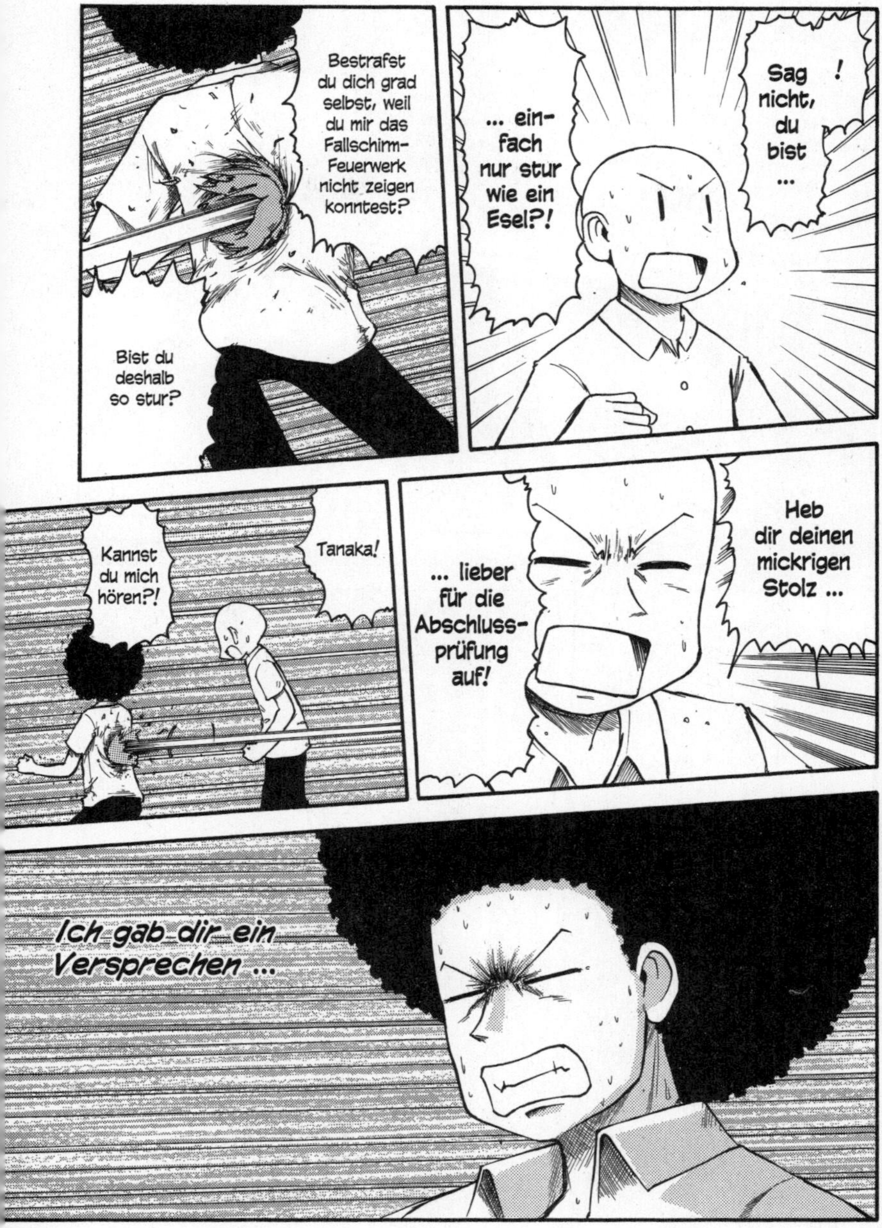
Sag nicht, du bist ... !
... ein-fach nur stur wie ein Esel?!
Bestrafst du dich grad selbst, weil du mir das Fallschirm-Feuerwerk nicht zeigen konntest?
Bist du deshalb so stur?
Heb dir deinen mickrigen Stolz ...
... lieber für die Abschluss-prüfung auf!
Tanaka!
Kannst du mich hören?!
Ich gab dir ein Versprechen ...

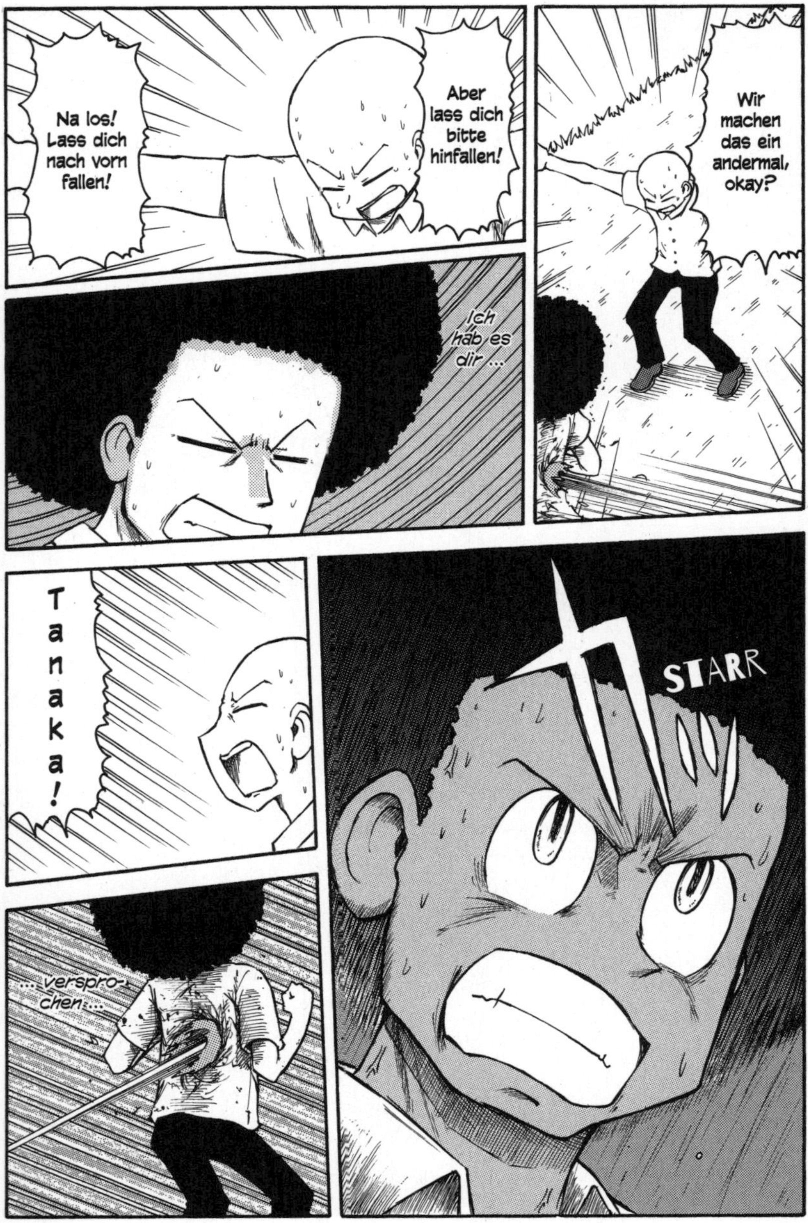

Wir machen das ein andermal, okay?
Aber lass dich bitte hinfallen!
Na los! Lass dich nach vorn fallen!
Ich hab es dir ...
STARR
Tanaka!
... verspro-chen ...

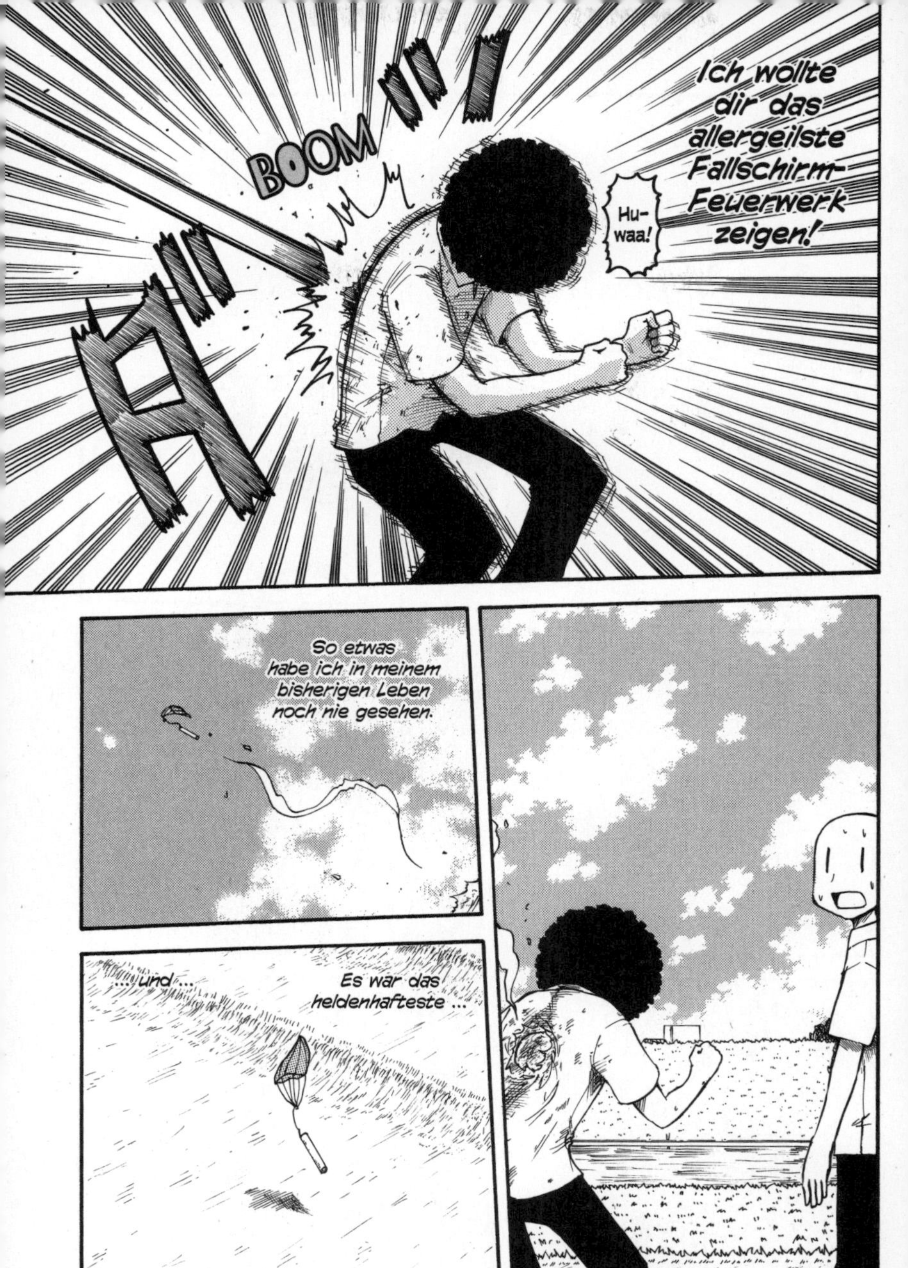
Ich wollte dir das allergeilste Fallschirm-Feuerwerk zeigen!
Hu-waa!
BOOM
So etwas habe ich in meinem bisherigen Leben noch nie gesehen.
Es war das heldenhafteste …
… und …

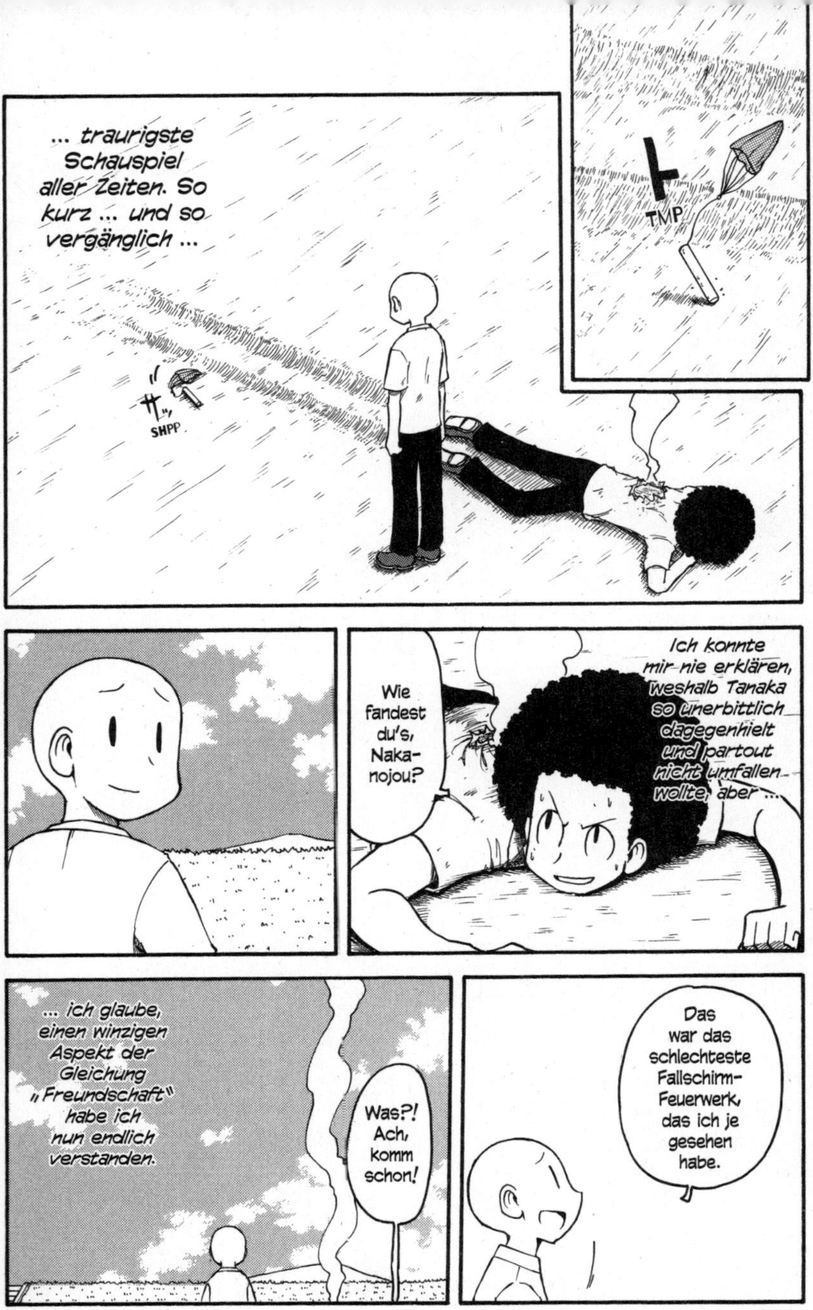

... traurigste Schauspiel aller Zeiten. So kurz ... und so vergänglich ...
TMP
SHPP
Ich konnte mir nie erklären, weshalb Tanaka so unerbittlich dagegenhielt und partout nicht umfallen wollte, aber ...
Wie fandest du's, Naka-nojou?
Das war das schlechteste Fallschirm-Feuerwerk, das ich je gesehen habe.
Was?! Ach, komm schon!
... ich glaube, einen winzigen Aspekt der Gleichung „Freundschaft" habe ich nun endlich verstanden.

ALLTAG 111 (ENDE)

BATTING CAGES HABE ICH BISHER IMMER NUR IM FERNSEHEN GESEHEN, DARUM BIN ICH HEUTE ECHT MEGAGESPANNT!

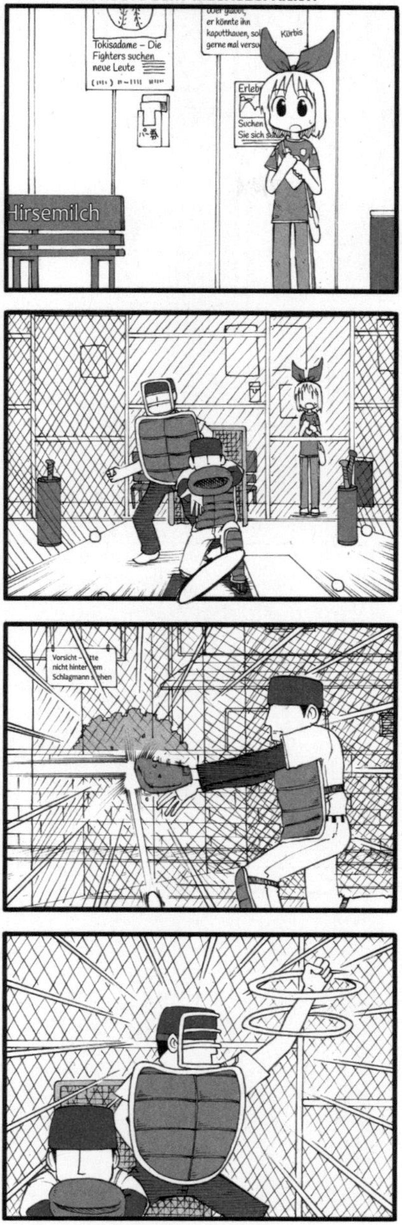

Nichijou
STRIPS 11

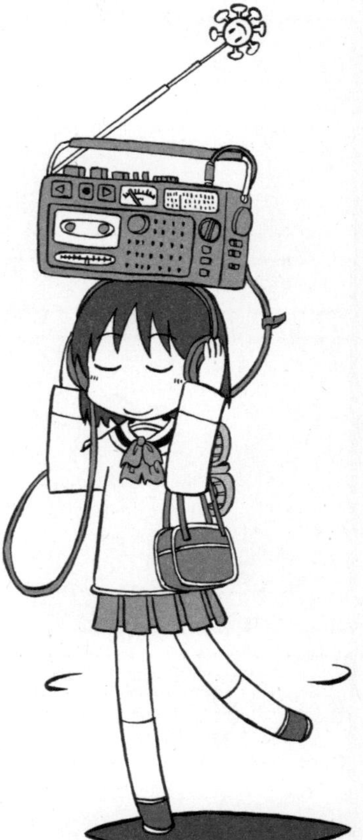

FAMILIE SHITARA

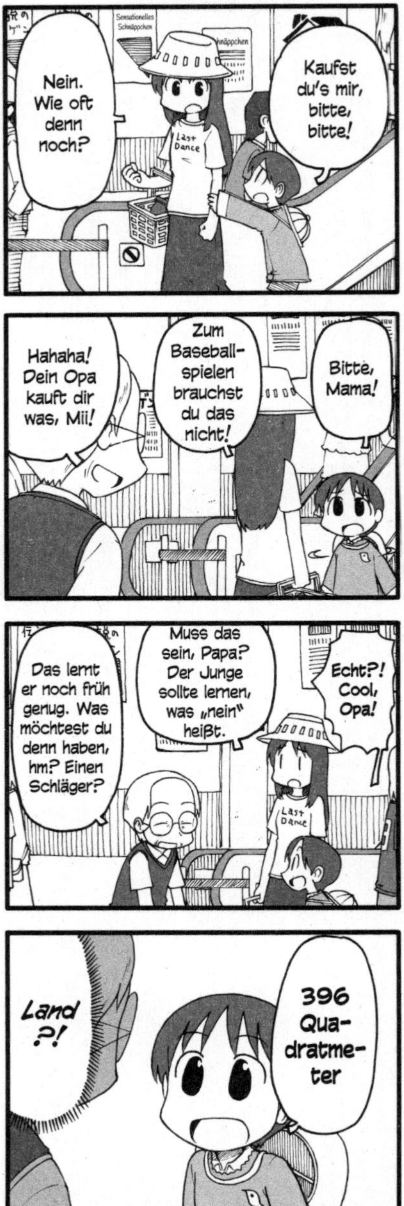

Sensationelles Schnäppchen
Kaufst du's mir, bitte, bitte!
Nein. Wie oft denn noch?
Last Dance
Bitte, Mama!
Zum Baseballspielen brauchst du das nicht!
Hahaha! Dein Opa kauft dir was, Mii!
Echt?! Cool, Opa!
Muss das sein, Papa? Der Junge sollte lernen, was „nein" heißt.
Das lernt er noch früh genug. Was möchtest du denn haben, hm? Einen Schläger?
Last Dance
396 Quadratmeter
Land?!

BATTING CAGES HABE ICH BISHER IMMER NUR IM FERNSEHEN GESEHEN, DARUM BIN ICH HEUTE ECHT MEGAGESPANNT!

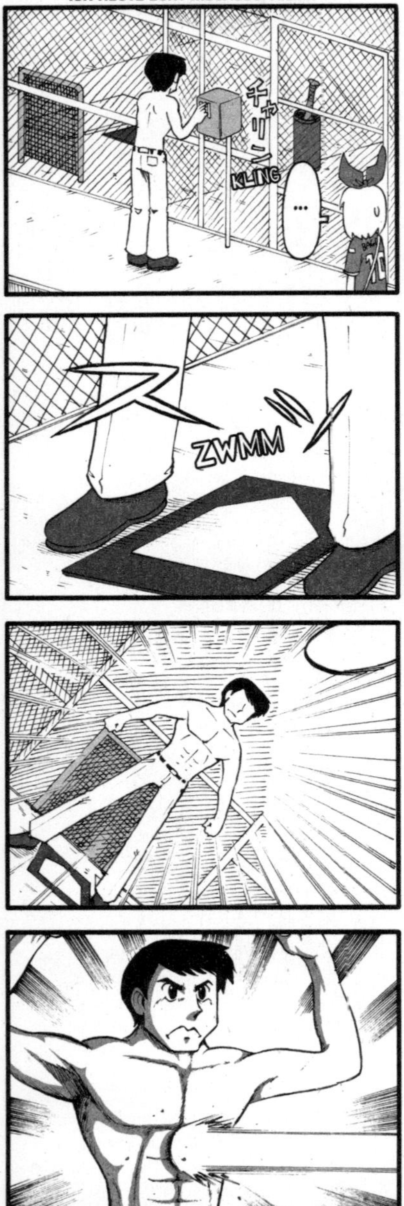

KLING
...
ZWMM

RÜFFEL 1

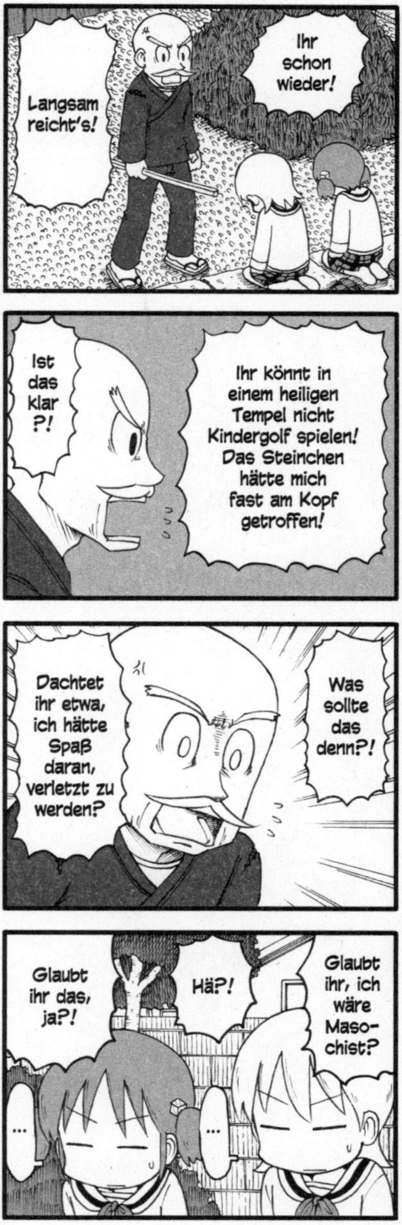
Ihr schon wieder!
Langsam reicht's!
Ihr könnt in einem heiligen Tempel nicht Kindergolf spielen! Das Steinchen hätte mich fast am Kopf getroffen!
Ist das klar?!
Was sollte das denn?!
Dachtet ihr etwa, ich hätte Spaß daran, verletzt zu werden?
Glaubt ihr, ich wäre Maso-chist?
Hä?!
Glaubt ihr das, ja?!
...
...

RÜFFEL 2

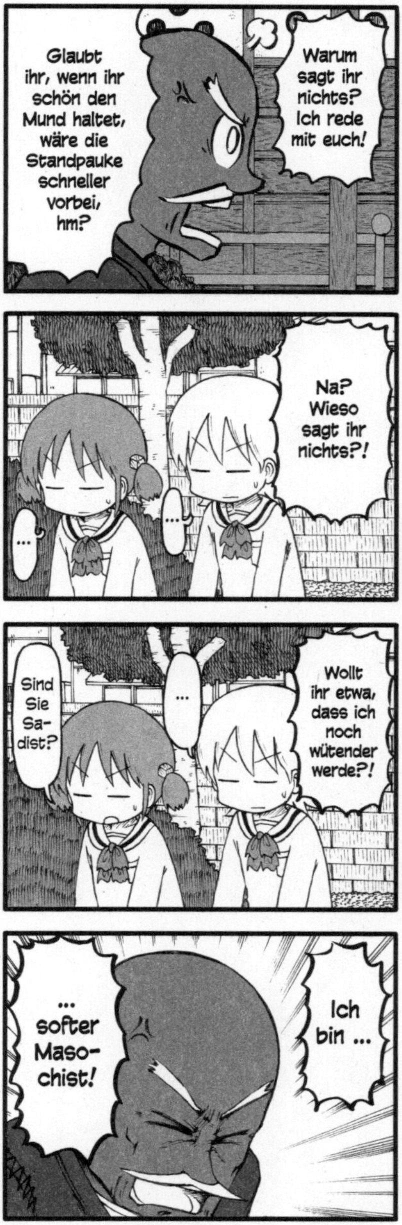
Warum sagt ihr nichts? Ich rede mit euch!
Glaubt ihr, wenn ihr schön den Mund haltet, wäre die Standpauke schneller vorbei, hm?
Na? Wieso sagt ihr nichts?!
...
...
Wollt ihr etwa, dass ich noch wütender werde?!
...
Sind Sie Sa-dist?
Ich bin ...
... softer Maso-chist!

NICHT ESSEN, (TANUKI* AM START!)

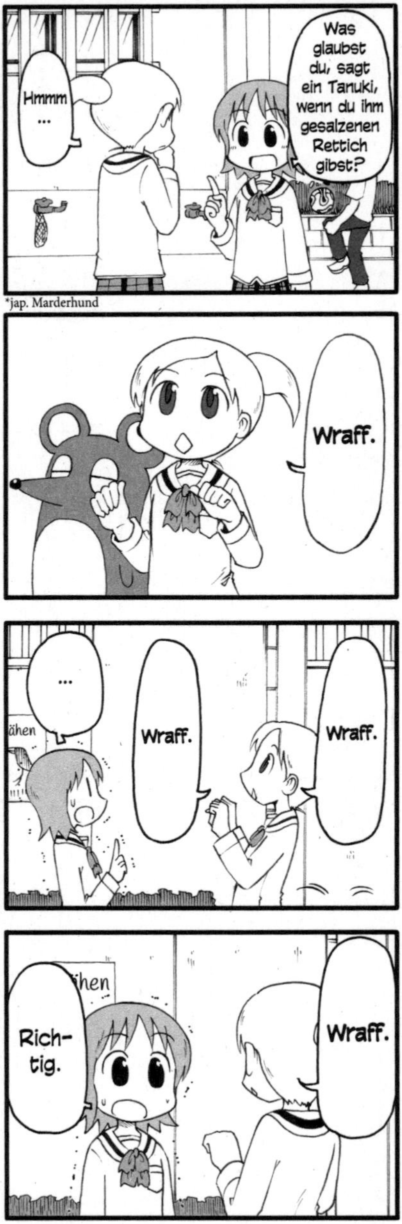
Was glaubst du, sagt ein Tanuki, wenn du ihm gesalzenen Rettich gibst?
Hmmm …
Wraff.
Wraff.
Wraff.
…
Wraff.
Rich-tig.

*jap. Marderhund

BATTING CAGES HABE ICH BISHER IMMER NUR IM FERNSEHEN GESEHEN, DARUM BIN ICH HEUTE ECHT MEGAGESPANNT!

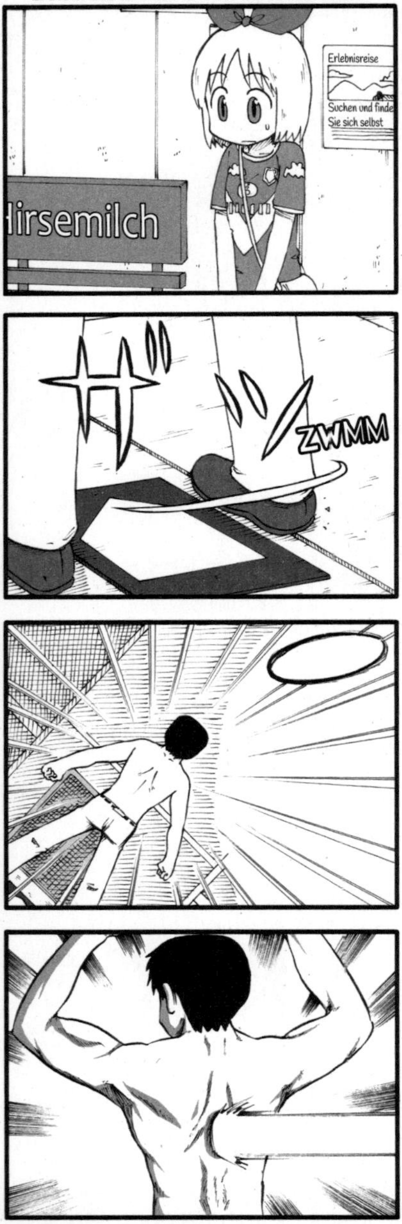
Erlebnisreise
Suchen und finde Sie sich selbst
Hirsemilch
ZWMM

NICHIJOU STRIPS 11 (ENDE)

ALLTAG 112

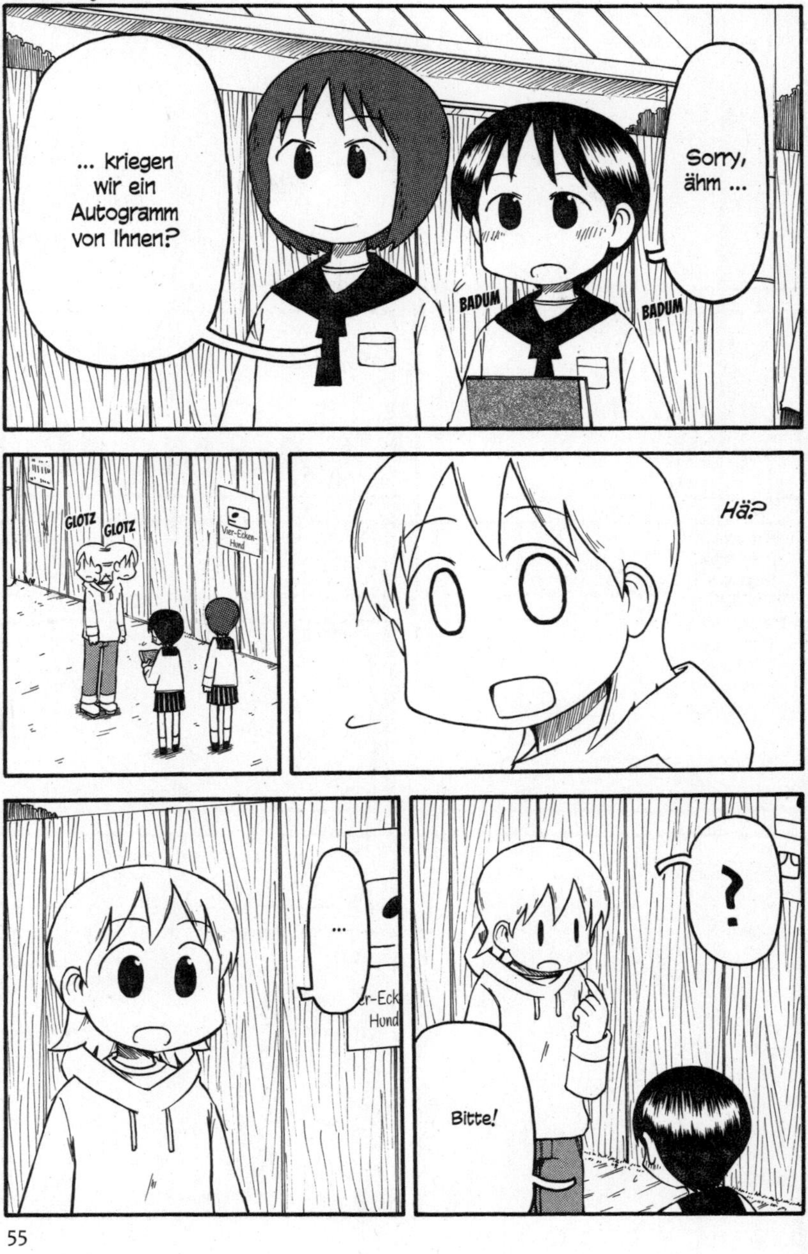

Sorry, ähm ...
... kriegen wir ein Autogramm von Ihnen?
BADUM
BADUM
Hä?
GLOTZ
GLOTZ
Vier-Ecken-Hund
...
?
Bitte!

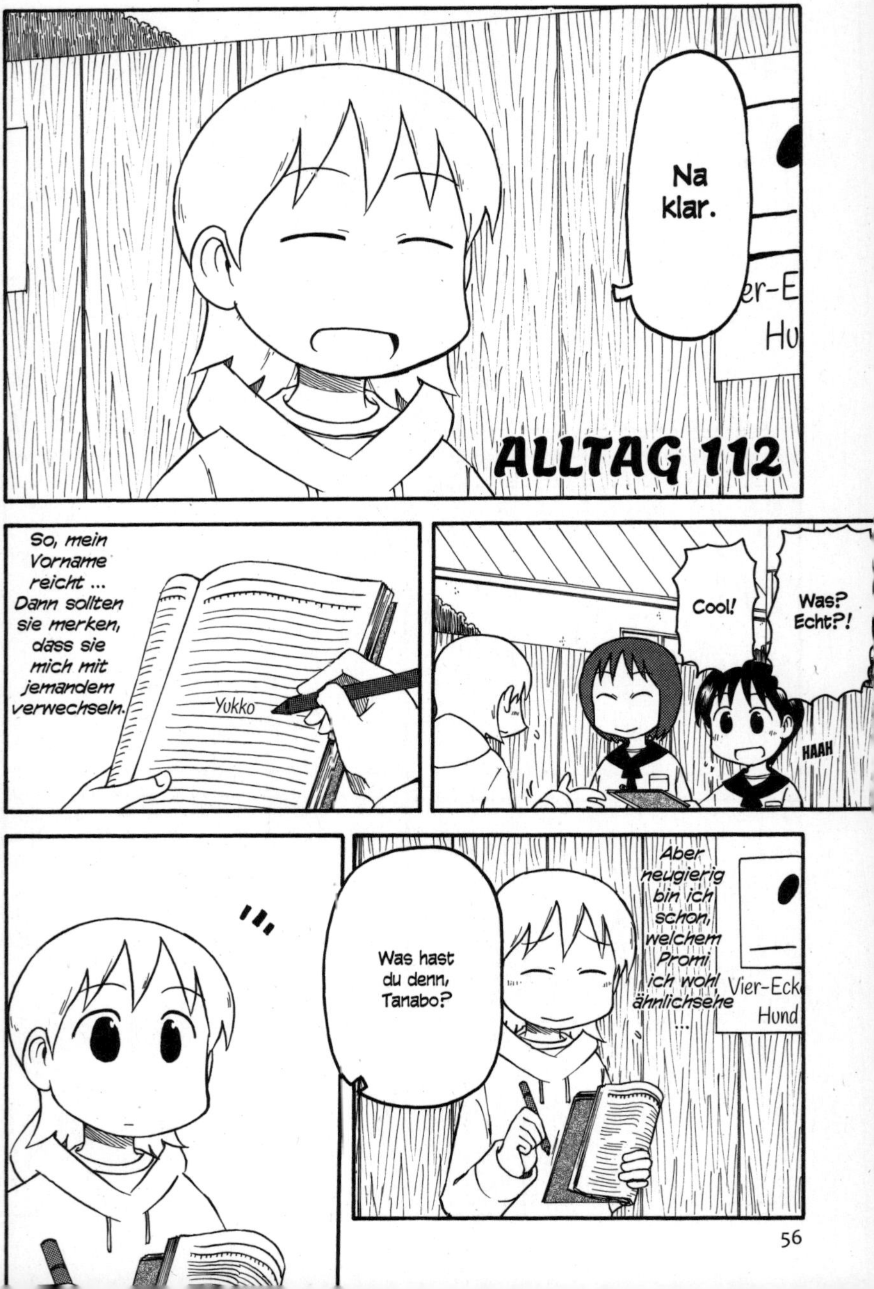
Na klar.
ALLTAG 112
Was? Echt?!
Cool!
HAAH
So, mein Vorname reicht ... Dann sollten sie merken, dass sie mich mit jemandem verwechseln.
Yukko
Aber neugierig bin ich schon, welchem Promi ich wohl ähnlichsehe ...
Was hast du denn, Tanabo?
Vier-Eck
Hund

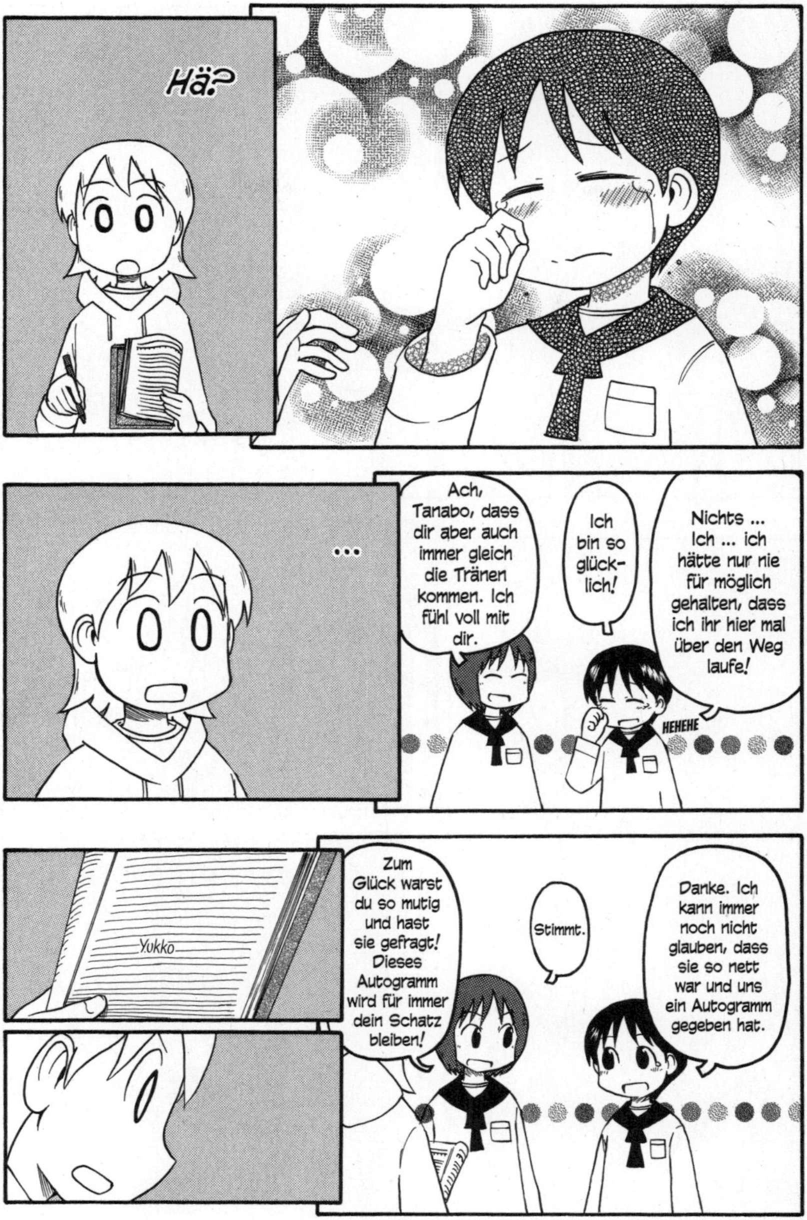

Hä?
Nichts ... Ich ... ich hätte nur nie für möglich gehalten, dass ich ihr hier mal über den Weg laufe!
HEHEHE
Ich bin so glücklich!
Ach, Tanabo, dass dir aber auch immer gleich die Tränen kommen. Ich fühl voll mit dir.
...
Danke. Ich kann immer noch nicht glauben, dass sie so nett war und uns ein Autogramm gegeben hat.
Stimmt.
Zum Glück warst du so mutig und hast sie gefragt! Dieses Autogramm wird für immer dein Schatz bleiben!
Yukko

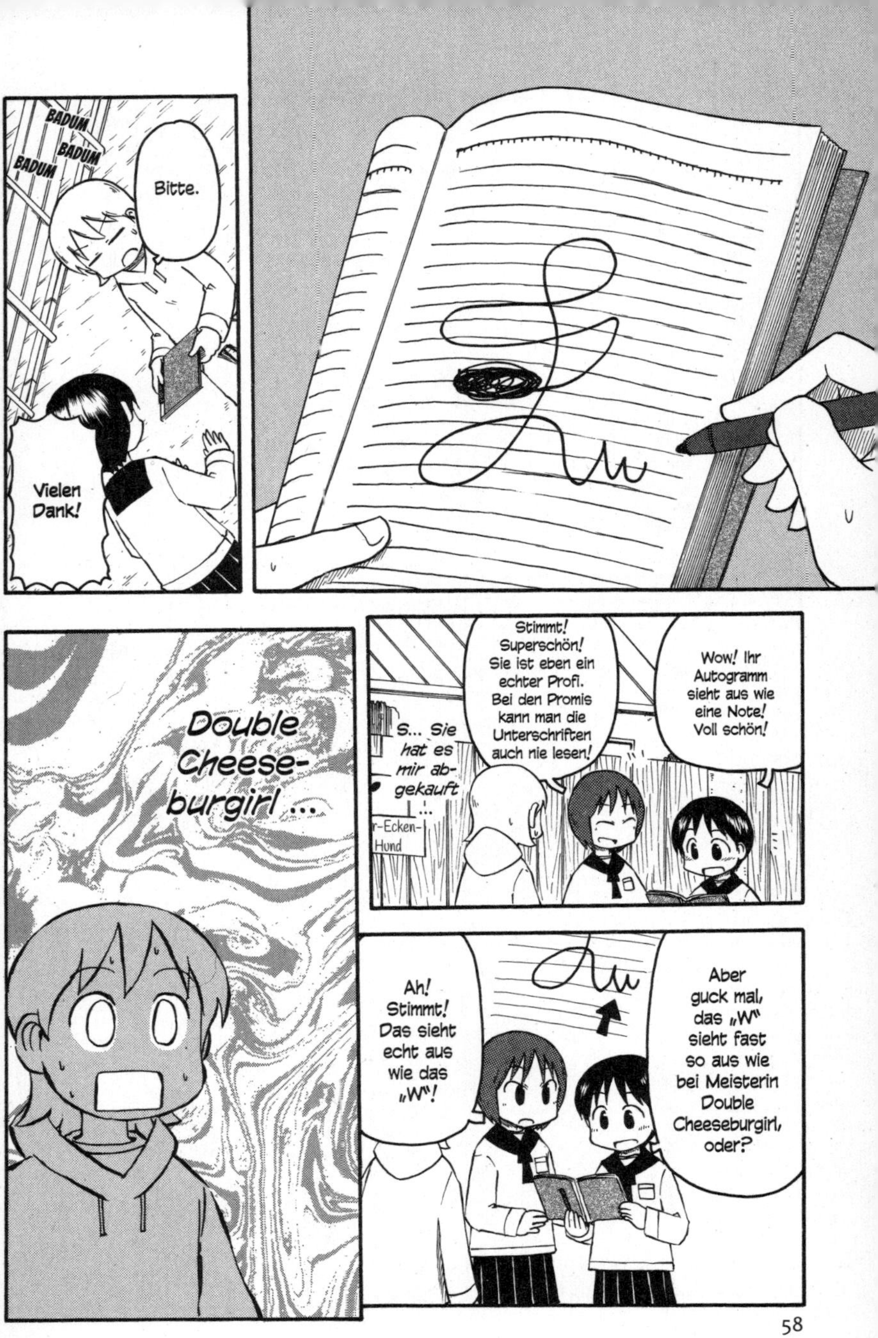
Bitte.
BADUM
BADUM
BADUM
Vielen Dank!
Wow! Ihr Autogramm sieht aus wie eine Note! Voll schön!
Stimmt! Superschön! Sie ist eben ein echter Profi. Bei den Promis kann man die Unterschriften auch nie lesen!
S... Sie hat es mir abgekauft ...!
r-Ecken-Hund
Double Cheese-burgirl ...
Aber guck mal, das „W" sieht fast so aus wie bei Meisterin Double Cheeseburgirl, oder?
Ah! Stimmt! Das sieht echt aus wie das „W"!

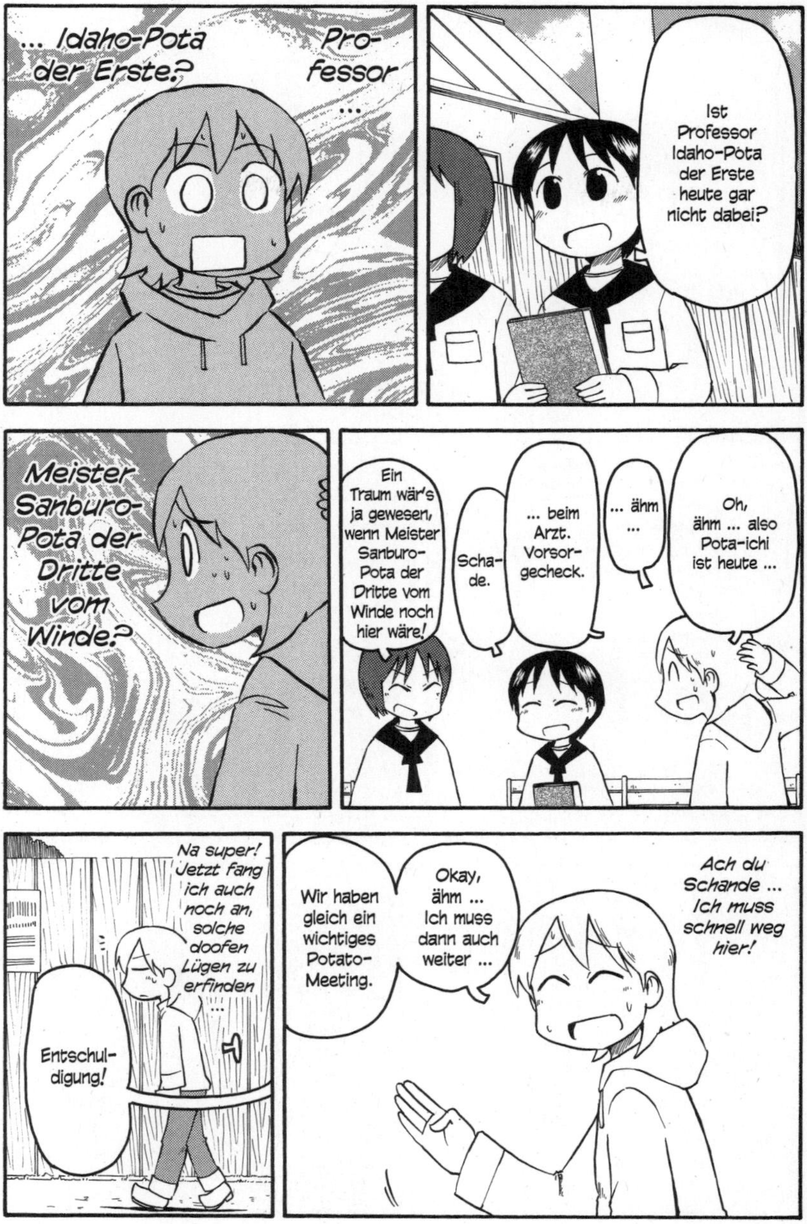
Ist Professor Idaho-Pota der Erste heute gar nicht dabei?
… Idaho-Pota der Erste?
Professor …
Oh, ähm … also Pota-ichi ist heute …
… ähm …
… beim Arzt. Vorsorgecheck.
Schade.
Ein Traum wär's ja gewesen, wenn Meister Sanburo-Pota der Dritte vom Winde noch hier wäre!
Meister Sanburo-Pota der Dritte vom Winde?
Ach du Schande … Ich muss schnell weg hier!
Okay, ähm … Ich muss dann auch weiter …
Wir haben gleich ein wichtiges Potato-Meeting.
Na super! Jetzt fang ich auch noch an, solche doofen Lügen zu erfinden …
Entschuldigung!

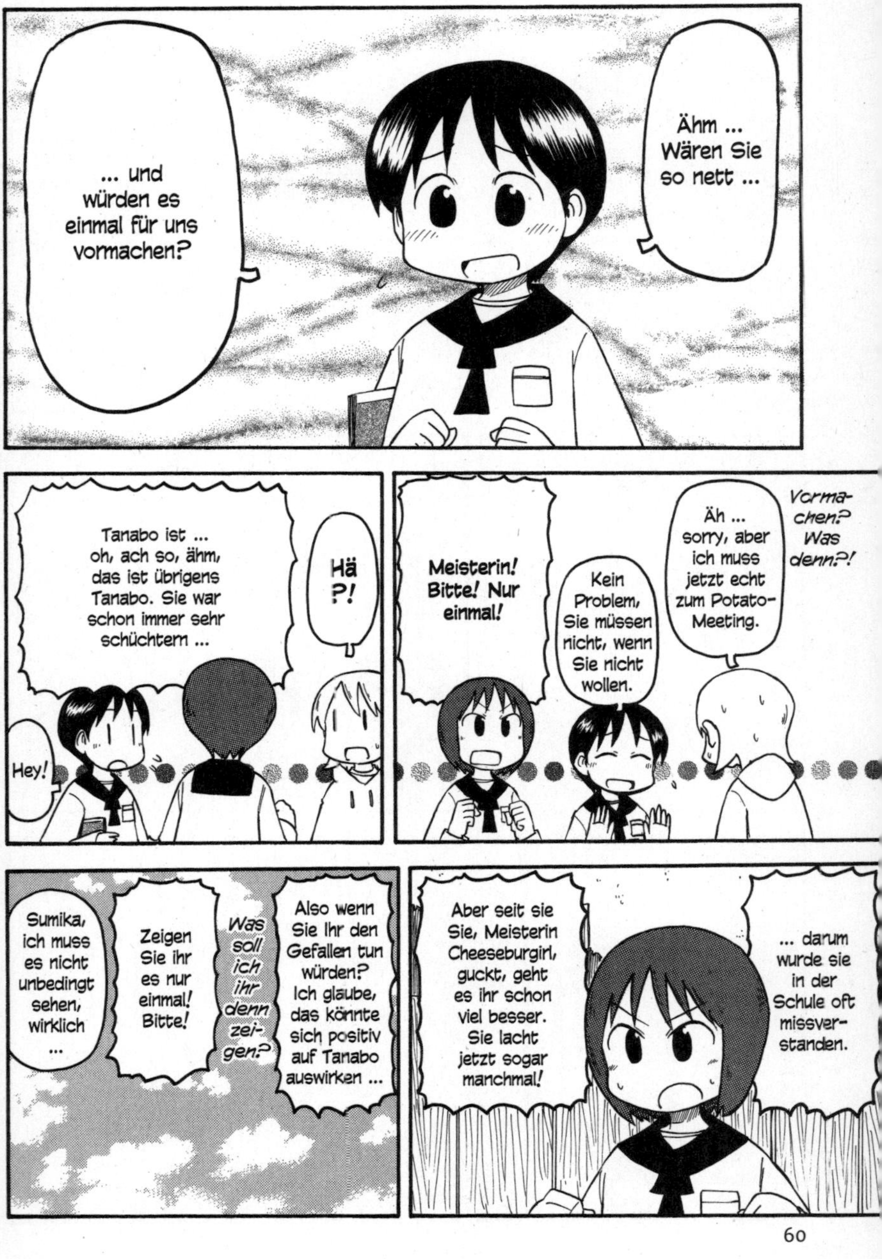
Ähm ... Wären Sie so nett ...
... und würden es einmal für uns vormachen?
Vormachen? Was denn?!
Äh ... sorry, aber ich muss jetzt echt zum Potato-Meeting.
Kein Problem, Sie müssen nicht, wenn Sie nicht wollen.
Meisterin! Bitte! Nur einmal!
Hä ?!
Tanabo ist ... oh, ach so, ähm, das ist übrigens Tanabo. Sie war schon immer sehr schüchtern ...
Hey!
... darum wurde sie in der Schule oft missverstanden.
Aber seit sie Sie, Meisterin Cheeseburgirl, guckt, geht es ihr schon viel besser. Sie lacht jetzt sogar manchmal!
Also wenn Sie ihr den Gefallen tun würden? Ich glaube, das könnte sich positiv auf Tanabo auswirken ...
Was soll ich ihr denn zeigen?
Zeigen Sie ihr es nur einmal! Bitte!
Sumika, ich muss es nicht unbedingt sehen, wirklich ...

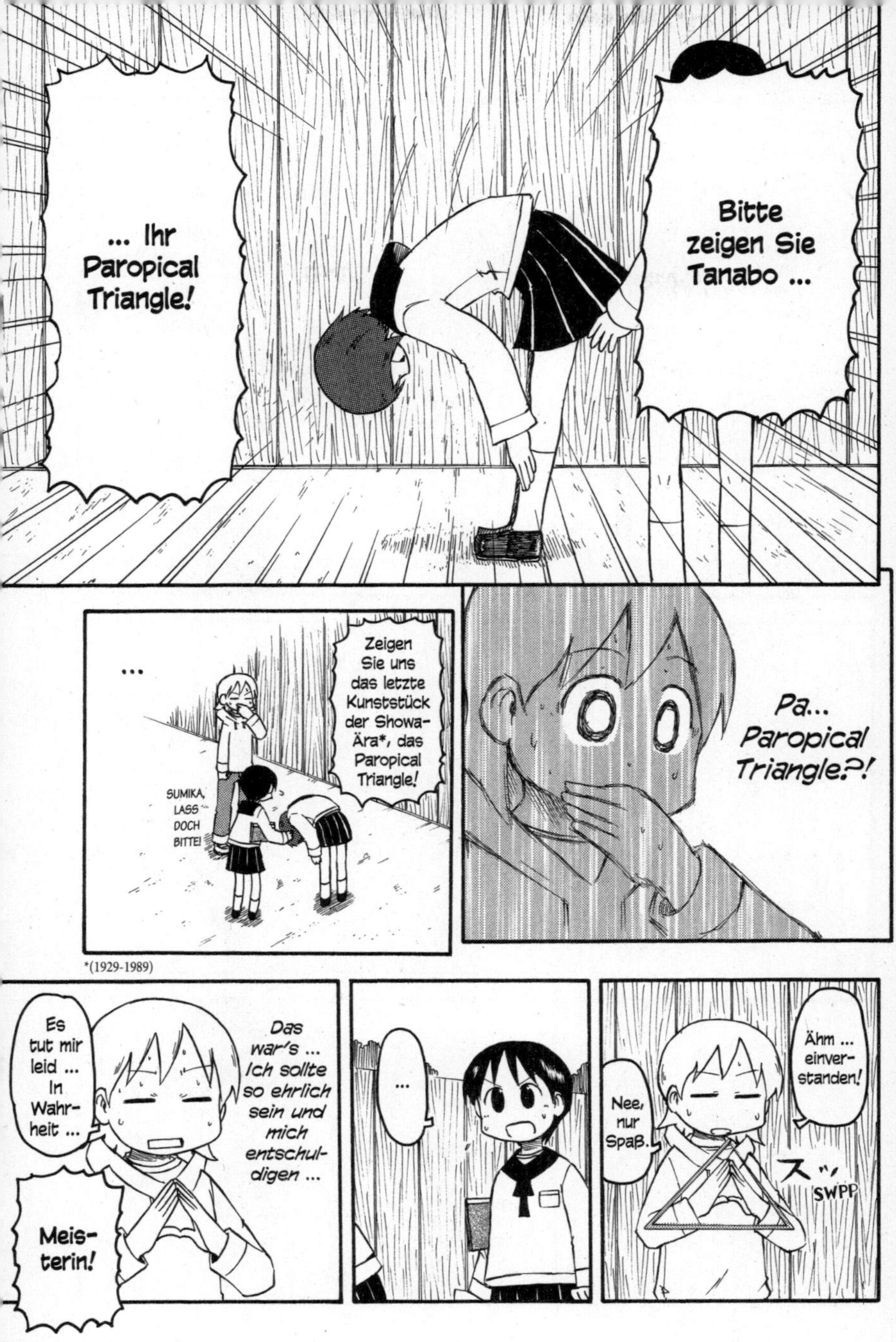
Bitte zeigen Sie Tanabo ...
... Ihr Paropical Triangle!
Pa... Paropical Triangle?!
Zeigen Sie uns das letzte Kunststück der Showa-Ära*, das Paropical Triangle!
SUMIKA, LASS DOCH BITTE!
...
Ähm ... einverstanden!
Nee, nur Spaß.
SWPP
...
Das war's ... Ich sollte so ehrlich sein und mich entschuldigen ...
Es tut mir leid ... In Wahrheit ...
Meisterin!

*(1929-1989)

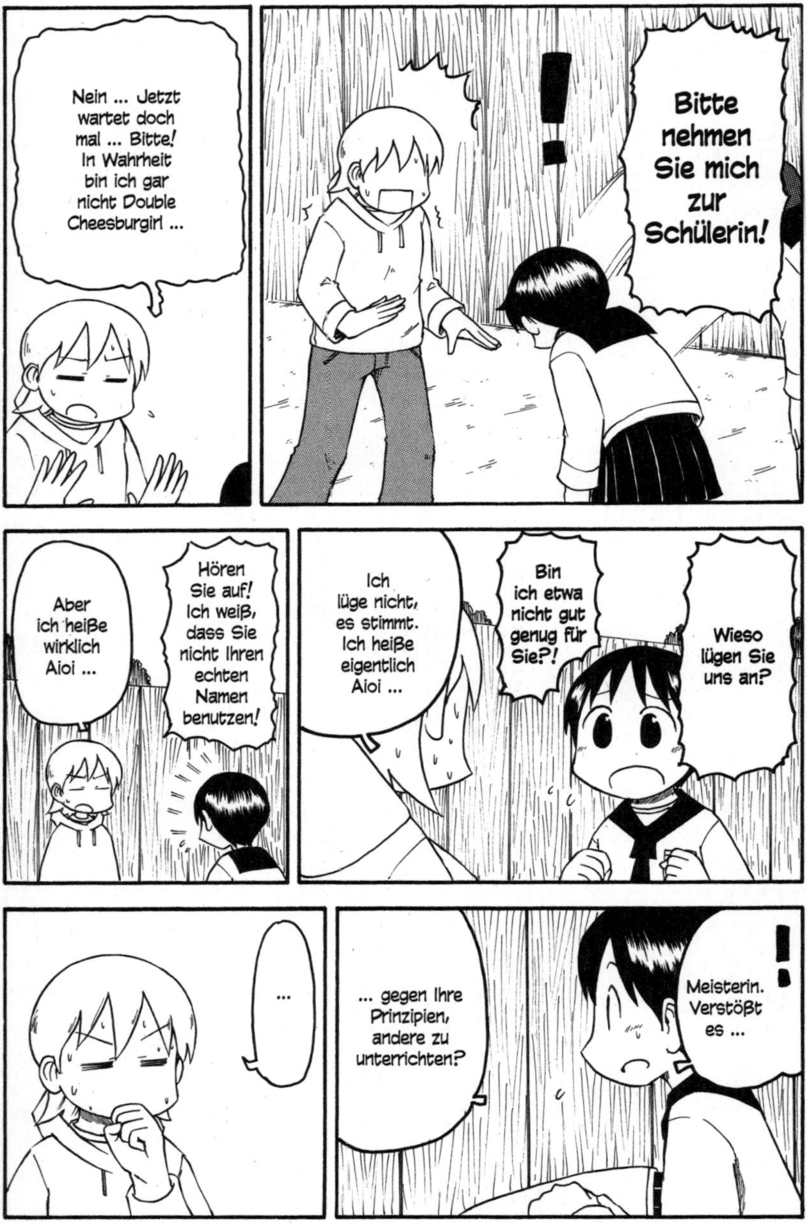
!
Bitte nehmen Sie mich zur Schülerin!
Nein ... Jetzt wartet doch mal ... Bitte! In Wahrheit bin ich gar nicht Double Cheesburgirl ...
Wieso lügen Sie uns an?
Bin ich etwa nicht gut genug für Sie?!
Ich lüge nicht, es stimmt. Ich heiße eigentlich Aioi ...
Hören Sie auf! Ich weiß, dass Sie nicht Ihren echten Namen benutzen!
Aber ich heiße wirklich Aioi ...
!
Meisterin. Verstößt es ...
... gegen Ihre Prinzipien, andere zu unterrichten?
...

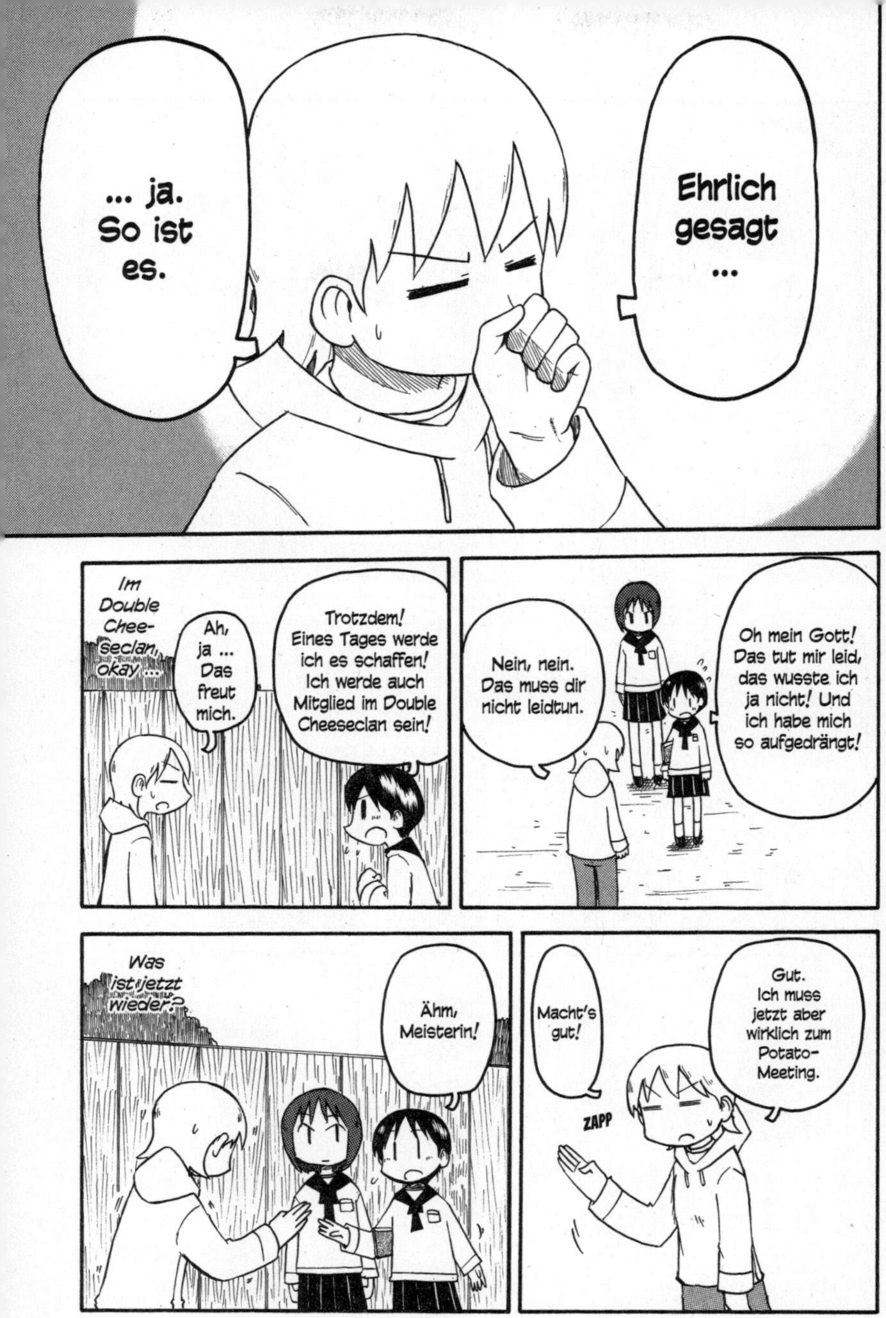
Ehrlich gesagt ...
... ja. So ist es.
Oh mein Gott! Das tut mir leid, das wusste ich ja nicht! Und ich habe mich so aufgedrängt!
Nein, nein. Das muss dir nicht leidtun.
Trotzdem! Eines Tages werde ich es schaffen! Ich werde auch Mitglied im Double Cheeseclan sein!
Ah, ja ... Das freut mich.
Im Double Chee-seclan, okay ...
Gut. Ich muss jetzt aber wirklich zum Potato-Meeting.
Macht's gut!
ZAPP
Ähm, Meisterin!
Was ist jetzt wieder?

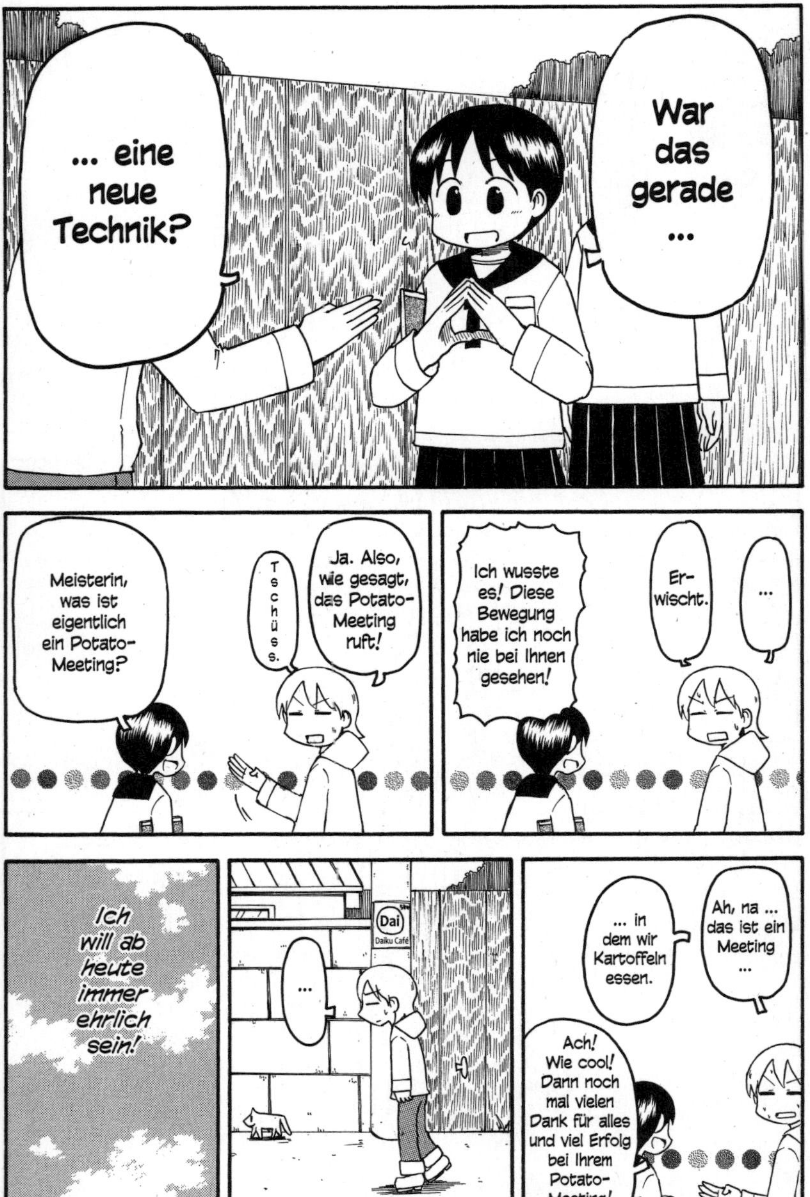
War das gerade ...
... eine neue Technik?
...
Er-wischt.
Ich wusste es! Diese Bewegung habe ich noch nie bei Ihnen gesehen!
Ja. Also, wie gesagt, das Potato-Meeting ruft!
Tschüss.
Meisterin, was ist eigentlich ein Potato-Meeting?
Ah, na ... das ist ein Meeting ...
... in dem wir Kartoffeln essen.
Ach! Wie cool! Dann noch mal vielen Dank für alles und viel Erfolg bei Ihrem Potato-Meeting!
Dai
Daiku Café
...
Ich will ab heute immer ehrlich sein!

ALLTAG 112 (ENDE)

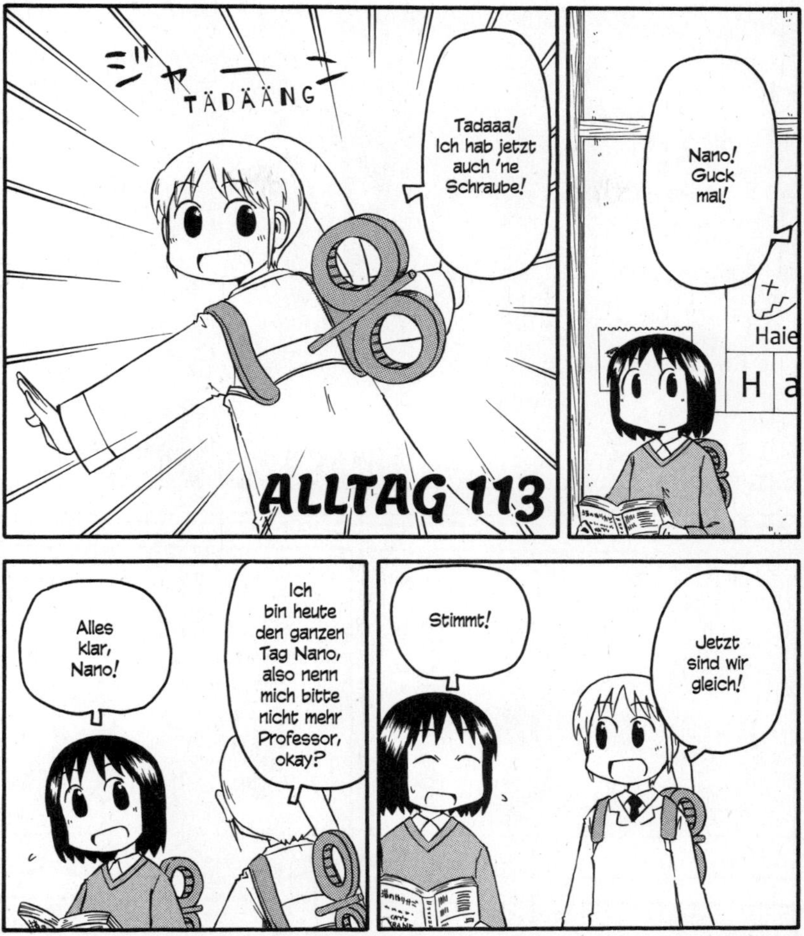
Nano!
Guck
mal!
Haie
H a
ジャーーン
TÄDÄÄNG
Tadaaa!
Ich hab jetzt
auch 'ne
Schraube!
ALLTAG 113
Jetzt
sind wir
gleich!
Stimmt!
Ich
bin heute
den ganzen
Tag Nano,
also nenn
mich bitte
nicht mehr
Professor,
okay?
Alles
klar,
Nano!
ガッ
KLANK
KLONG
ゴッ
GUI-
NEA!
ガッ
BONK

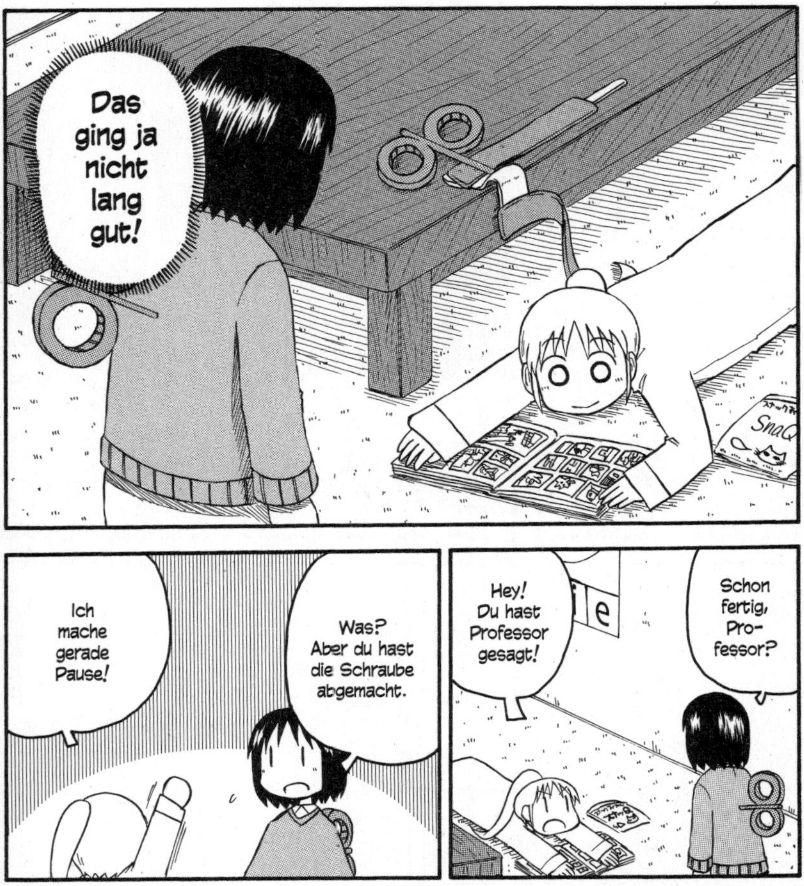
Das ging ja nicht lang gut!
Schon fertig, Professor?
Hey! Du hast Professor gesagt!
Was? Aber du hast die Schraube abgemacht.
Ich mache gerade Pause!
Ich bin heute Nano, das weißt du doch.
In Ordnung!
Ah!

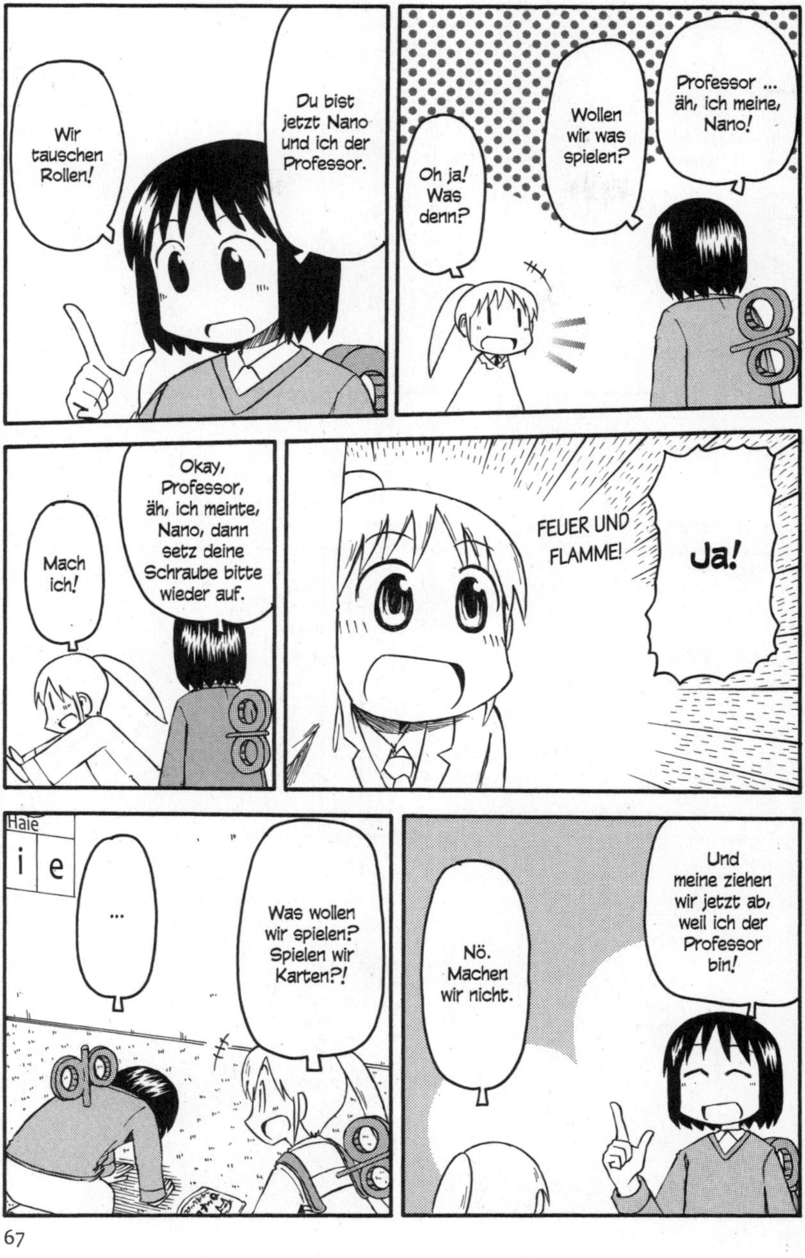
Professor ... äh, ich meine, Nano!
Wollen wir was spielen?
Oh ja! Was denn?
Du bist jetzt Nano und ich der Professor.
Wir tauschen Rollen!
Ja!
FEUER UND FLAMME!
Okay, Professor, äh, ich meinte, Nano, dann setz deine Schraube bitte wieder auf.
Mach ich!
Und meine ziehen wir jetzt ab, weil ich der Professor bin!
Nö. Machen wir nicht.
Was wollen wir spielen? Spielen wir Karten?!
...
Haie
i e

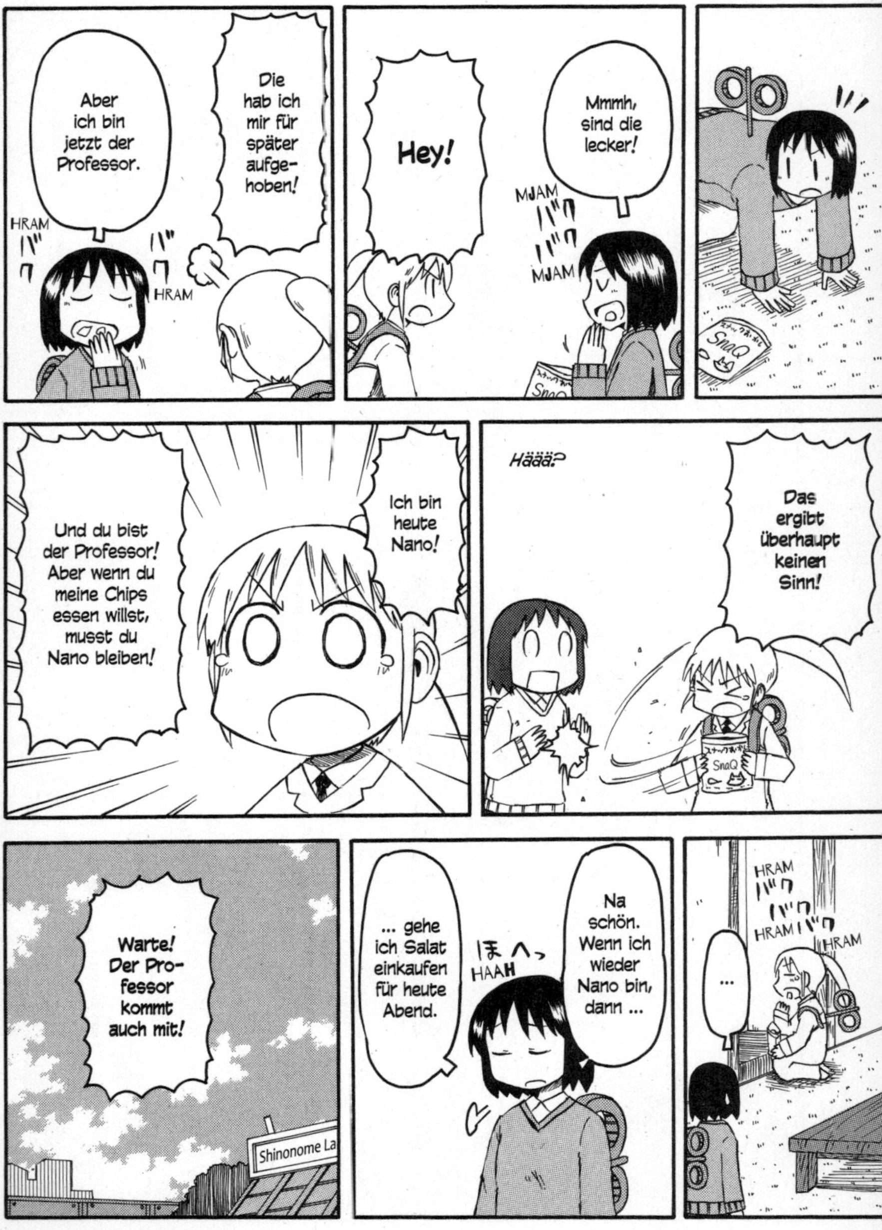
MJAM
MJAM
Mmmh, sind die lecker!
Hey!
Die hab ich mir für später aufgehoben!
Aber ich bin jetzt der Professor.
HRAM
HRAM
Das ergibt überhaupt keinen Sinn!
Häää?
Ich bin heute Nano!
Und du bist der Professor! Aber wenn du meine Chips essen willst, musst du Nano bleiben!
HRAM
HRAM
HRAM
...
Na schön. Wenn ich wieder Nano bin, dann ...
HAAH
... gehe ich Salat einkaufen für heute Abend.
Warte! Der Professor kommt auch mit!
Shinonome La

ALLTAG 113 (ENDE)

ALLTAG 114

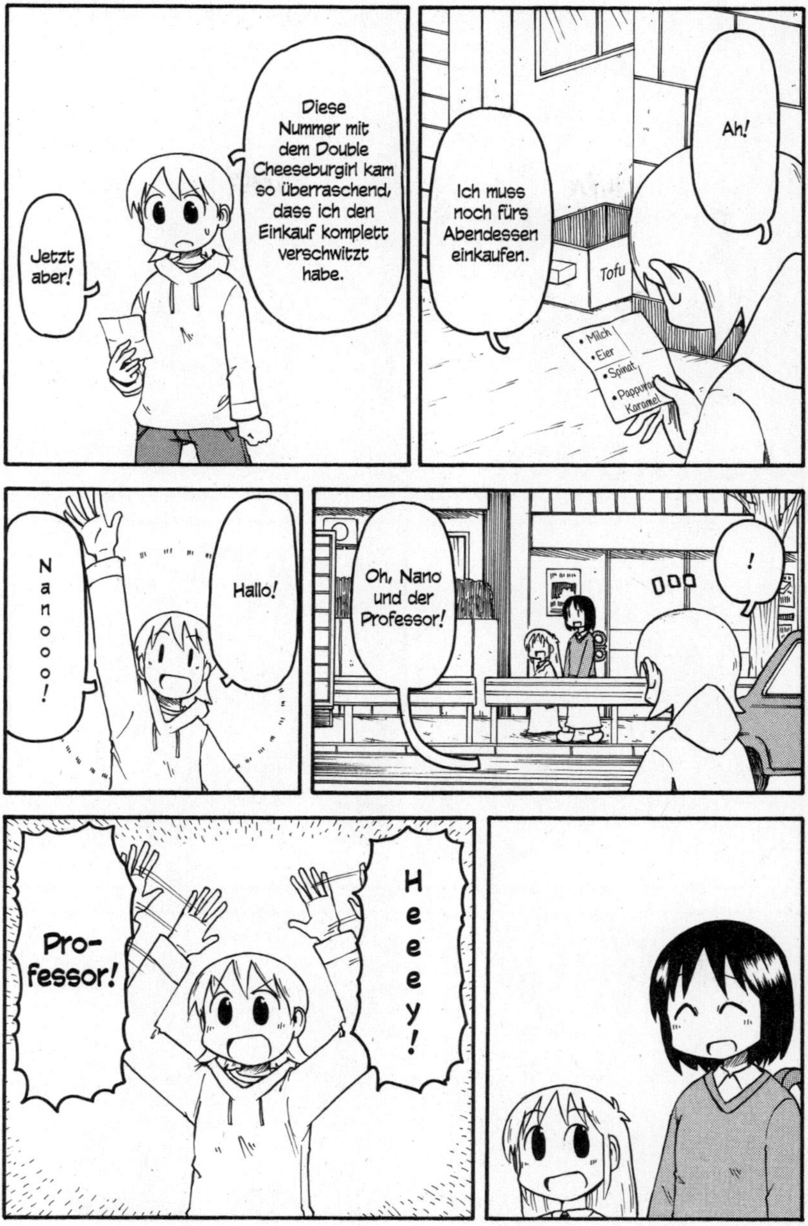
Diese Nummer mit dem Double Cheeseburgirl kam so überraschend, dass ich den Einkauf komplett verschwitzt habe.
Jetzt aber!
Ah!
Ich muss noch fürs Abendessen einkaufen.
Tofu
• Milch
• Eier
• Spinat
• Pappuro Karamel
!
Oh, Nano und der Professor!
Hallo!
Nanooo!
Heeey!
Pro-fessor!

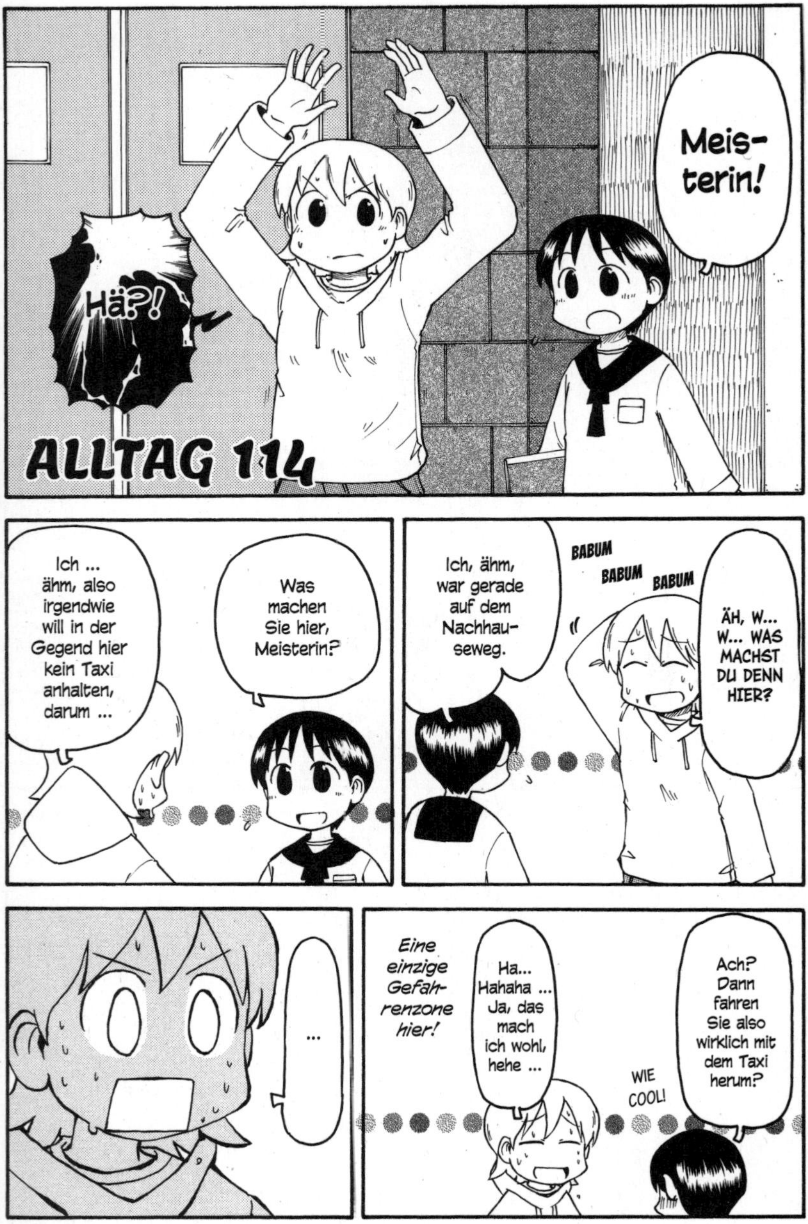
ALLTAG 114
Meisterin!
Hä?!
ÄH, W... W... WAS MACHST DU DENN HIER?
BABUM BABUM BABUM
Ich, ähm, war gerade auf dem Nachhauseweg.
Was machen Sie hier, Meisterin?
Ich ... ähm, also irgendwie will in der Gegend hier kein Taxi anhalten, darum ...
Ach? Dann fahren Sie also wirklich mit dem Taxi herum?
WIE COOL!
Ha... Hahaha ... Ja, das mach ich wohl, hehe ...
Eine einzige Gefahrenzone hier!
...

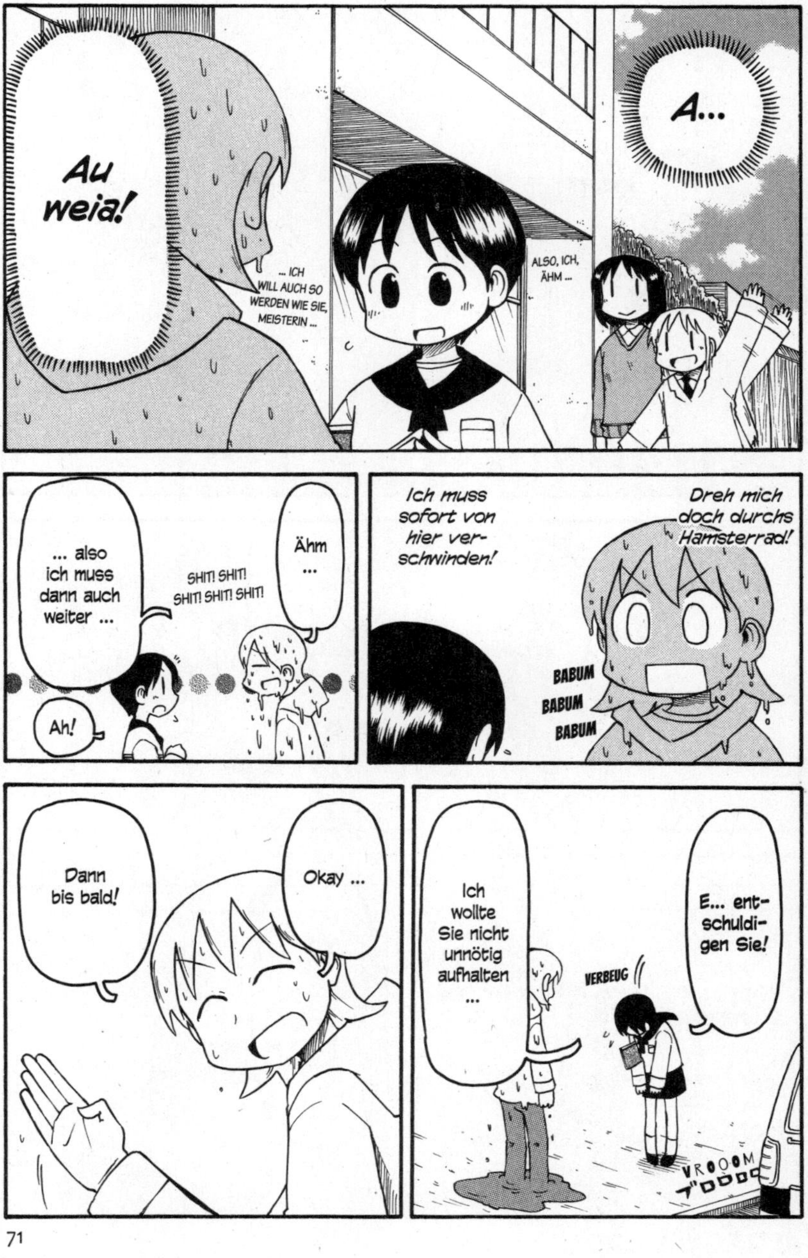
A...
ALSO, ICH, ÄHM ...
... ICH WILL AUCH SO WERDEN WIE SIE, MEISTERIN ...
Au weia!
Dreh mich doch durchs Hamsterrad!
BABUM BABUM BABUM
Ich muss sofort von hier verschwinden!
Ähm ...
SHIT! SHIT! SHIT! SHIT! SHIT!
... also ich muss dann auch weiter ...
Ah!
E... entschuldigen Sie!
VERBEUG
Ich wollte Sie nicht unnötig aufhalten ...
VROOOM
Okay ...
Dann bis bald!

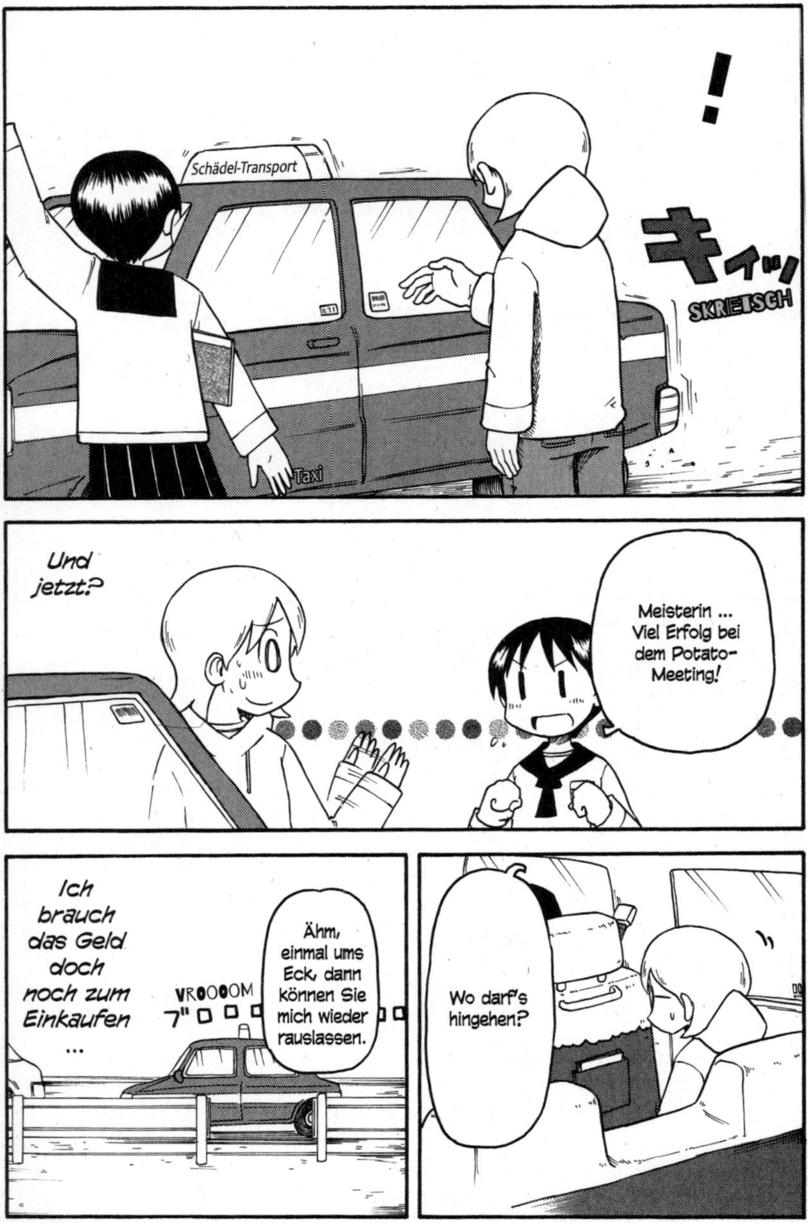
!
SKRIETSCH
Schädel-Transport
Taxi
Meisterin ... Viel Erfolg bei dem Potato-Meeting!
Und jetzt?
Wo darf's hingehen?
Ähm, einmal ums Eck, dann können Sie mich wieder rauslassen.
VROOOOM
Ich brauch das Geld doch noch zum Einkaufen ...

ALLTAG 114 (ENDE)

MIHOSHIS MASTERPLAN

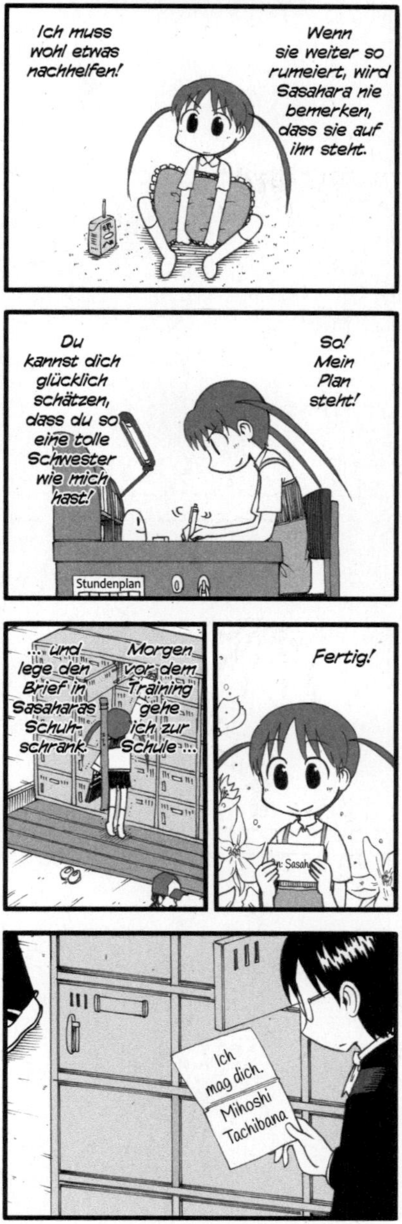

Wenn sie weiter so rumeiert, wird Sasahara nie bemerken, dass sie auf ihn steht.
Ich muss wohl etwas nachhelfen!
So! Mein Plan steht!
Du kannst dich glücklich schätzen, dass du so eine tolle Schwester wie mich hast!
Stundenplan
Fertig!
Morgen vor dem Training gehe ich zur Schule ...
... und lege den Brief in Sasaharas Schuhschrank.
Ich mag dich.
Mihoshi Tachibana

Nichijou STRIPS 12

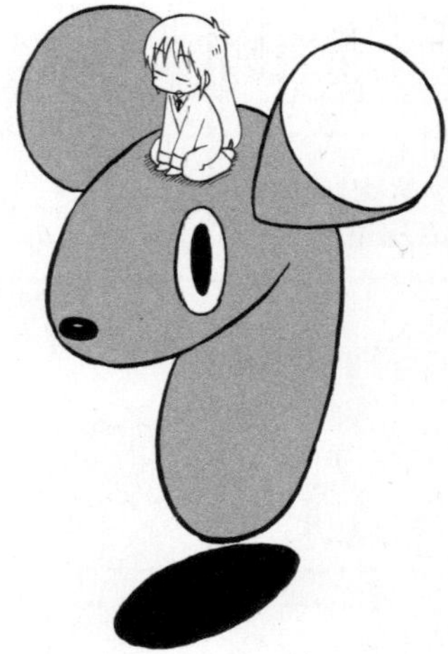

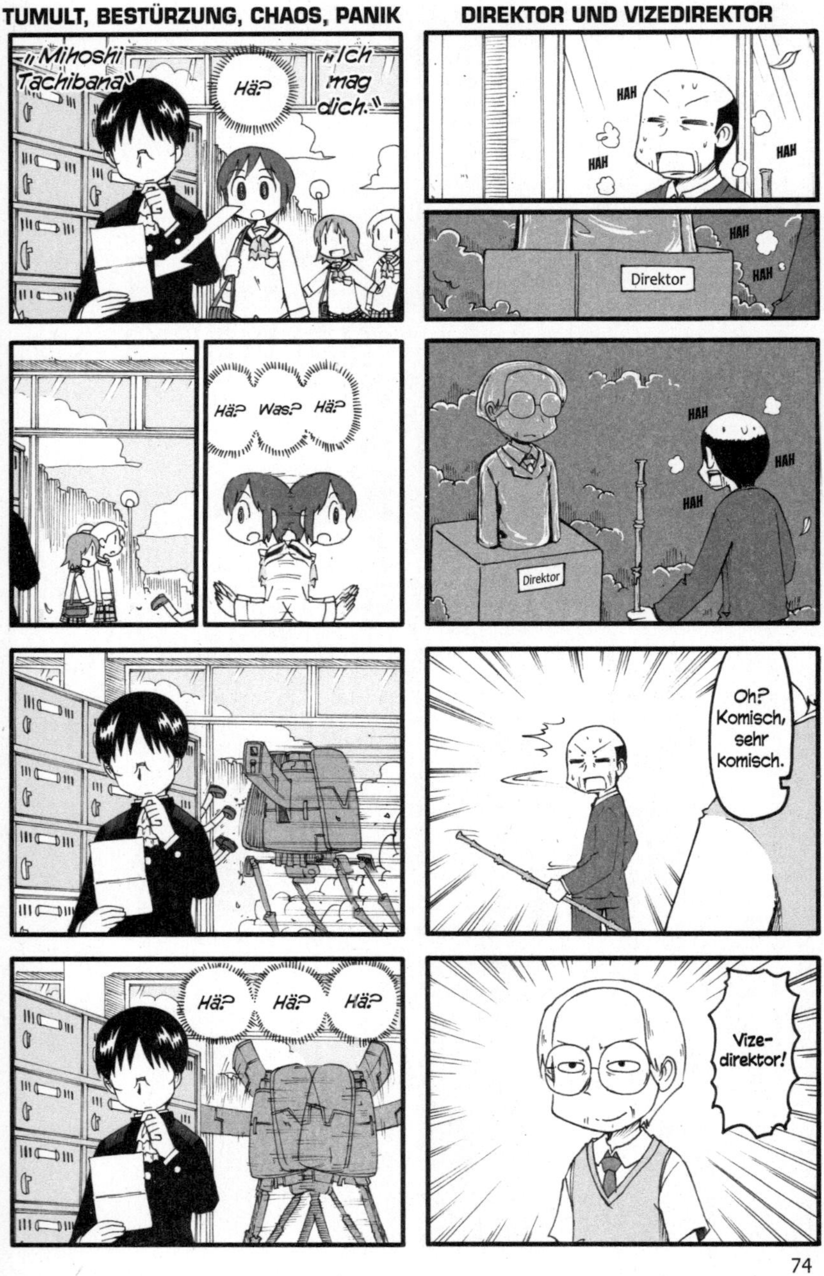
TUMULT, BESTÜRZUNG, CHAOS, PANIK
„Mihoshi Tachibana"
„Ich mag dich."
Hä?
Hä? Was? Hä?
Hä?
Hä?
Hä?
DIREKTOR UND VIZEDIREKTOR
HAH
HAH
HAH
HAH
HAH
Direktor
HAH
HAH
HAH
Direktor
Oh? Komisch, sehr komisch.
Vize-direktor!

DIREKTOR UND VIZEDIREKTOR

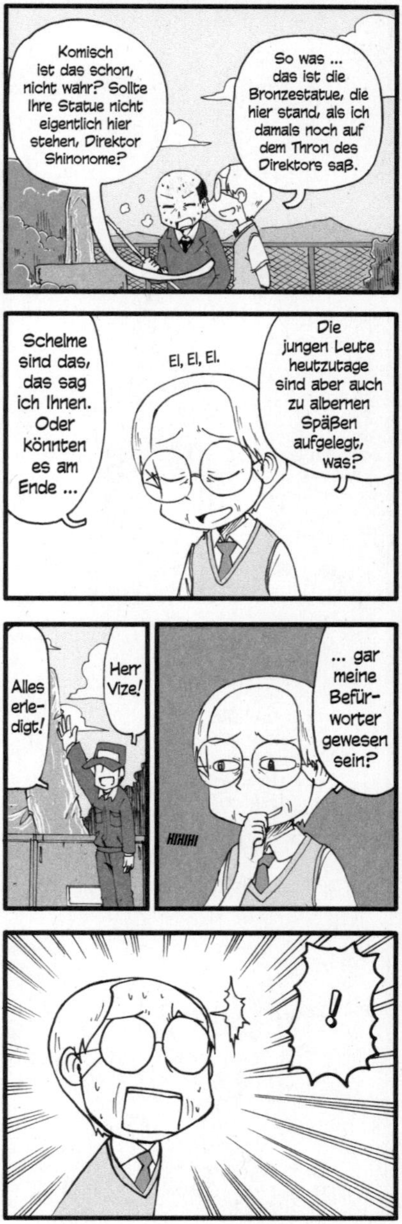
So was ... das ist die Bronzestatue, die hier stand, als ich damals noch auf dem Thron des Direktors saß.
Komisch ist das schon, nicht wahr? Sollte Ihre Statue nicht eigentlich hier stehen, Direktor Shinonome?
Die jungen Leute heutzutage sind aber auch zu albernen Späßen aufgelegt, was?
Ei, Ei, Ei.
Schelme sind das, das sag ich Ihnen. Oder könnten es am Ende ...
... gar meine Befürworter gewesen sein?
HIHIHI
Herr Vize!
Alles erledigt!
!

DIREKTOR UND VIZEDIREKTOR

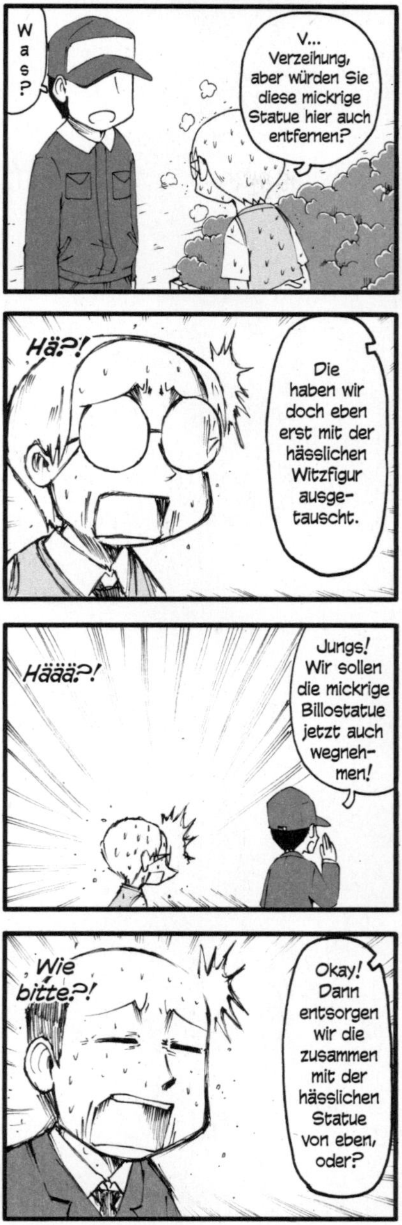
V... Verzeihung, aber würden Sie diese mickrige Statue hier auch entfernen?
Was?
Die haben wir doch eben erst mit der hässlichen Witzfigur ausgetauscht.
Hä?!
Jungs! Wir sollen die mickrige Billostatue jetzt auch wegnehmen!
Häää?!
Okay! Dann entsorgen wir die zusammen mit der hässlichen Statue von eben, oder?
„Wie bitte?!

SÜSSE

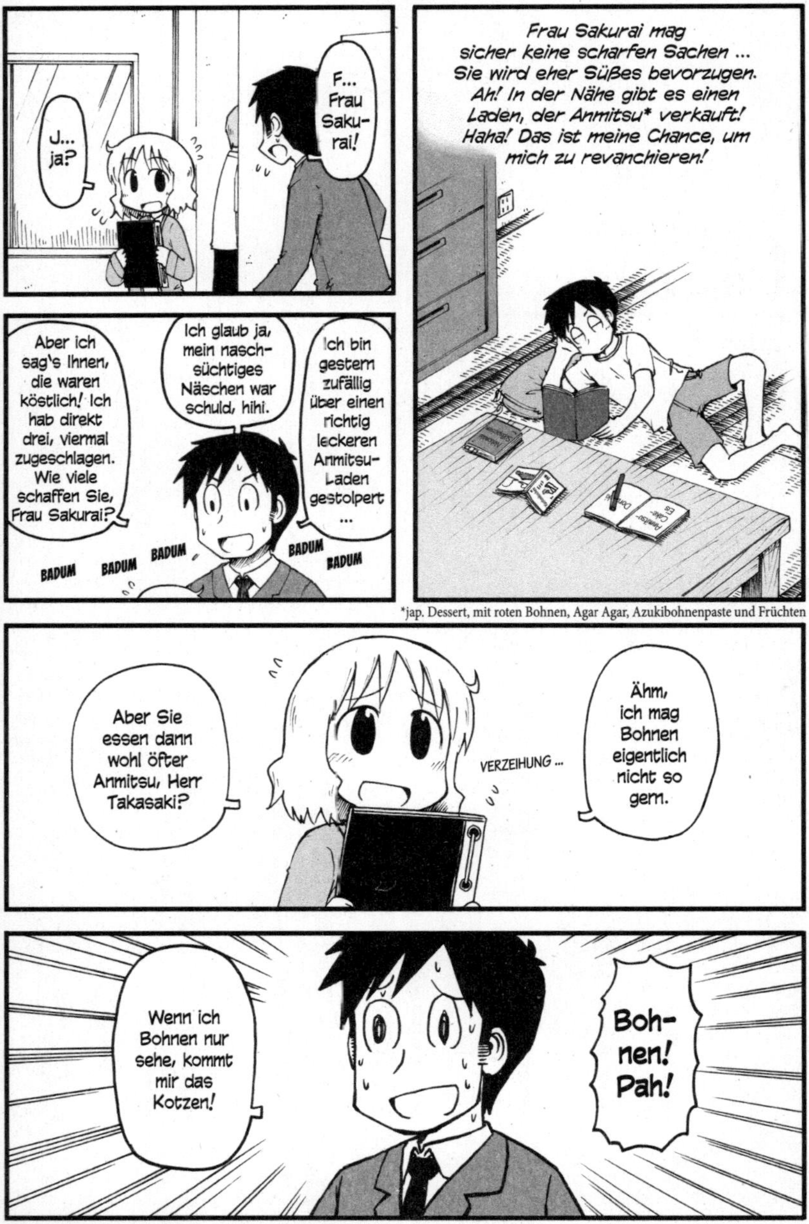

Frau Sakurai mag sicher keine scharfen Sachen ... Sie wird eher Süßes bevorzugen. Ah! In der Nähe gibt es einen Laden, der Anmitsu* verkauft! Haha! Das ist meine Chance, um mich zu revanchieren!
F... Frau Saku-rai!
J... ja?
Ich bin gestern zufällig über einen richtig leckeren Anmitsu-Laden gestolpert ...
Ich glaub ja, mein nasch-süchtiges Näschen war schuld, hihi.
Aber ich sag's Ihnen, die waren köstlich! Ich hab direkt drei, viermal zugeschlagen. Wie viele schaffen Sie, Frau Sakurai?
BADUM BADUM BADUM BADUM BADUM
Ähm, ich mag Bohnen eigentlich nicht so gern.
VERZEIHUNG ...
Aber Sie essen dann wohl öfter Anmitsu, Herr Takasaki?
Bohnen! Pah!
Wenn ich Bohnen nur sehe, kommt mir das Kotzen!

*jap. Dessert, mit roten Bohnen, Agar Agar, Azukibohnenpaste und Früchten

NICHIJOU STRIPS 12 (ENDE)

ALLTAG 115

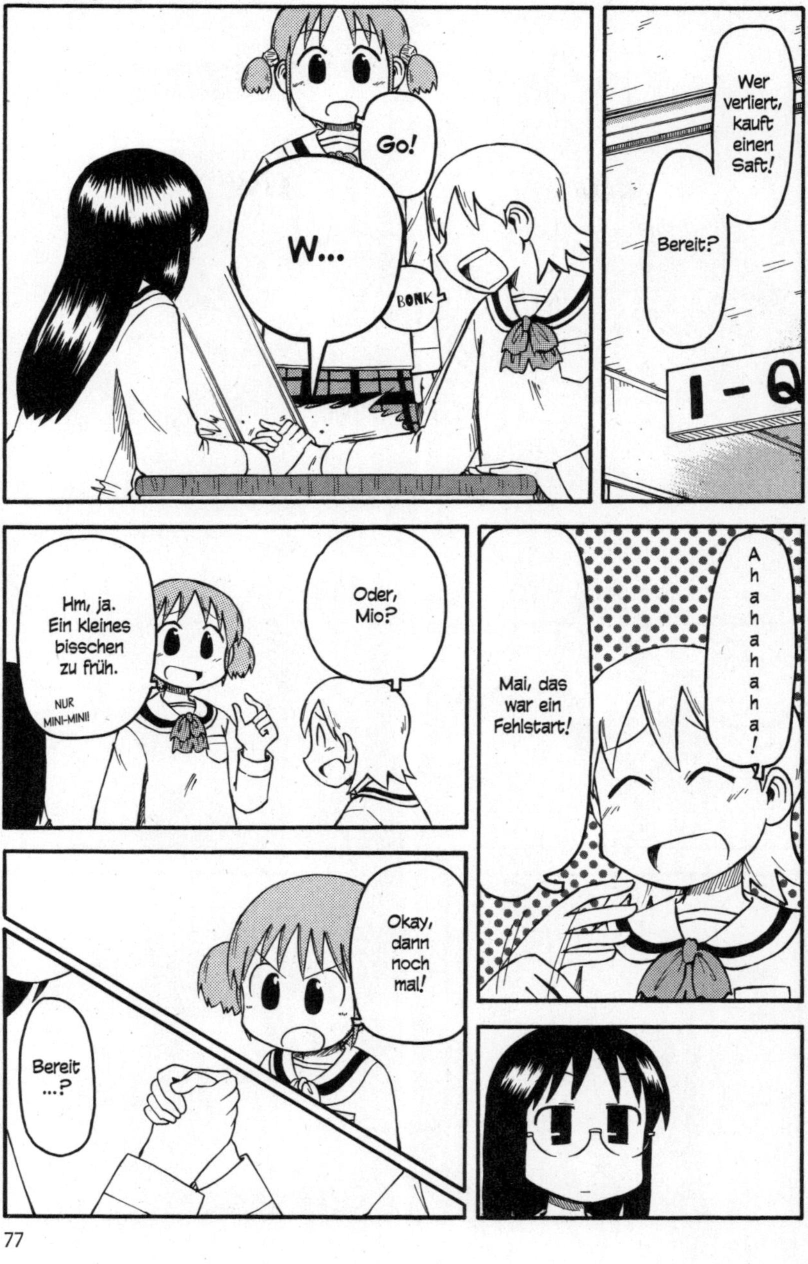

Wer verliert, kauft einen Saft!
Bereit?
Go!
W...
BONK
Ahahahahaha!
Mai, das war ein Fehlstart!
Oder, Mio?
Hm, ja. Ein kleines bisschen zu früh.
NUR MINI-MINI!
Okay, dann noch mal!
Bereit ...?

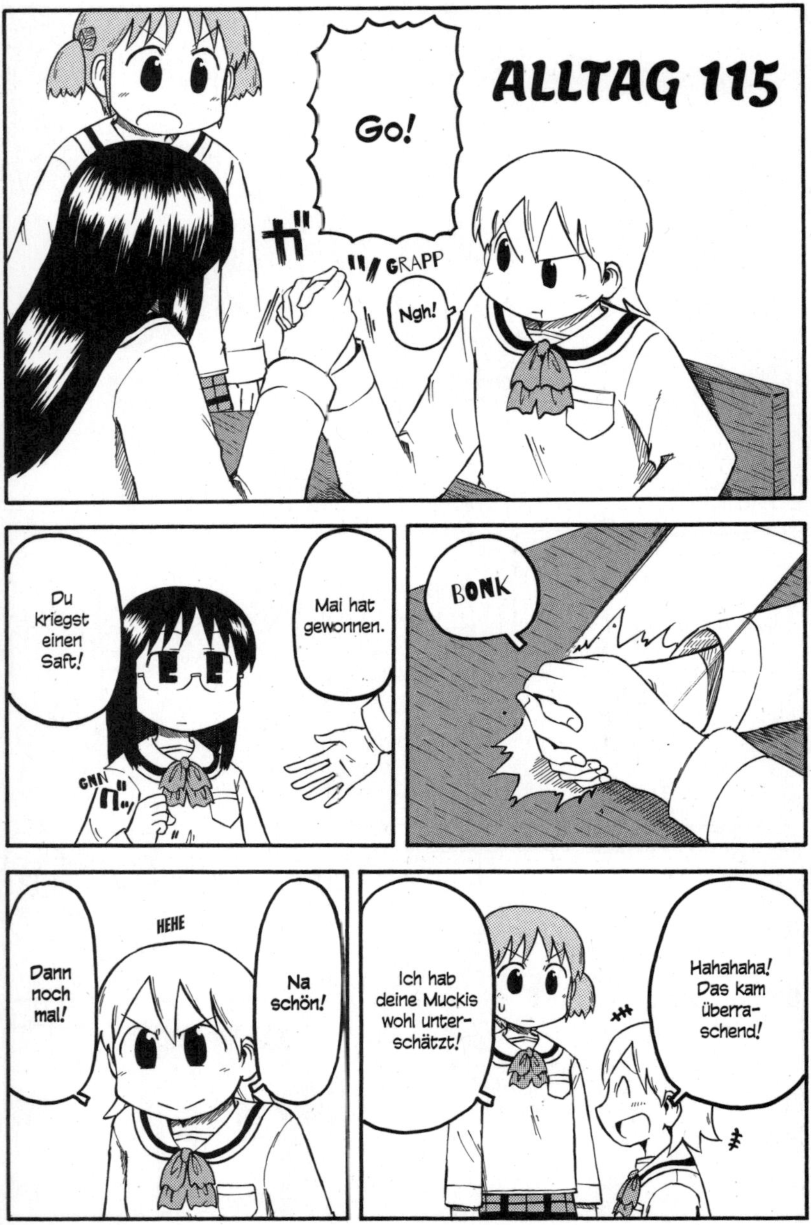
ALLTAG 115
Go!
ガ
GRAPP
Ngh!
BONK
Mai hat gewonnen.
Du kriegst einen Saft!
GNN
Hahahaha! Das kam überraschend!
Ich hab deine Muckis wohl unterschätzt!
Na schön!
Dann noch mal!
HEHE

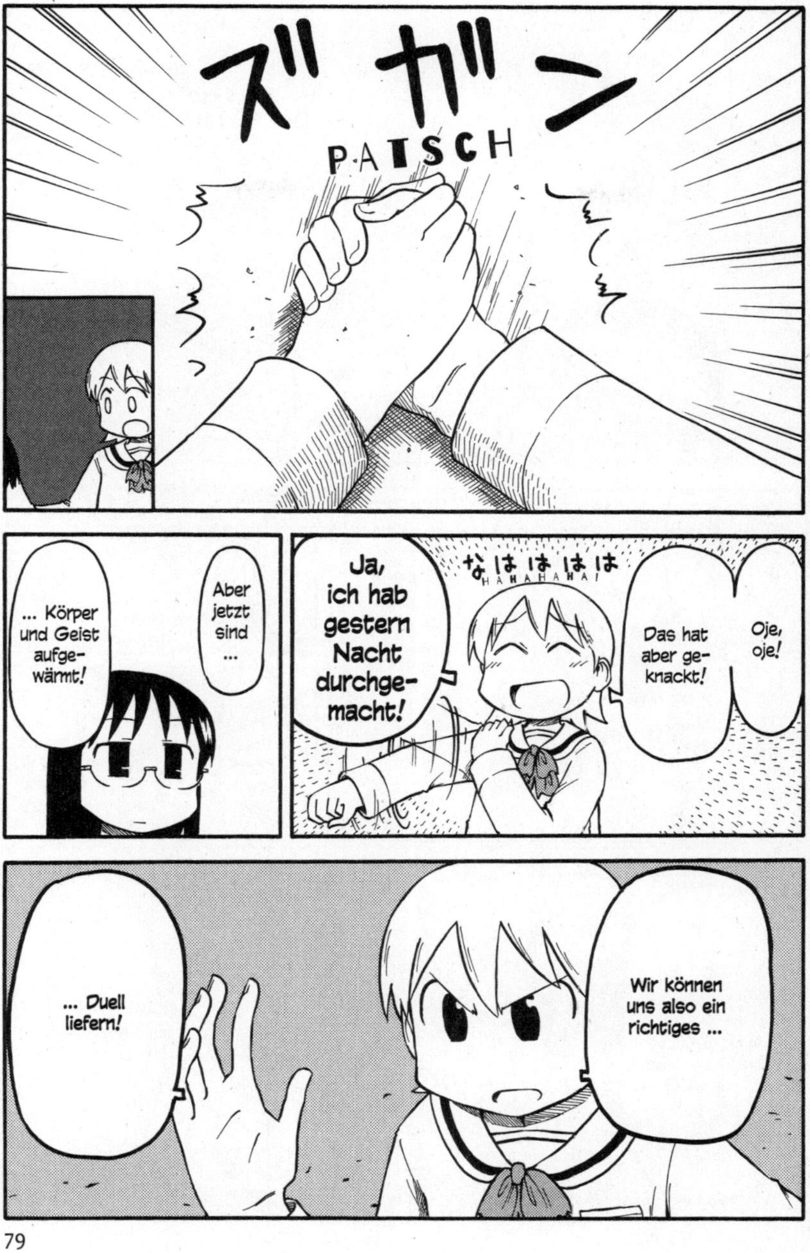
ズガーン
PATSCH
なははははは
HAHAHAHA!
Oje, oje!
Das hat aber geknackt!
Ja, ich hab gestern Nacht durchgemacht!
Aber jetzt sind ...
... Körper und Geist aufgewärmt!
Wir können uns also ein richtiges ...
... Duell liefern!

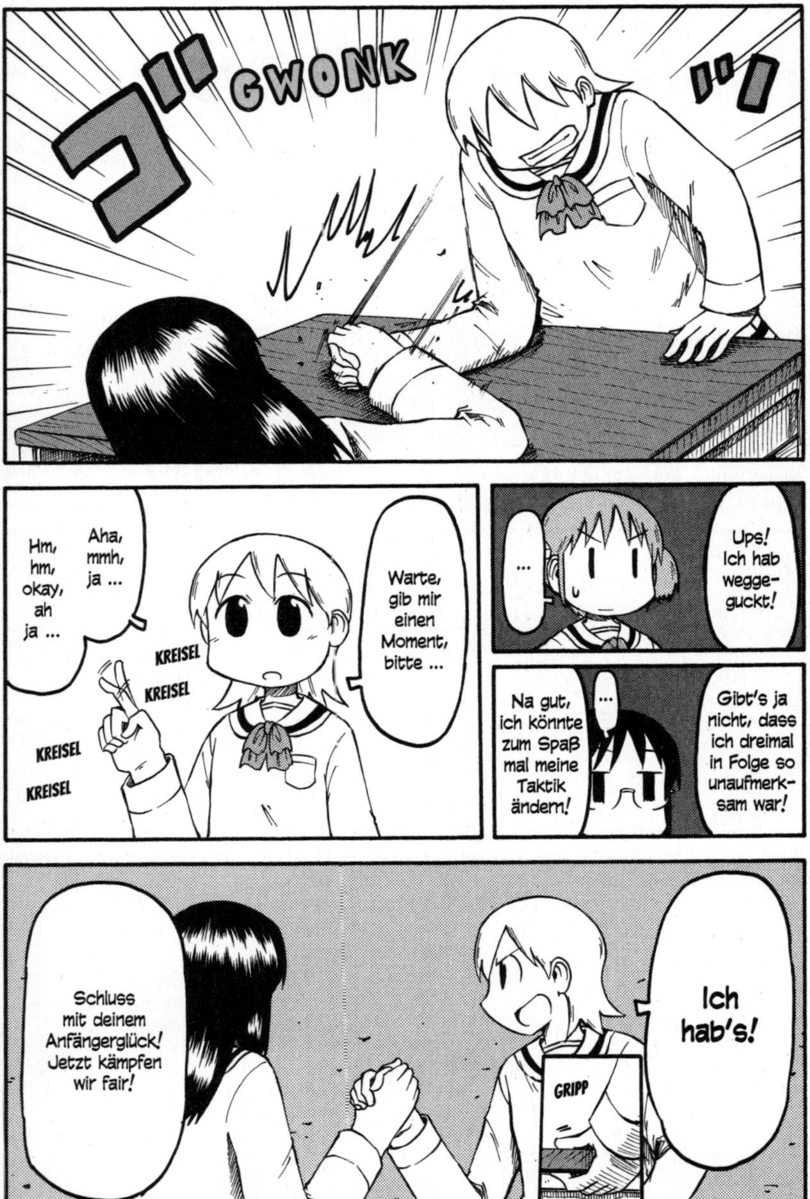
GWONK
Ups! Ich hab wegge-guckt!
…
Gibt's ja nicht, dass ich dreimal in Folge so unaufmerk-sam war!
…
Na gut, ich könnte zum Spaß mal meine Taktik ändern!
Warte, gib mir einen Moment, bitte ...
Aha, mmh, ja ...
Hm, hm, okay, ah ja ...
KREISEL
KREISEL
KREISEL
KREISEL
Ich hab's!
GRIPP
Schluss mit deinem Anfängerglück! Jetzt kämpfen wir fair!

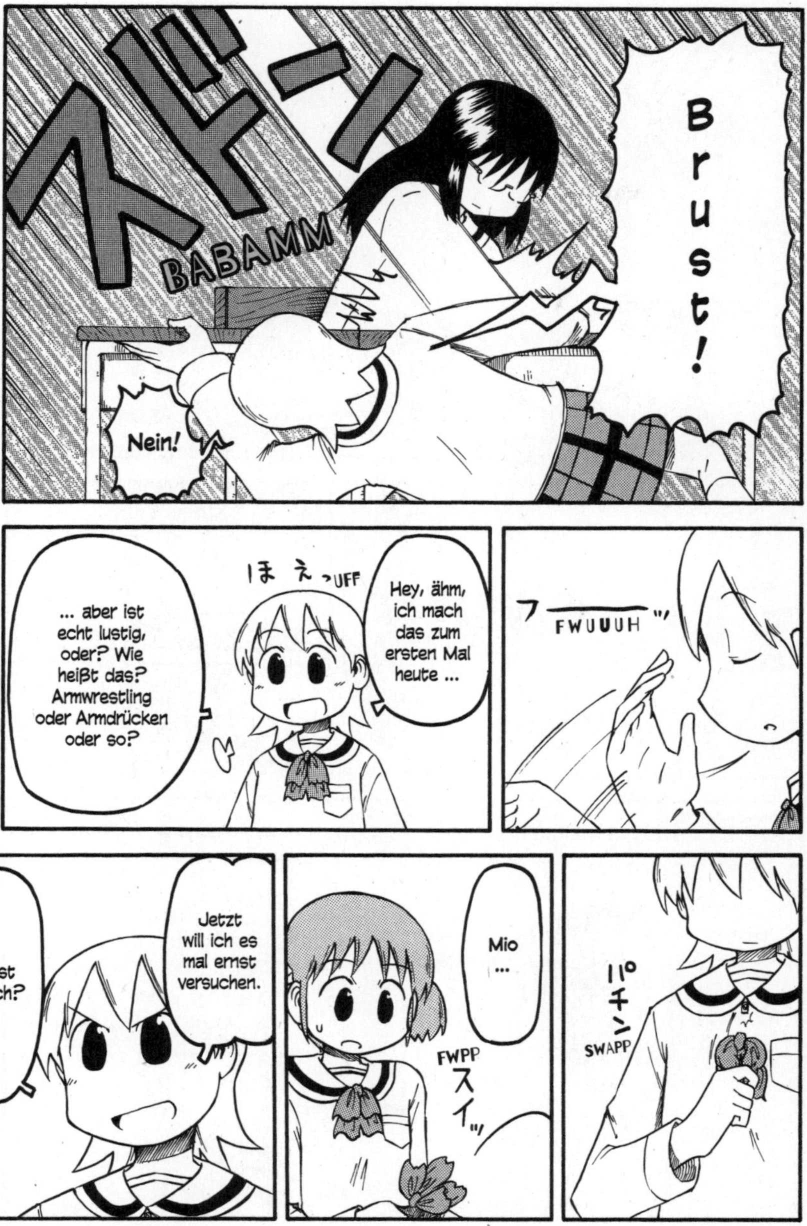
Brust!
スドーン
BABAMM
Nein!
フーーッ
FWUUUH
Hey, ähm, ich mach das zum ersten Mal heute ...
ほえっ
UFF
... aber ist echt lustig, oder? Wie heißt das? Armwrestling oder Armdrücken oder so?
パチン
SWAPP
Mio ...
スイッ
FWPP
Jetzt will ich es mal ernst versuchen.
Kannst du noch?

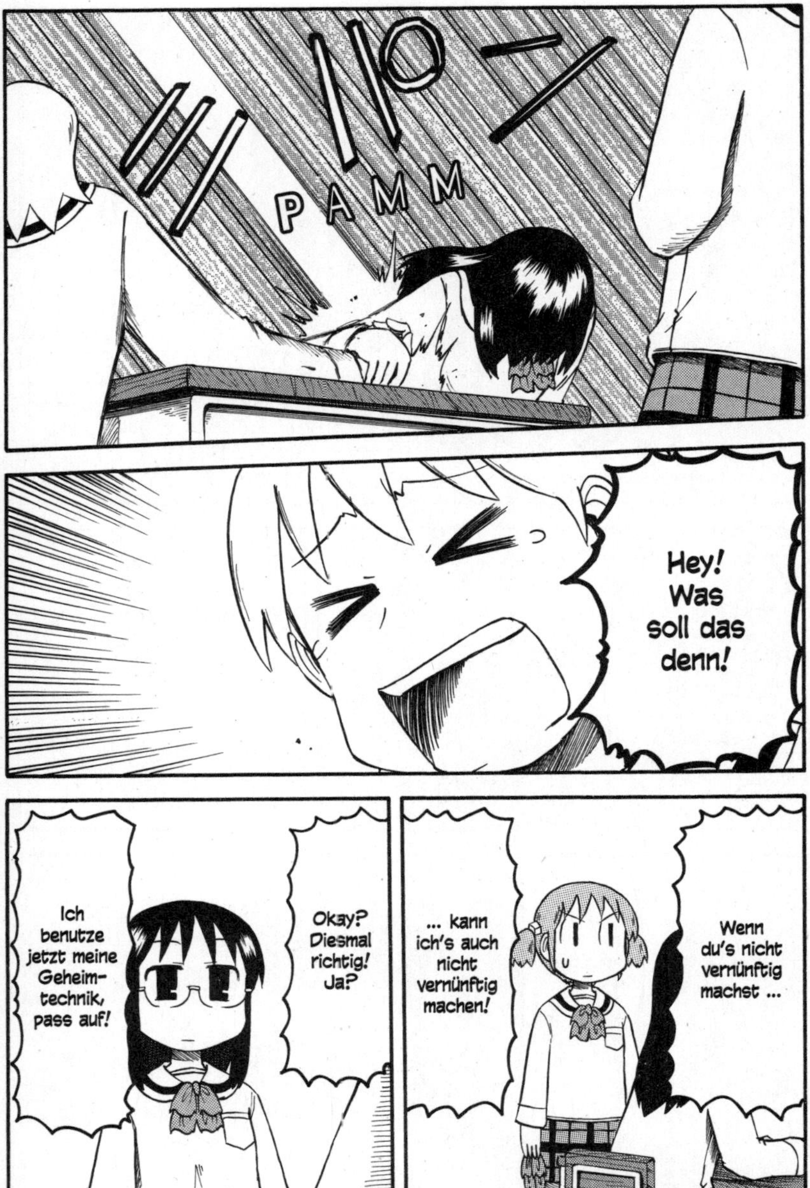

PAMM
Hey! Was soll das denn!
Wenn du's nicht vernünftig machst ...
... kann ich's auch nicht vernünftig machen!
Okay? Diesmal richtig! Ja?
Ich benutze jetzt meine Geheimtechnik, pass auf!

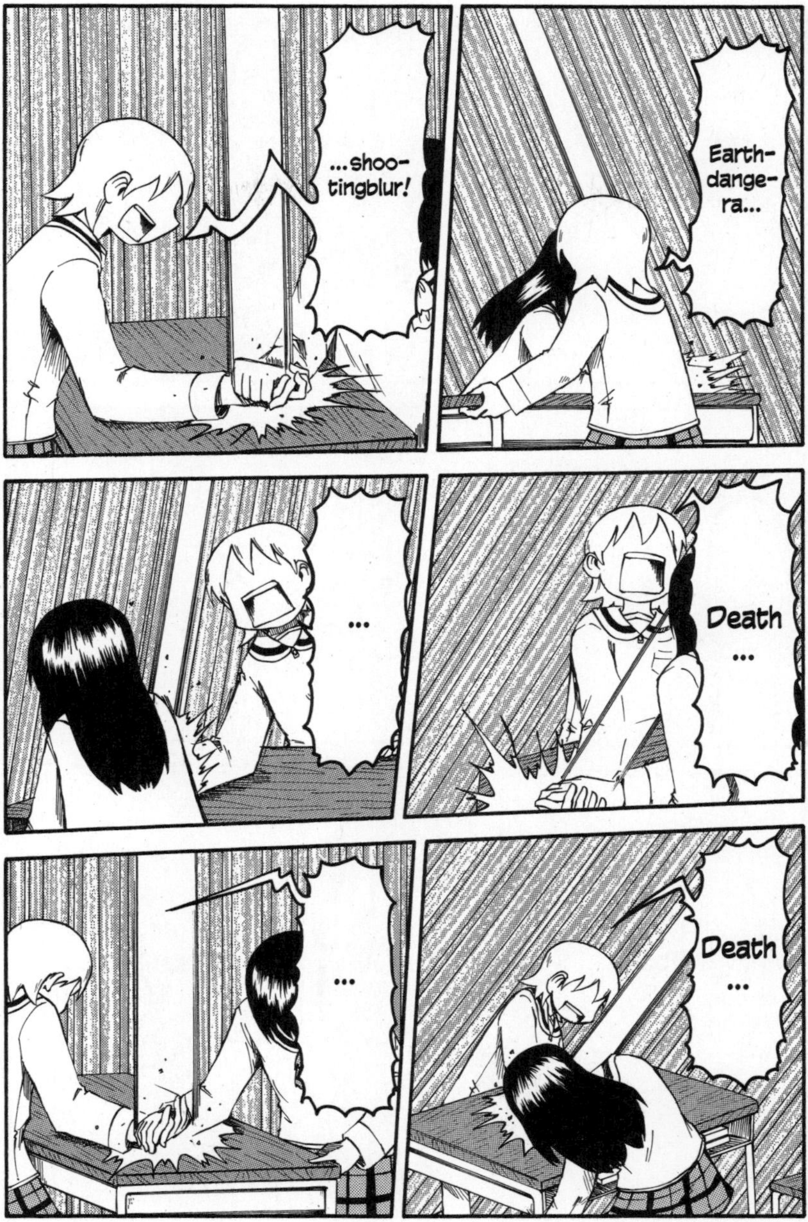
Earth-dangera...
...shoo-tingblur!
Death ...
...
Death ...
...

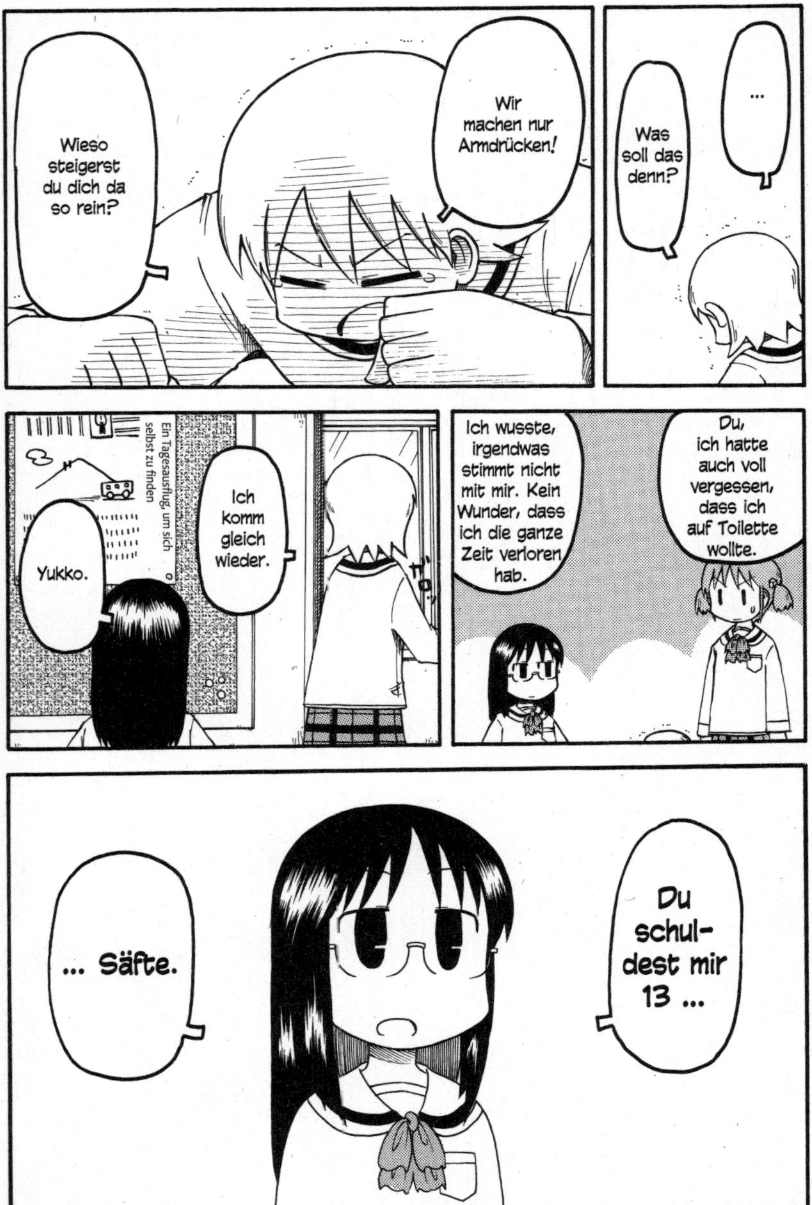

...
Was soll das denn?
Wir machen nur Armdrücken!
Wieso steigerst du dich da so rein?
Du, ich hatte auch voll vergessen, dass ich auf Toilette wollte.
Ich wusste, irgendwas stimmt nicht mit mir. Kein Wunder, dass ich die ganze Zeit verloren hab.
Ich komm gleich wieder.
Ein Tagesausflug, um sich selbst zu finden
Yukko.
Du schul-dest mir 13 ...
... Säfte.

ALLTAG 115 (ENDE)

ALLTAG 116

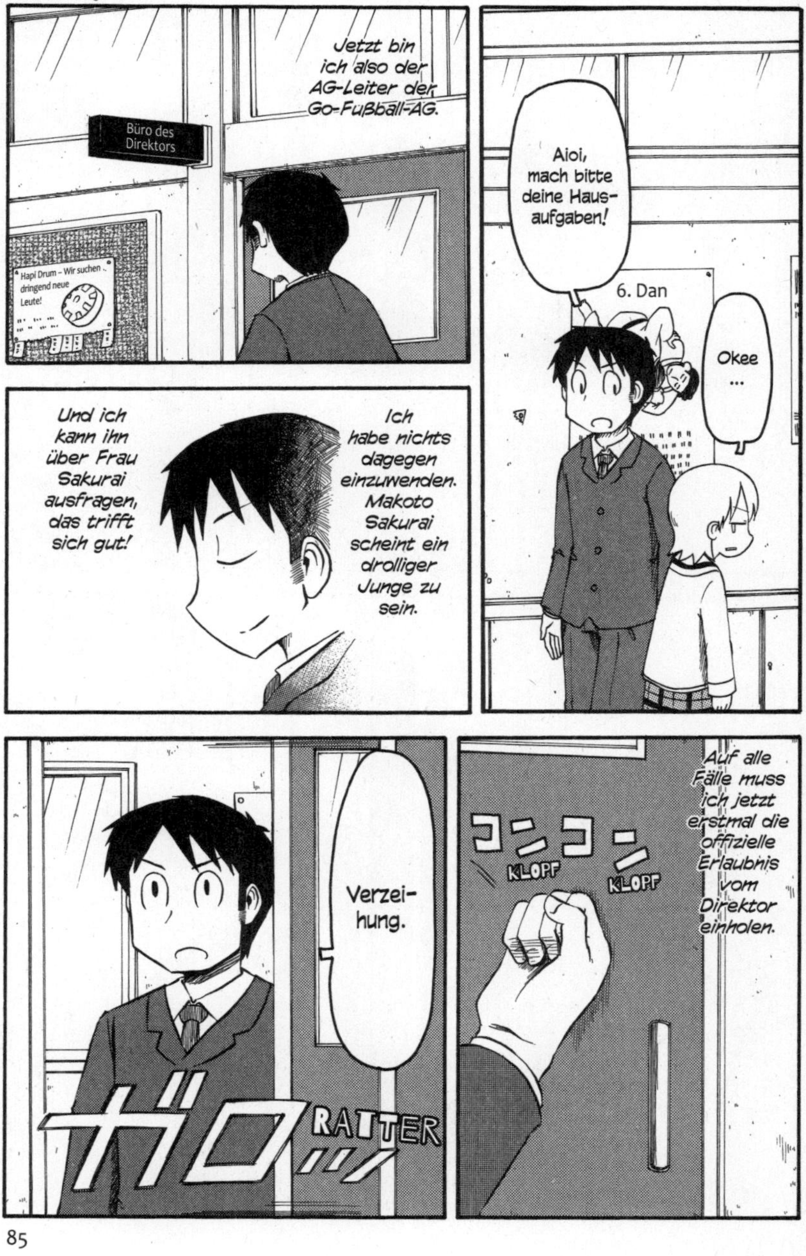
Aioi,
mach bitte deine Hausaufgaben!
6. Dan
Okee …
Jetzt bin ich also der AG-Leiter der Go-Fußball-AG.
Büro des Direktors
Hapi Drum – Wir suchen dringend neue Leute!
Ich habe nichts dagegen einzuwenden. Makoto Sakurai scheint ein drolliger Junge zu sein.
Und ich kann ihn über Frau Sakurai ausfragen, das trifft sich gut!
Auf alle Fälle muss ich jetzt erstmal die offizielle Erlaubnis vom Direktor einholen.
コンコン
KLOPF
KLOPF
Verzei-
hung.
ガロッ
RATTER

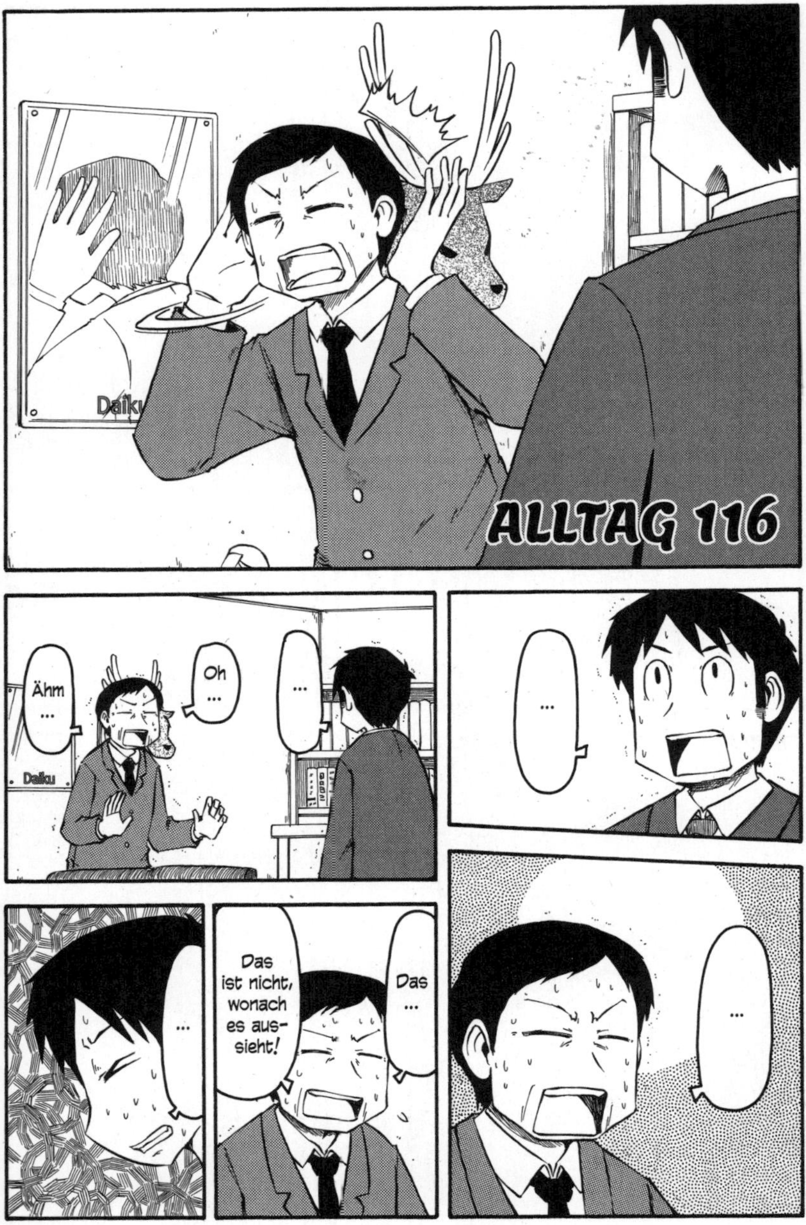

ALLTAG 116
Daiku
...
...
Oh ...
Ähm ...
Daiku
...
Das ...
Das ist nicht, wonach es aussieht!
...

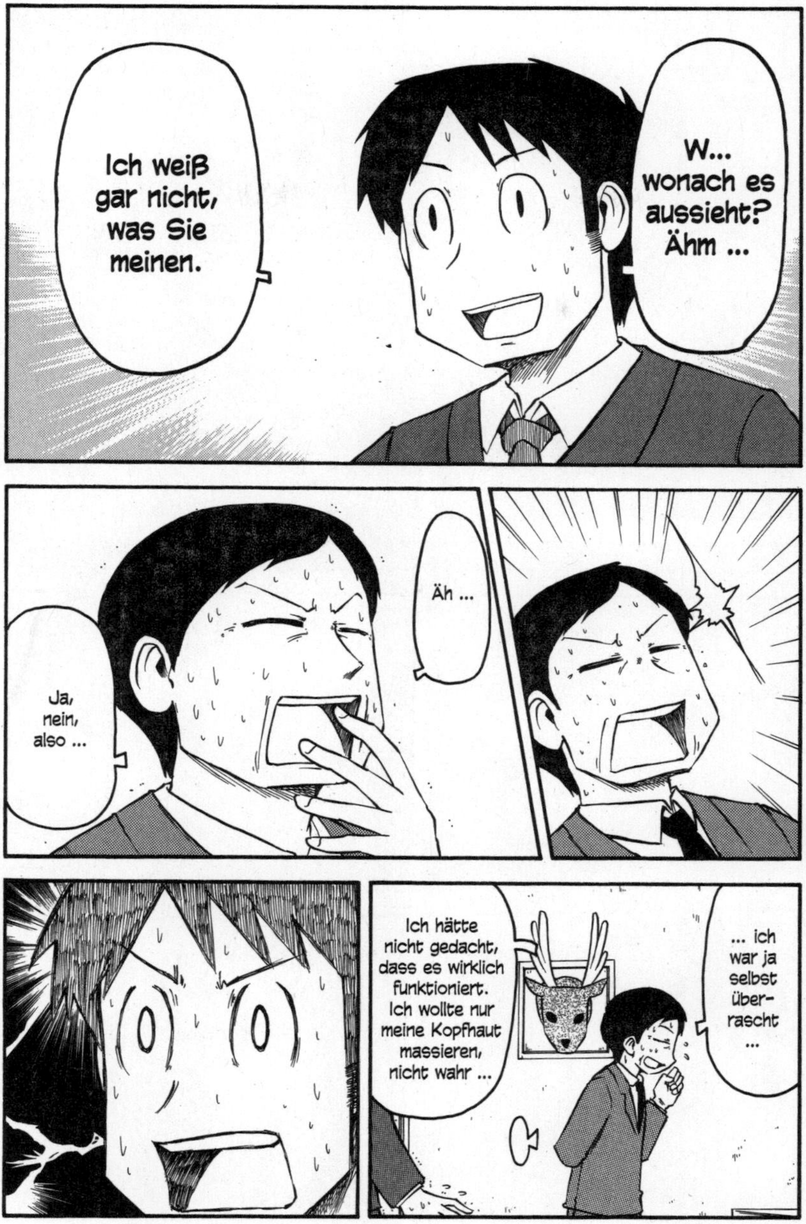
W... wonach es aussieht? Ähm ...
Ich weiß gar nicht, was Sie meinen.
Äh ...
Ja, nein, also ...
... ich war ja selbst über-rascht ...
Ich hätte nicht gedacht, dass es wirklich funktioniert. Ich wollte nur meine Kopfhaut massieren, nicht wahr ...

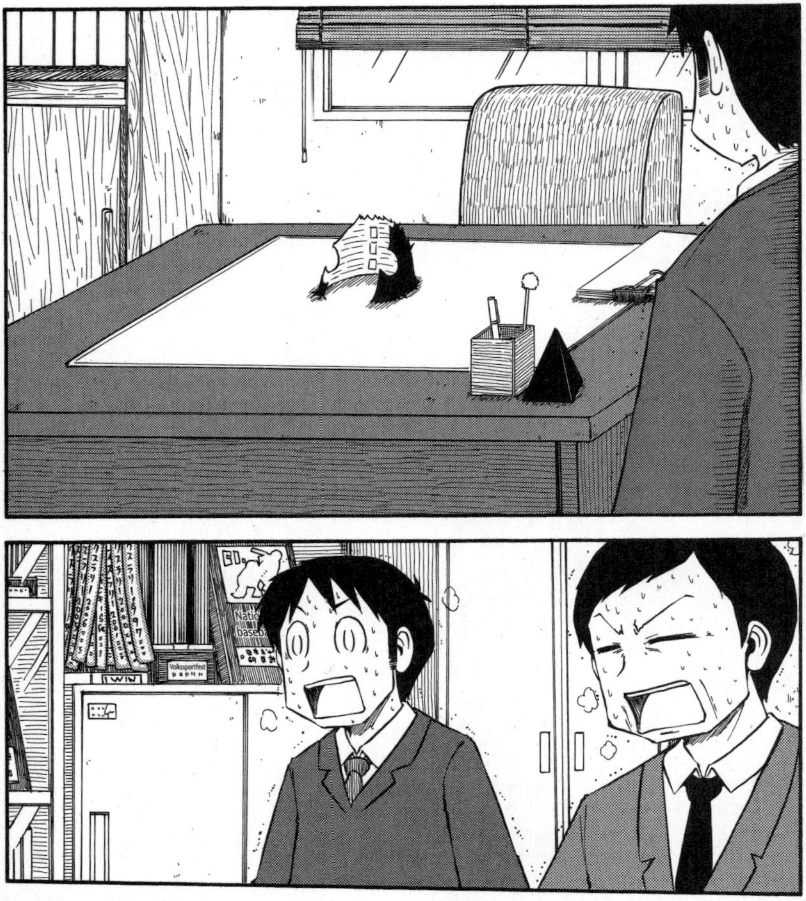
Volkssportfest
HUPP
ぱっ
Ach herrje! Mein Schnürsenkel ist aufgegangen!
...
...

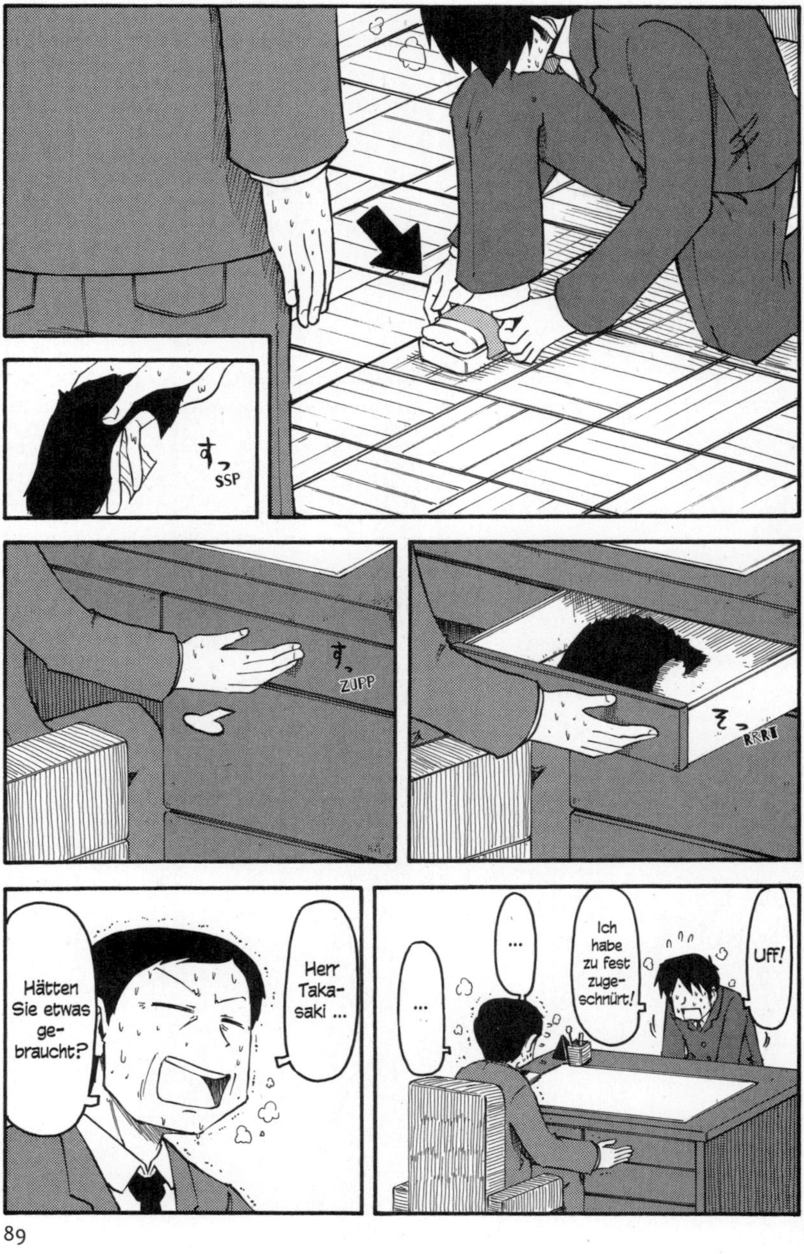
すっ
SSP
すっ
ZUPP
そっ
RRRT
Uff!
Ich habe zu fest zuge-schnürt!
...
...
Herr Taka-saki ...
Hätten Sie etwas ge-braucht?

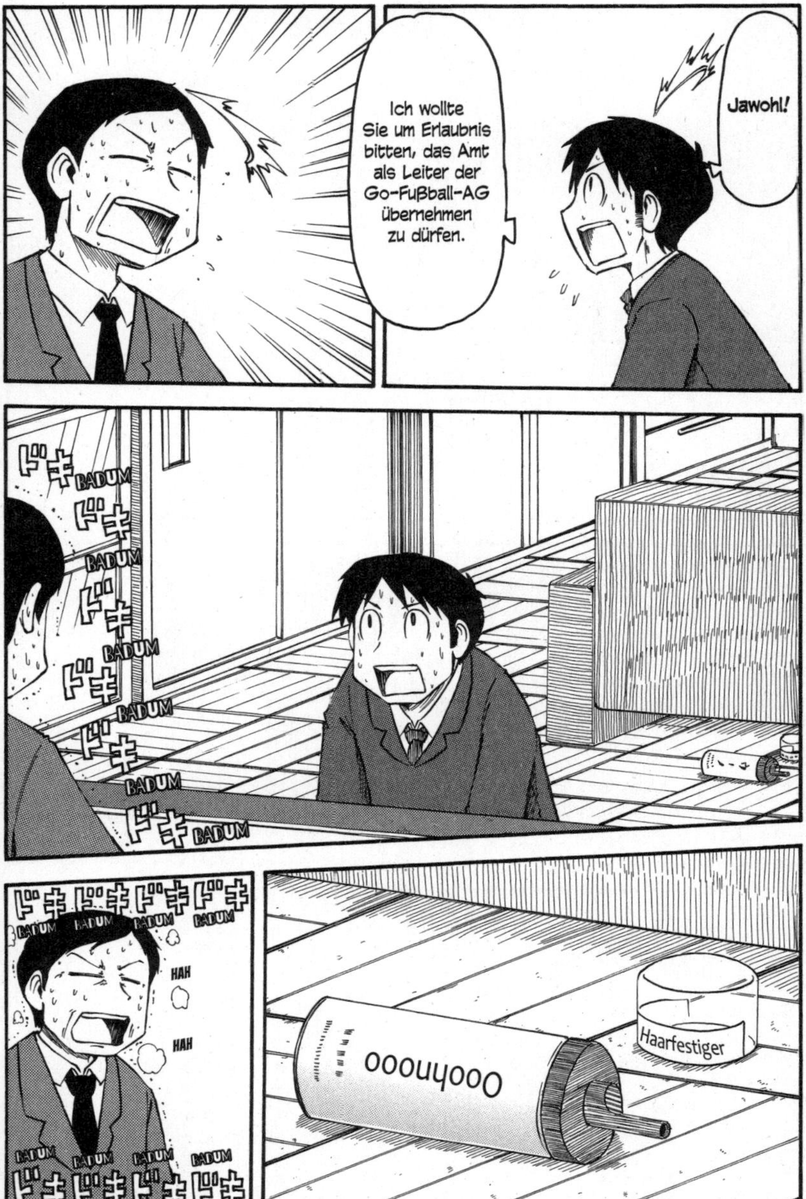
Jawohl!
Ich wollte Sie um Erlaubnis bitten, das Amt als Leiter der Go-Fußball-AG übernehmen zu dürfen.
ドキ BADUM ドキ BADUM ドキ BADUM ドキ BADUM ドキ BADUM ドキ BADUM
ドキドキドキドキ BADUM BADUM BADUM BADUM
HAH
HAH
BADUM BADUM BADUM BADUM ドキドキドキドキ
Haarfestiger
Ooohnooo

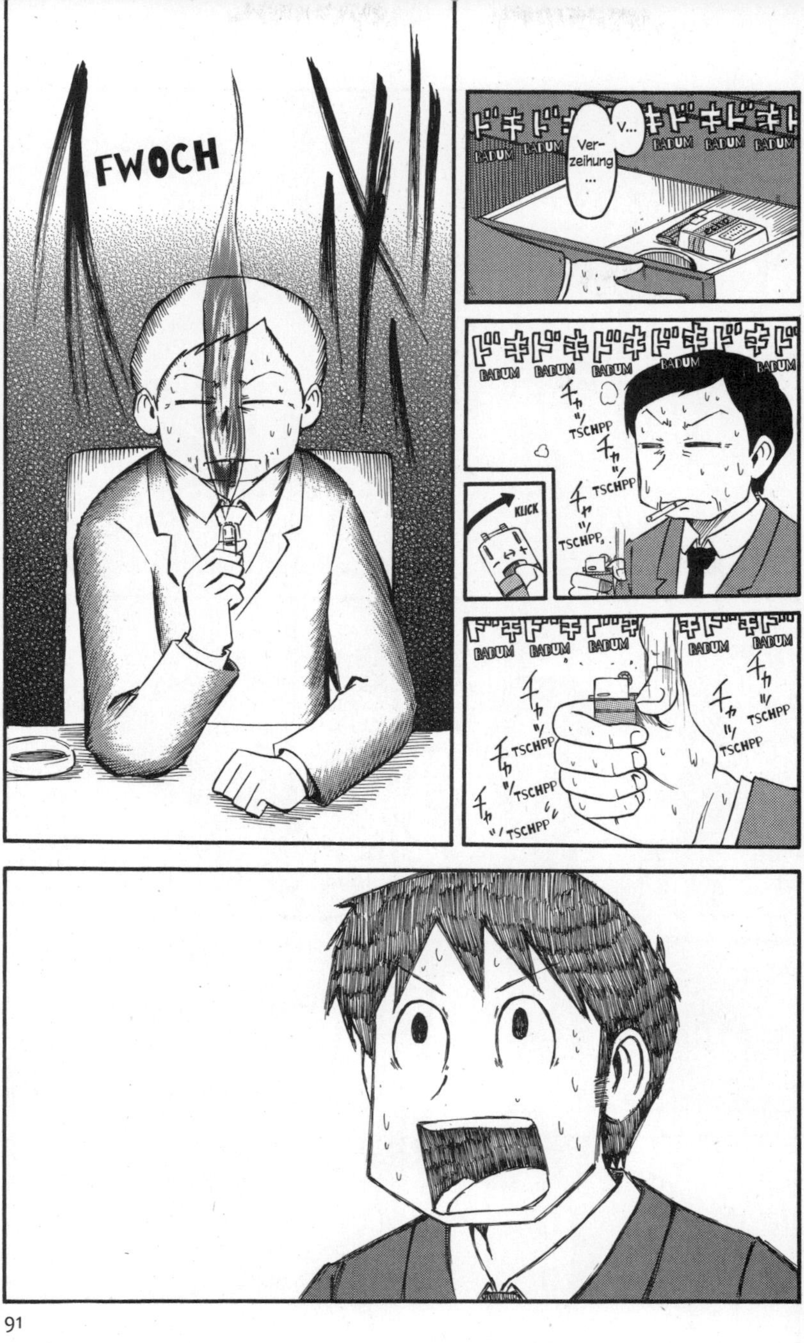
V...
Ver-
zeihung
...
BADUM BADUM BADUM BADUM BADUM
BADUM BADUM BADUM BADUM BADUM
TSCHPP
TSCHPP
TSCHPP
KLICK
BADUM BADUM BADUM BADUM BADUM
TSCHPP
TSCHPP
TSCHPP
TSCHPP
TSCHPP
TSCHPP
FWOCH

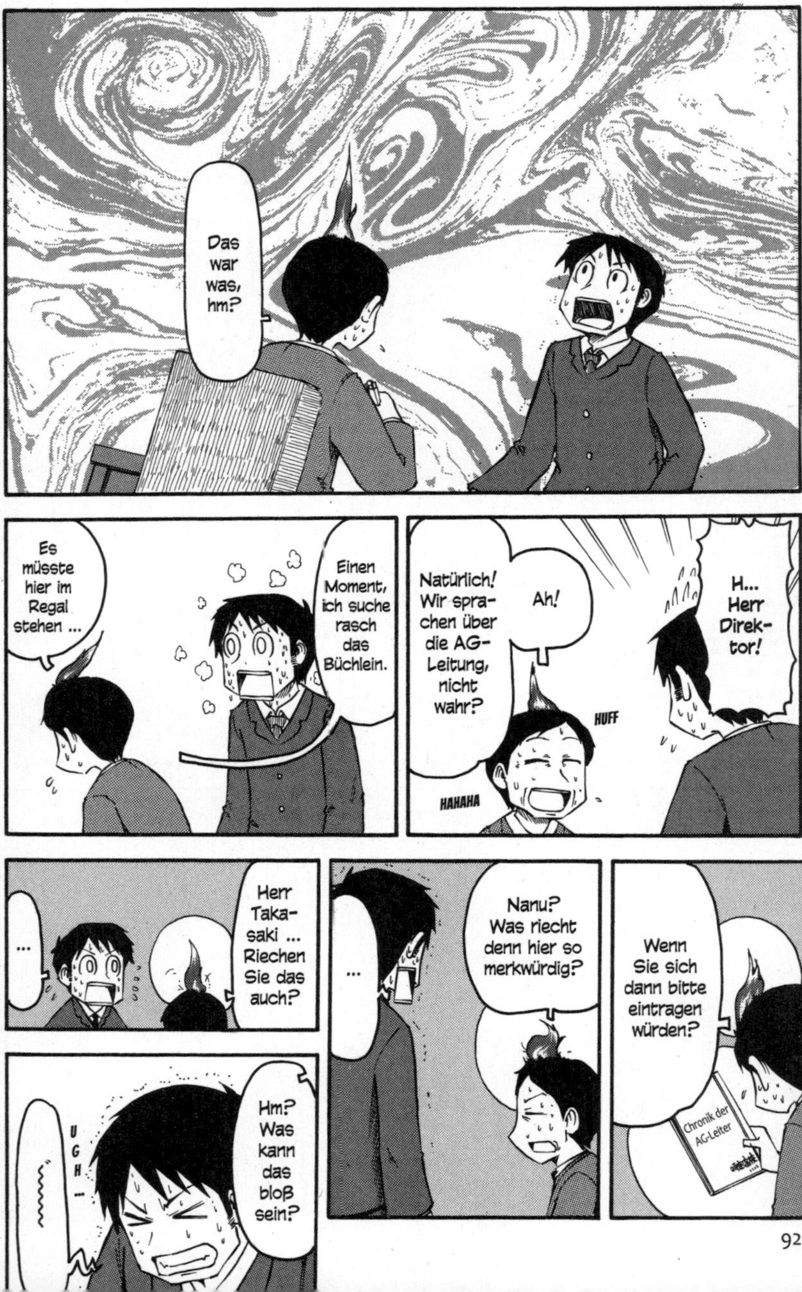

Das war was, hm?
H... Herr Direktor!
Ah!
Natürlich! Wir sprachen über die AG-Leitung, nicht wahr?
HUFF
HAHAHA
Einen Moment, ich suche rasch das Büchlein.
Es müsste hier im Regal stehen ...
Ah, da ist es ja!
Wenn Sie sich dann bitte eintragen würden?
Chronik der AG-Leiter
Nanu? Was riecht denn hier so merkwürdig?
...
Herr Takasaki ... Riechen Sie das auch?
...
Hm? Was kann das bloß sein?
UGH ...

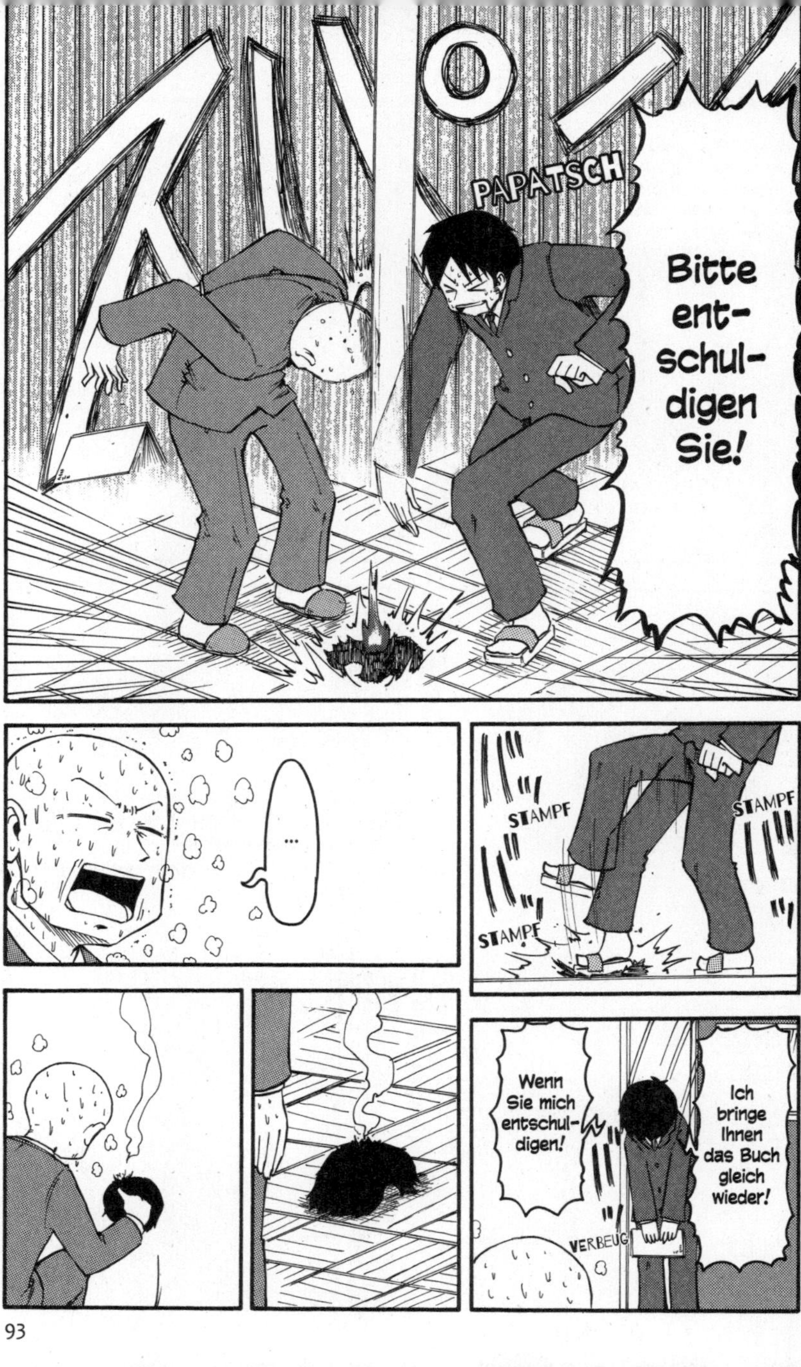
PAPATSCH
Bitte ent-schul-digen Sie!
STAMPF
STAMPF
STAMPF
...
Ich bringe Ihnen das Buch gleich wieder!
Wenn Sie mich entschul-digen!
VERBEUG

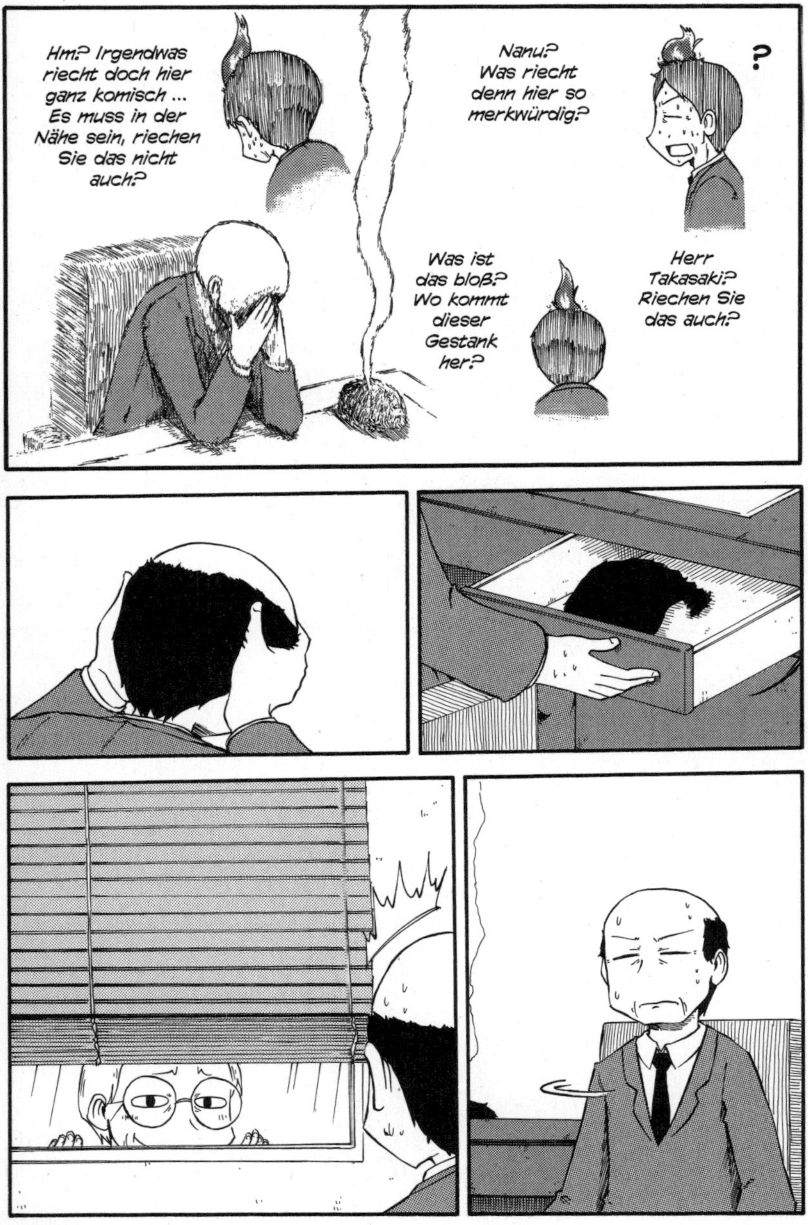
?
Nanu? Was riecht denn hier so merkwürdig?
Herr Takasaki? Riechen Sie das auch?
Was ist das bloß? Wo kommt dieser Gestank her?
Hm? Irgendwas riecht doch hier ganz komisch ... Es muss in der Nähe sein, riechen Sie das nicht auch?

ALLTAG 116 (ENDE)

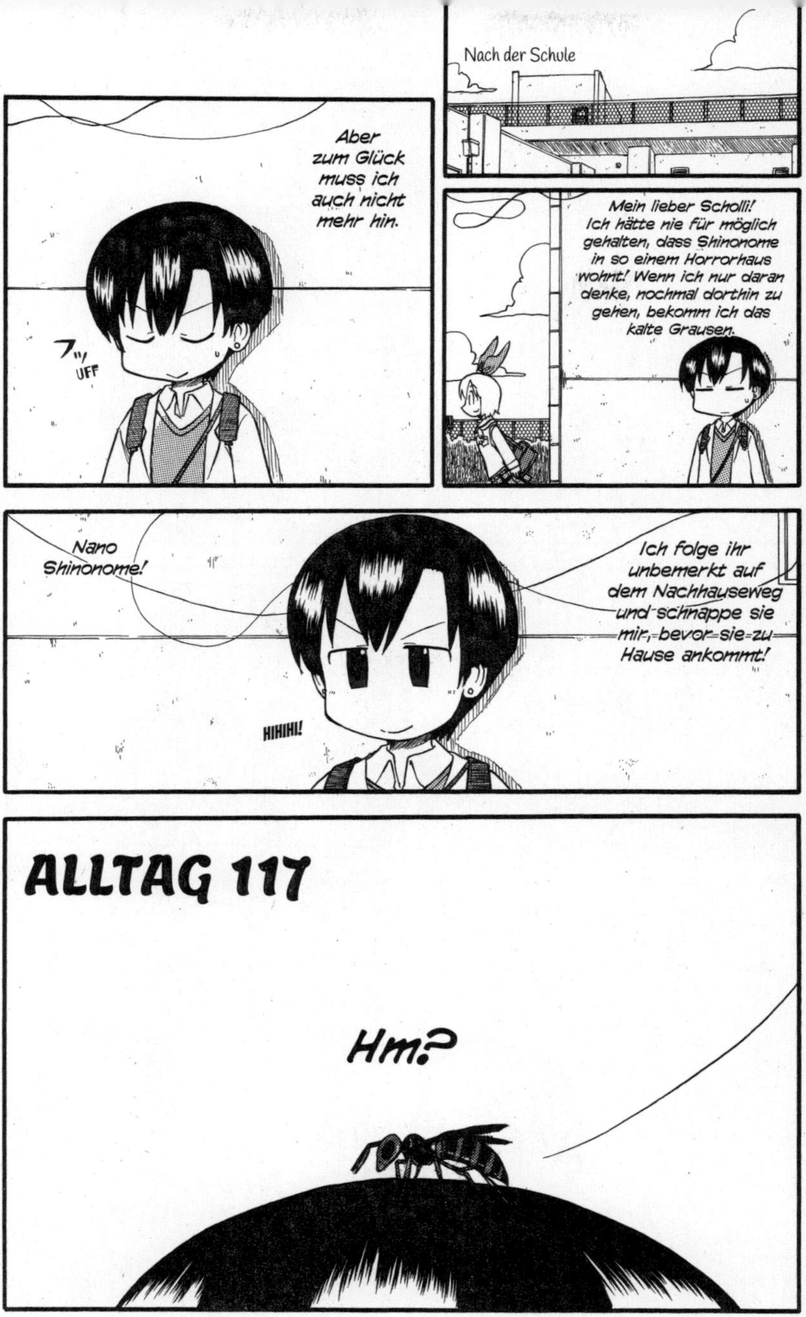
Nach der Schule
Mein lieber Scholli! Ich hätte nie für möglich gehalten, dass Shinonome in so einem Horrorhaus wohnt! Wenn ich nur daran denke, nochmal dorthin zu gehen, bekomm ich das kalte Grausen.
Aber zum Glück muss ich auch nicht mehr hin.
フッ
UFF
Ich folge ihr unbemerkt auf dem Nachhauseweg und schnappe sie mir, bevor sie zu Hause ankommt!
Nano Shinonome!
HIHIHI!
ALLTAG 117
Hm?

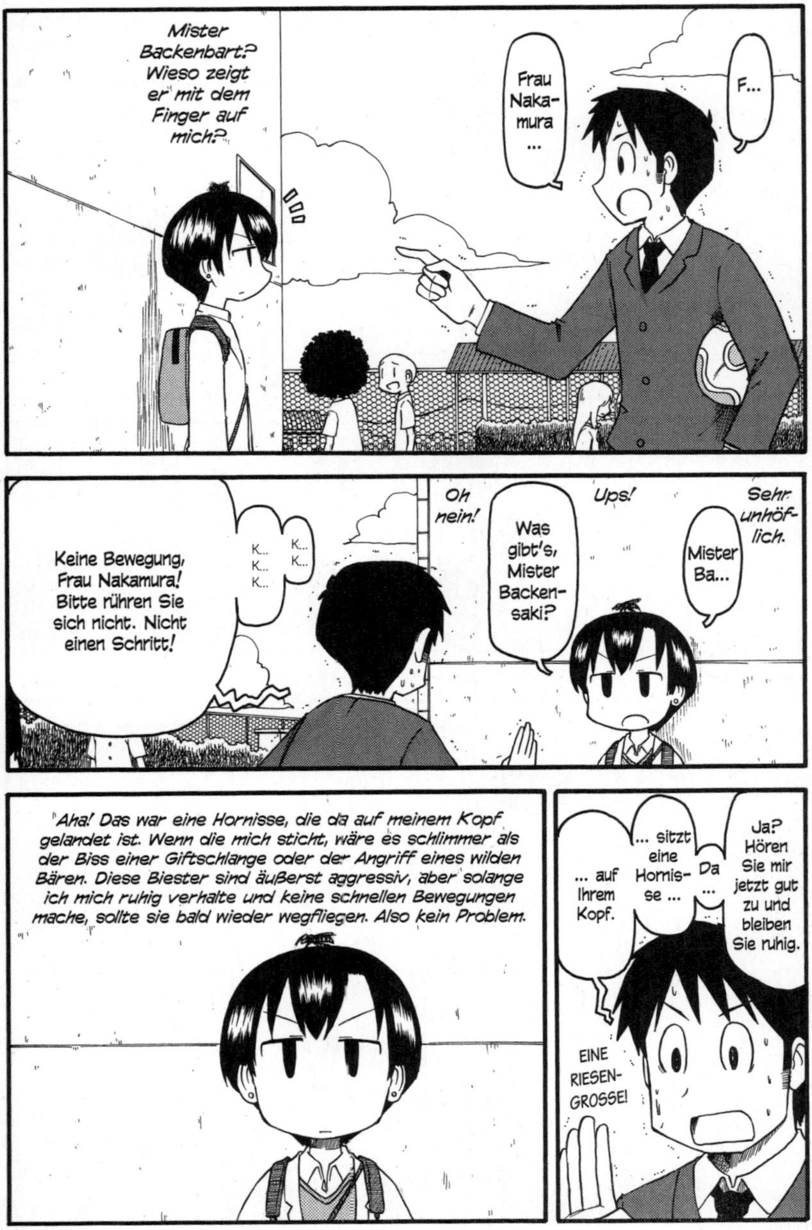
F...
Frau Nakamura ...
Mister Backenbart? Wieso zeigt er mit dem Finger auf mich?
Sehr unhöflich.
Mister Ba...
Ups!
Was gibt's, Mister Backensaki?
Oh nein!
K... K...
K... K... K...
Keine Bewegung, Frau Nakamura! Bitte rühren Sie sich nicht. Nicht einen Schritt!
Ja? Hören Sie mir jetzt gut zu und bleiben Sie ruhig.
Da ...
... sitzt eine Hornisse ...
... auf Ihrem Kopf.
EINE RIESENGROSSE!
'Aha! Das war eine Hornisse, die da auf meinem Kopf gelandet ist. Wenn die mich sticht, wäre es schlimmer als der Biss einer Giftschlange oder der Angriff eines wilden Bären. Diese Biester sind äußerst aggressiv, aber solange ich mich ruhig verhalte und keine schnellen Bewegungen mache, sollte sie bald wieder wegfliegen. Also kein Problem.

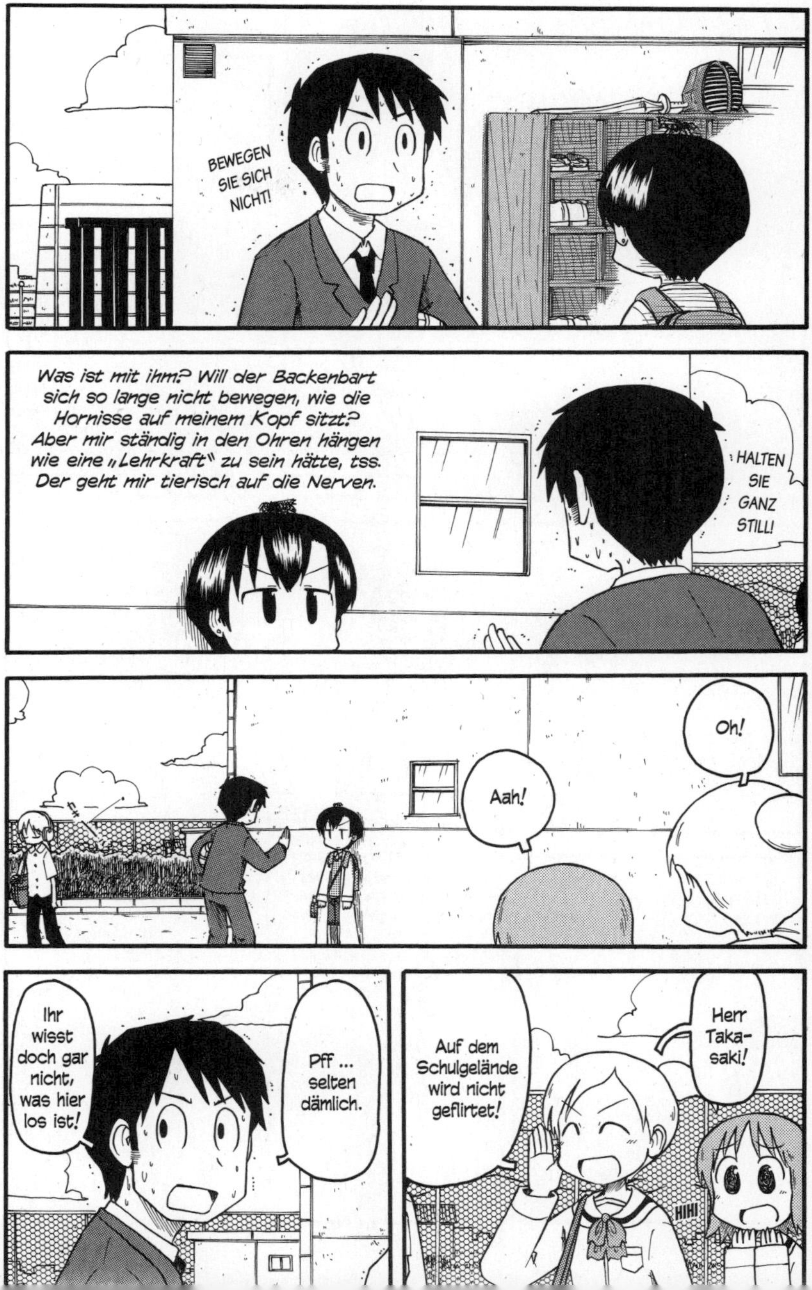
BEWEGEN SIE SICH NICHT!
HALTEN SIE GANZ STILL!
Was ist mit ihm? Will der Backenbart sich so lange nicht bewegen, wie die Hornisse auf meinem Kopf sitzt? Aber mir ständig in den Ohren hängen wie eine „Lehrkraft“ zu sein hätte, tss. Der geht mir tierisch auf die Nerven.
Oh!
Aah!
Herr Takasaki!
Auf dem Schulgelände wird nicht geflirtet!
HIHI
Pff ... selten dämlich.
Ihr wisst doch gar nicht, was hier los ist!

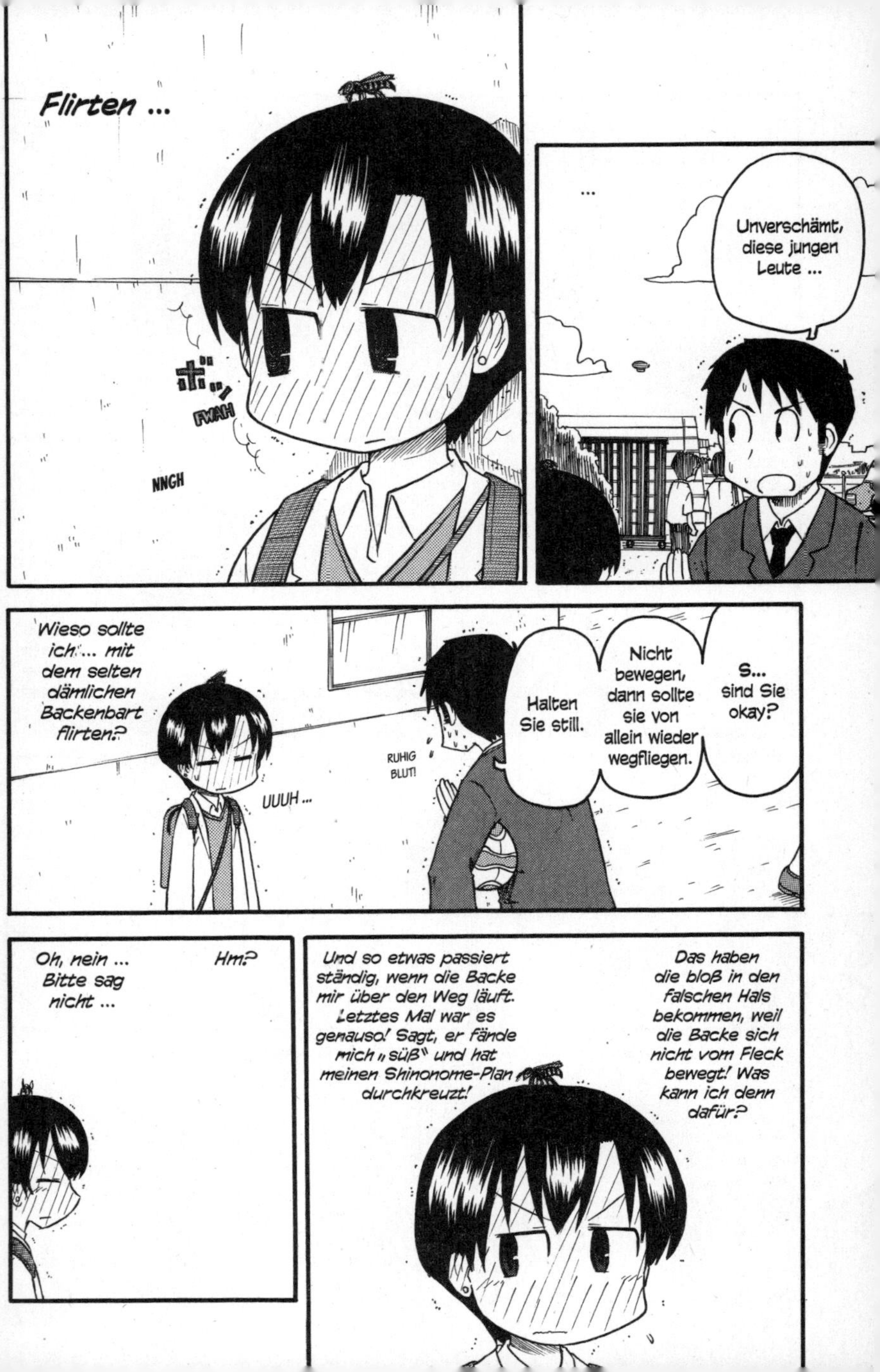
...
Unverschämt, diese jungen Leute ...
Flirten ...
FWAH
NNGH
S... sind Sie okay?
Nicht bewegen, dann sollte sie von allein wieder wegfliegen.
Halten Sie still.
RUHIG BLUT!
UUUH ...
Wieso sollte ich ... mit dem selten dämlichen Backenbart flirten?
Das haben die bloß in den falschen Hals bekommen, weil die Backe sich nicht vom Fleck bewegt! Was kann ich denn dafür?
Und so etwas passiert ständig, wenn die Backe mir über den Weg läuft. Letztes Mal war es genauso! Sagt, er fände mich „süß" und hat meinen Shinonome-Plan durchkreuzt!
Hm?
Oh, nein ... Bitte sag nicht ...

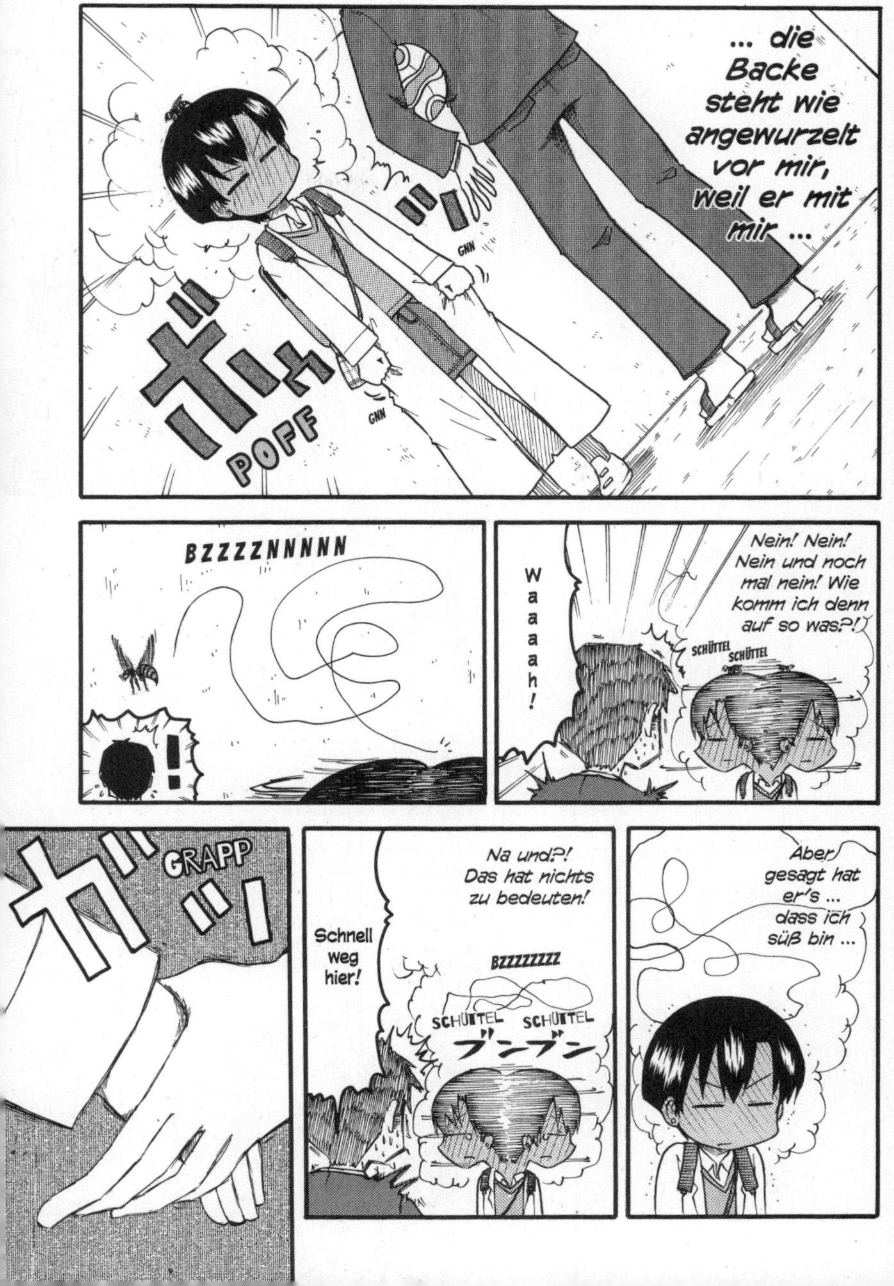
... die Backe steht wie angewurzelt vor mir, weil er mit mir ...
GNN
GNN
POFF
Nein! Nein! Nein und noch mal nein! Wie komm ich denn auf so was?!
Waaaah!
SCHÜTTEL SCHÜTTEL
BZZZZNNNNN
!
Aber gesagt hat er's ... dass ich süß bin ...
Na und?! Das hat nichts zu bedeuten!
Schnell weg hier!
BZZZZZZZZ
SCHÜTTEL SCHÜTTEL
GRAPP

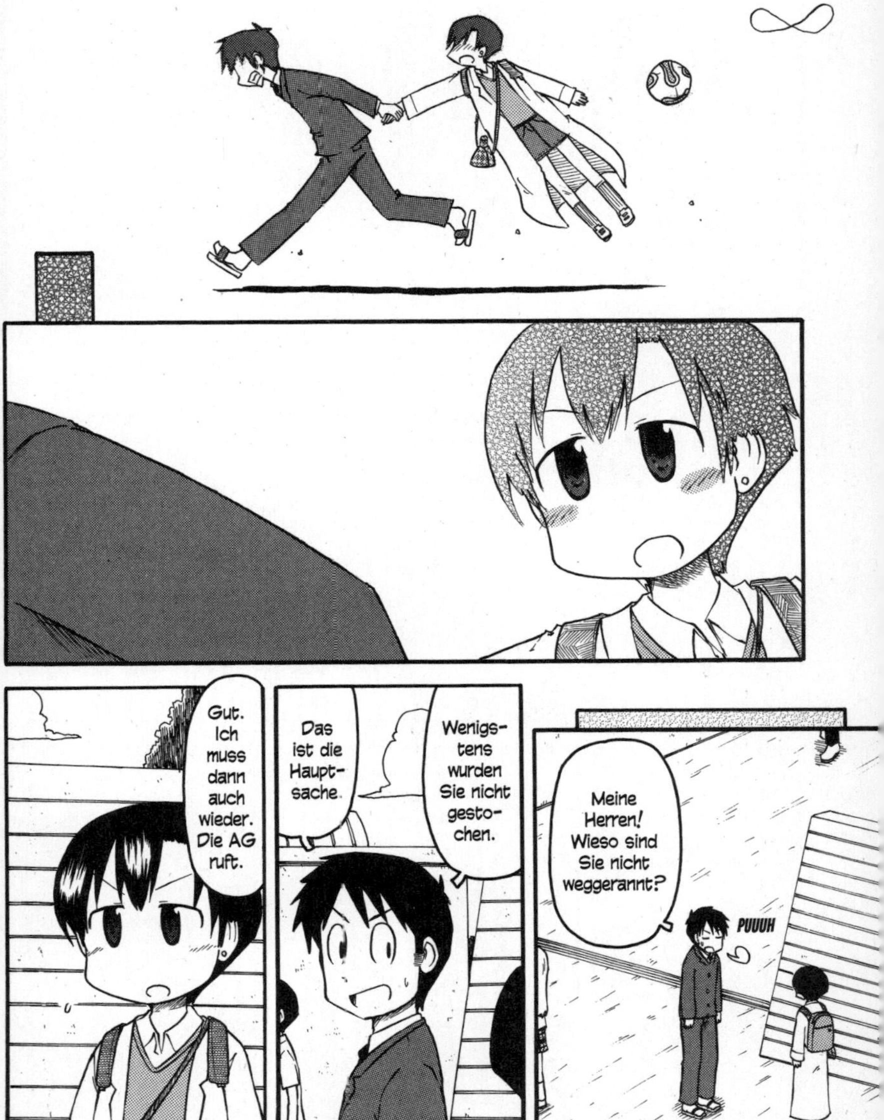
Meine Herren! Wieso sind Sie nicht weggerannt?
PUUUH
Wenigstens wurden Sie nicht gestochen.
Das ist die Hauptsache.
Gut. Ich muss dann auch wieder. Die AG ruft.

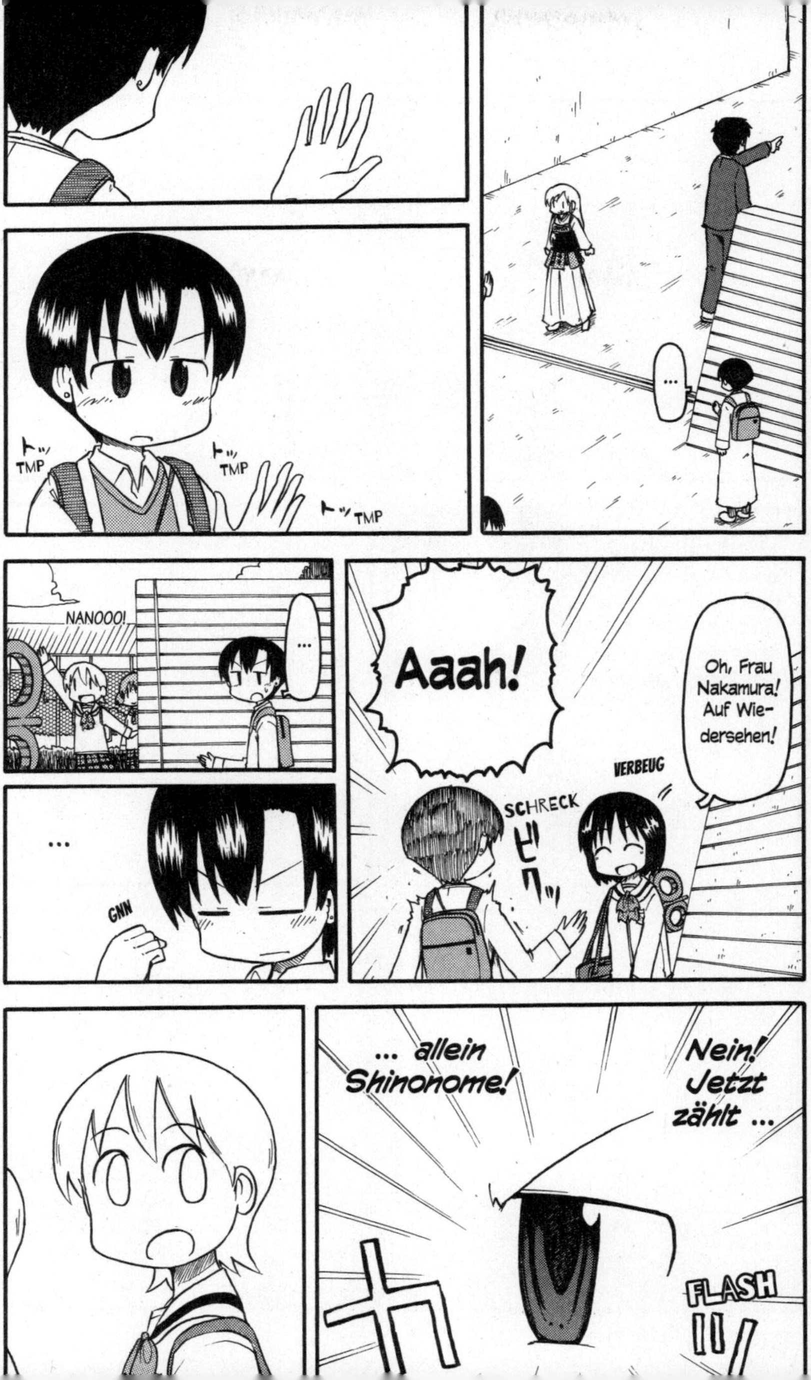

...
トッ TMP
トッ TMP
トッ TMP
...
NANOOO!
Oh, Frau Nakamura! Auf Wiedersehen!
VERBEUG
Aaah!
SCHRECK
ビクッ
...
GNN
Nein! Jetzt zählt ...
... allein Shinonome!
FLASH

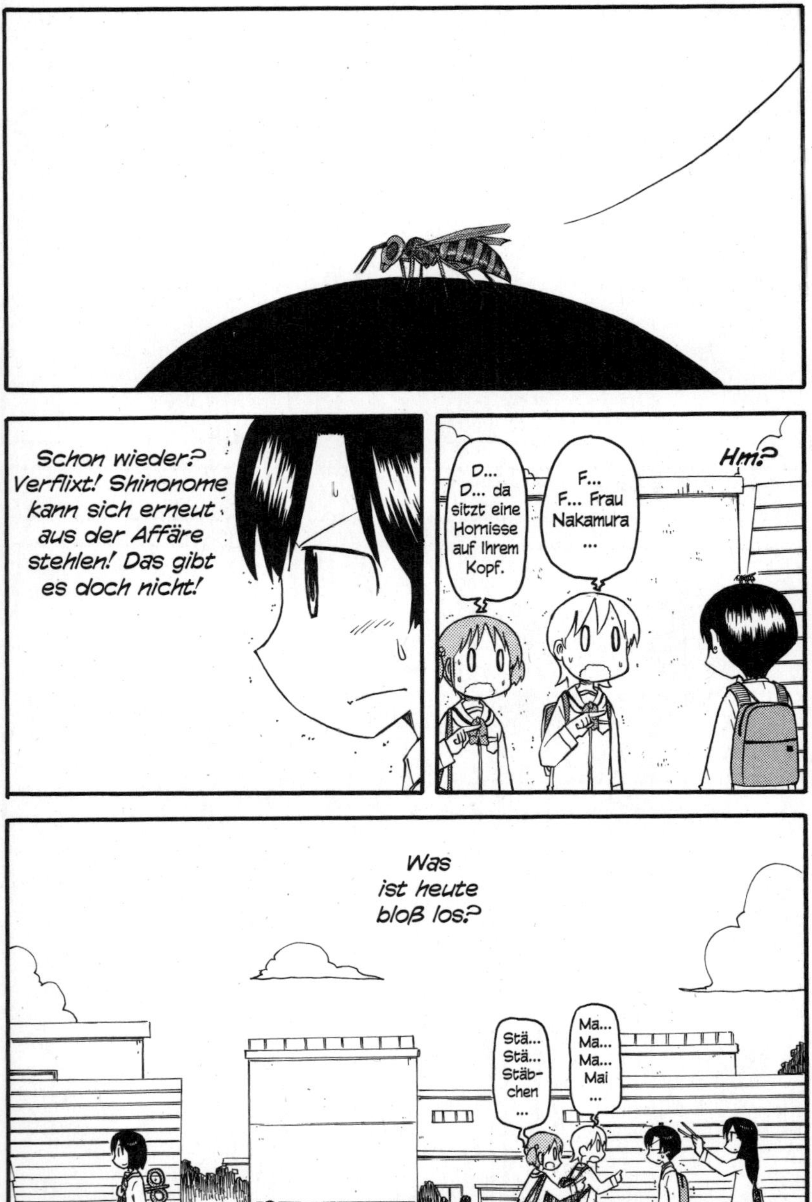
Schon wieder? Verflixt! Shinonome kann sich erneut aus der Affäre stehlen! Das gibt es doch nicht!
D... D... da sitzt eine Hornisse auf Ihrem Kopf.
F... F... Frau Nakamura ...
Hm?
Was ist heute bloß los?
Stä... Stä... Stäb-chen ...
Ma... Ma... Ma... Mai ...

ALLTAG 117 (ENDE)

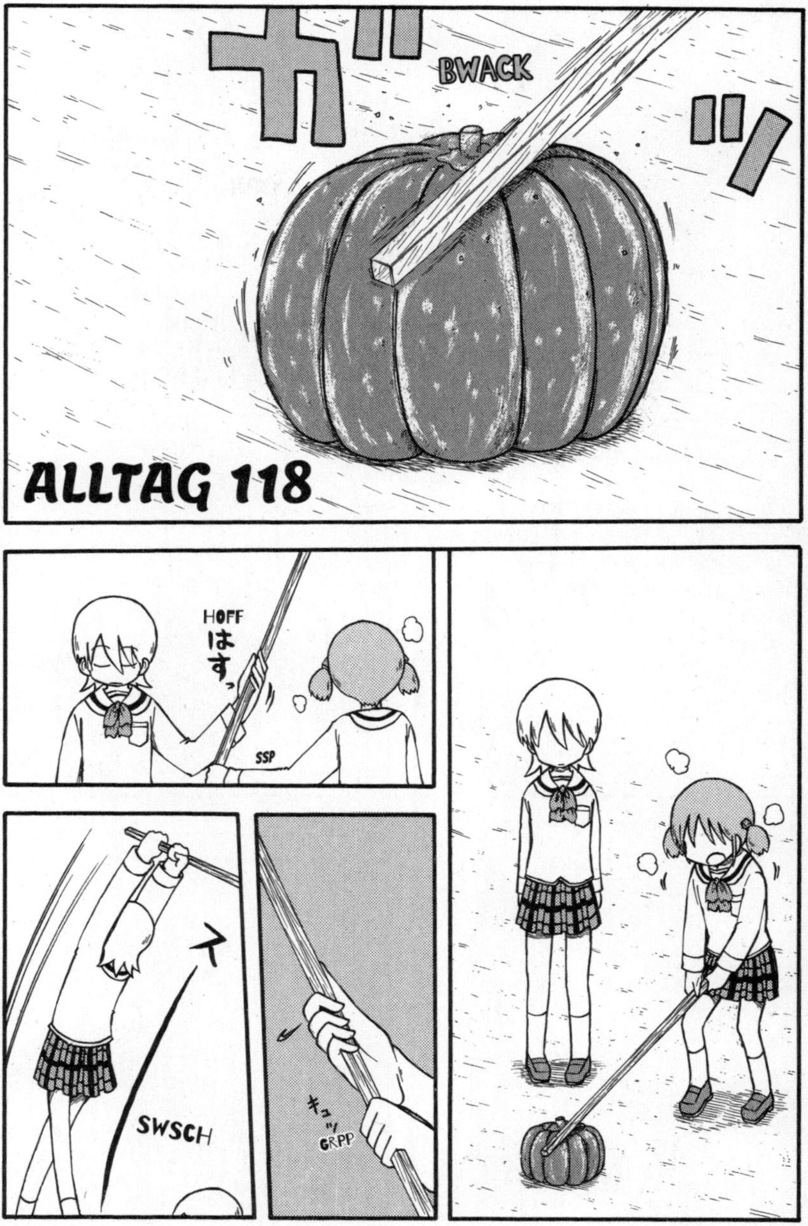
ガッ
BWACK
ALLTAG 118
HOFF
はすっ
SSP
キュッ
GRPP
ス
SWSCH

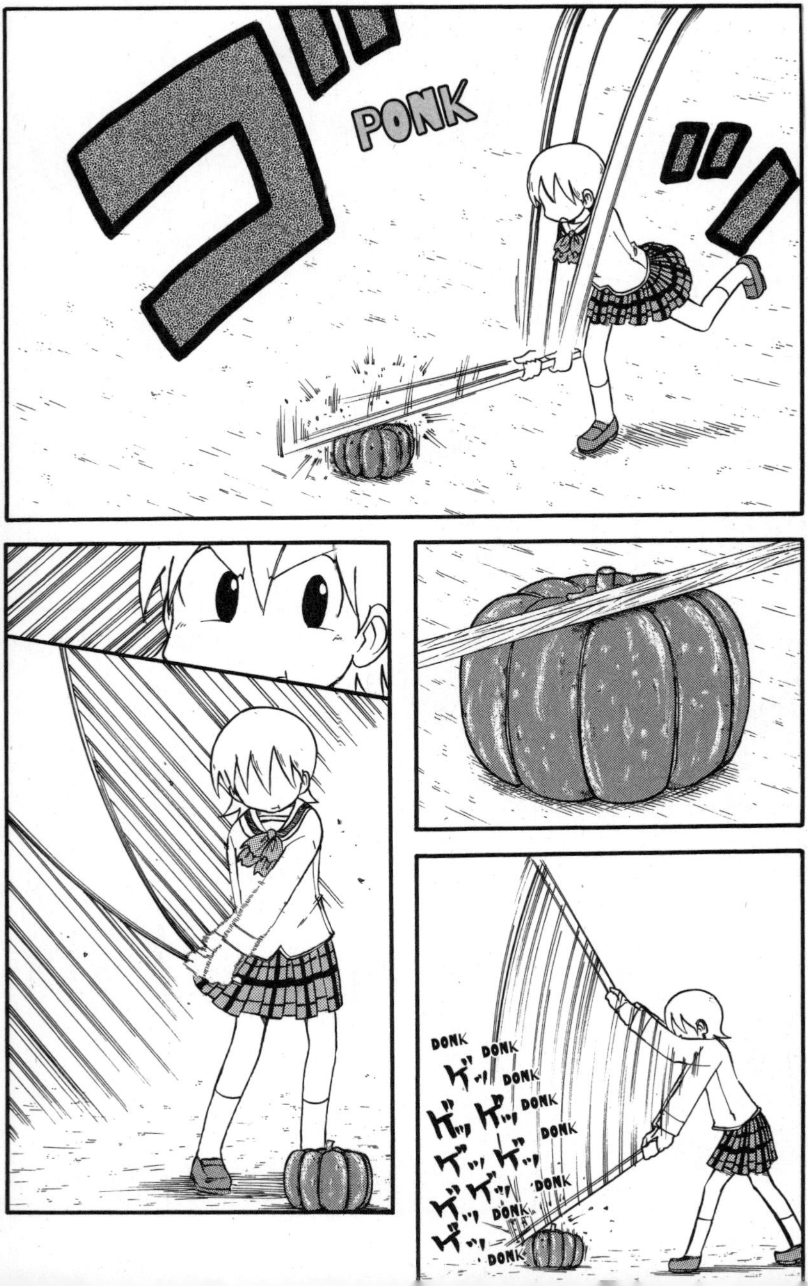

ゴッ
PONK
ゴッ
DONK
DONK
ゲッ
DONK
ゲッゲッ
DONK
DONK
ゲッゲッ
ゲゲッ
DONK
ゲッ
DONK
ゲッ
DONK

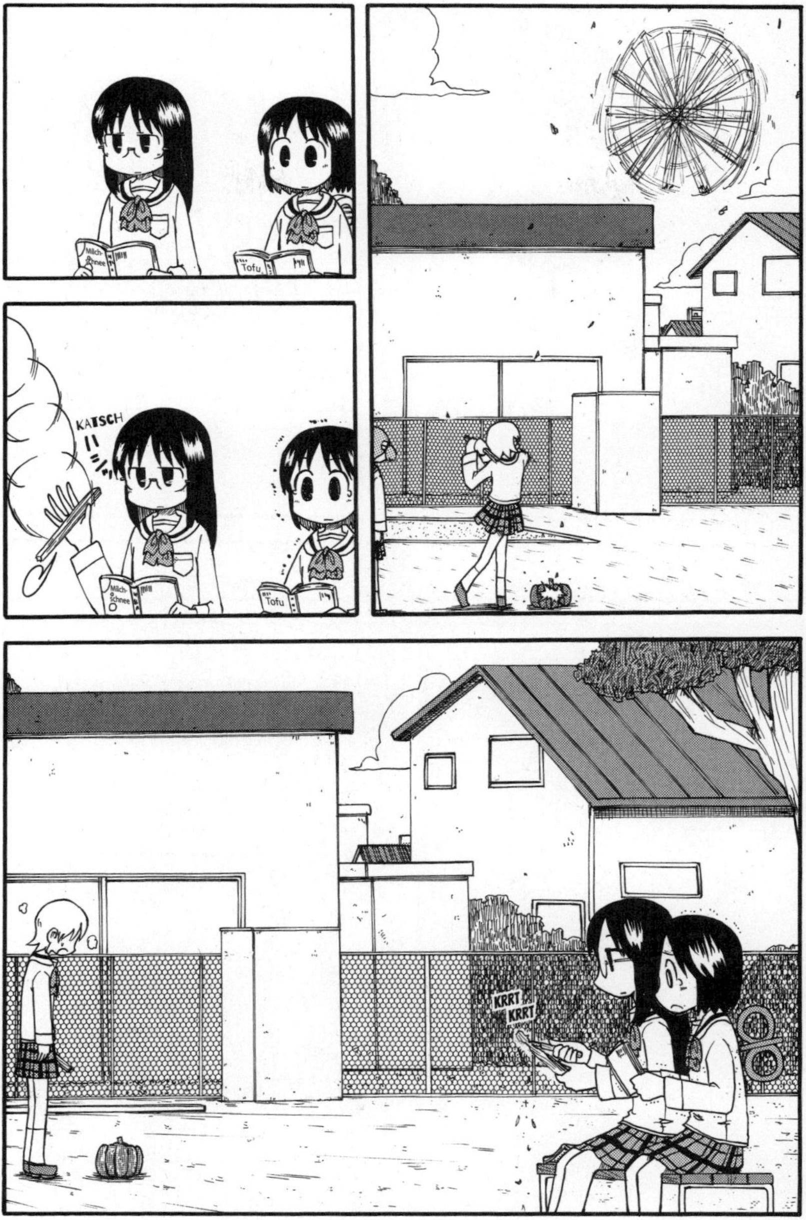
Milch-Schnee
Tofu
KATSCH
Milch-Schnee
Tofu
KRRT
KRRT

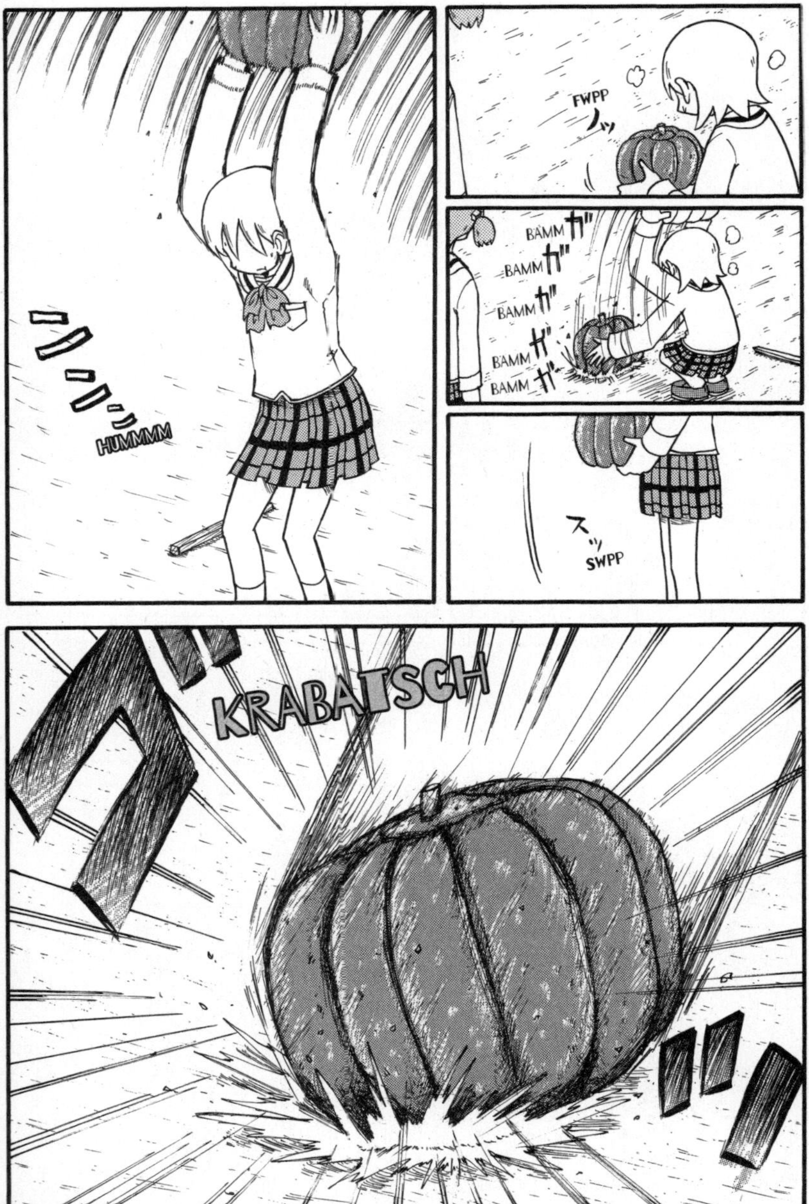
FWPP ノッ
BAMM ガ
BAMM ガ
BAMM ガ
BAMM ガ
BAMM ガ
スッ SWPP
HUMMMM
KRABATSCH

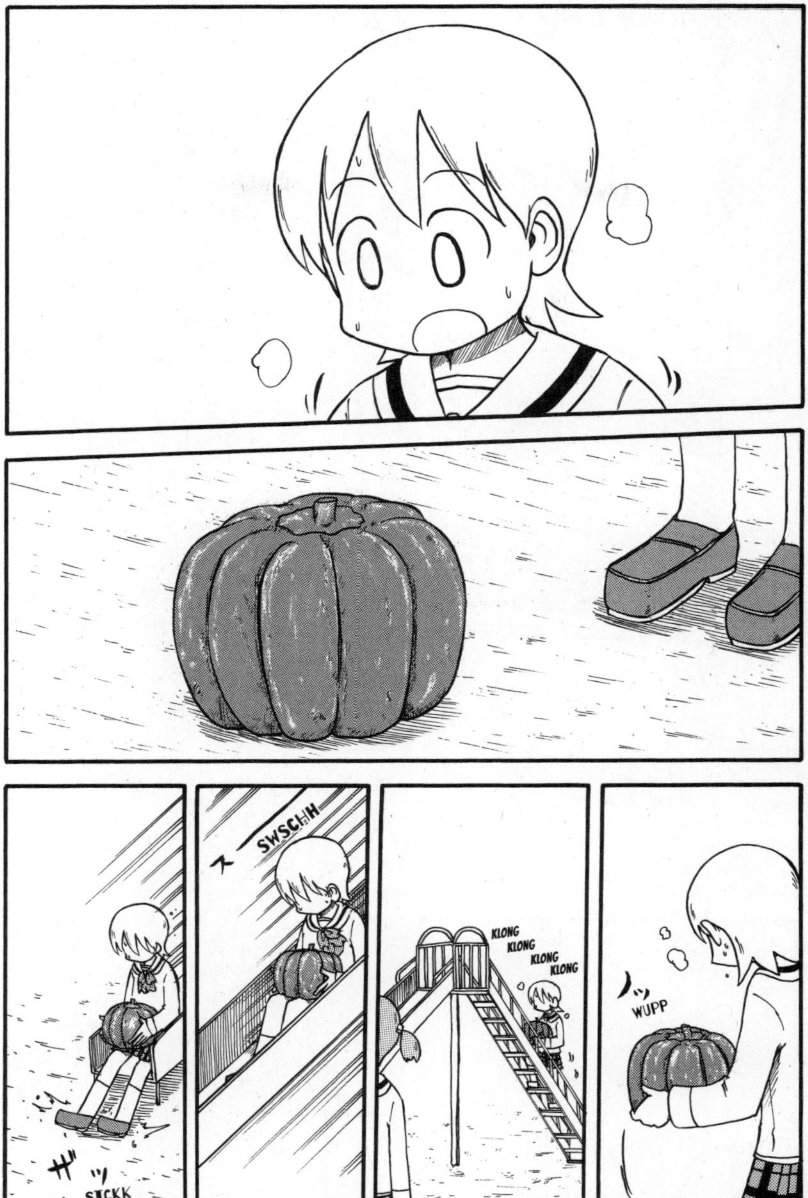
WUPP
KLONG
KLONG
KLONG
KLONG
ス
SWSCHH
ザッ
STCKK

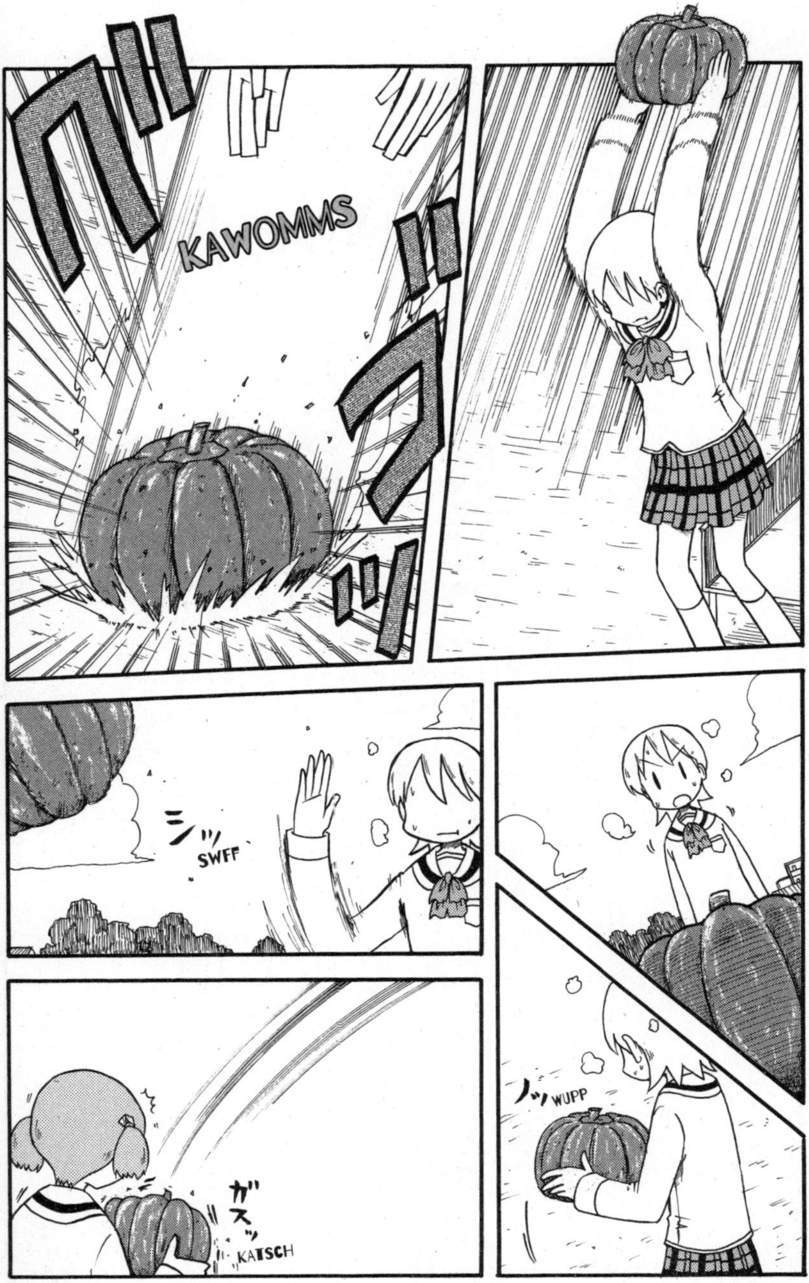
KAWOMMS
シッ
SWFF
ノッ
WUPP
ガスッ
KATSCH

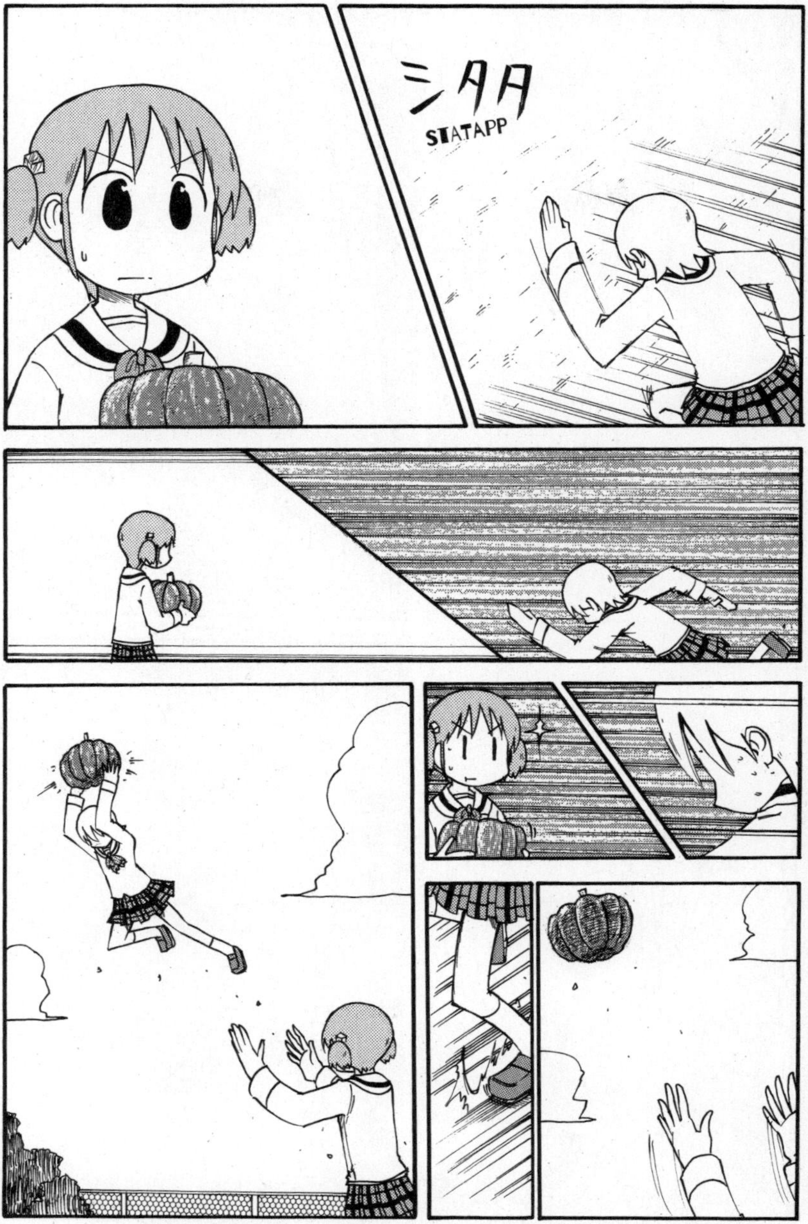
シタタ
STATAPP

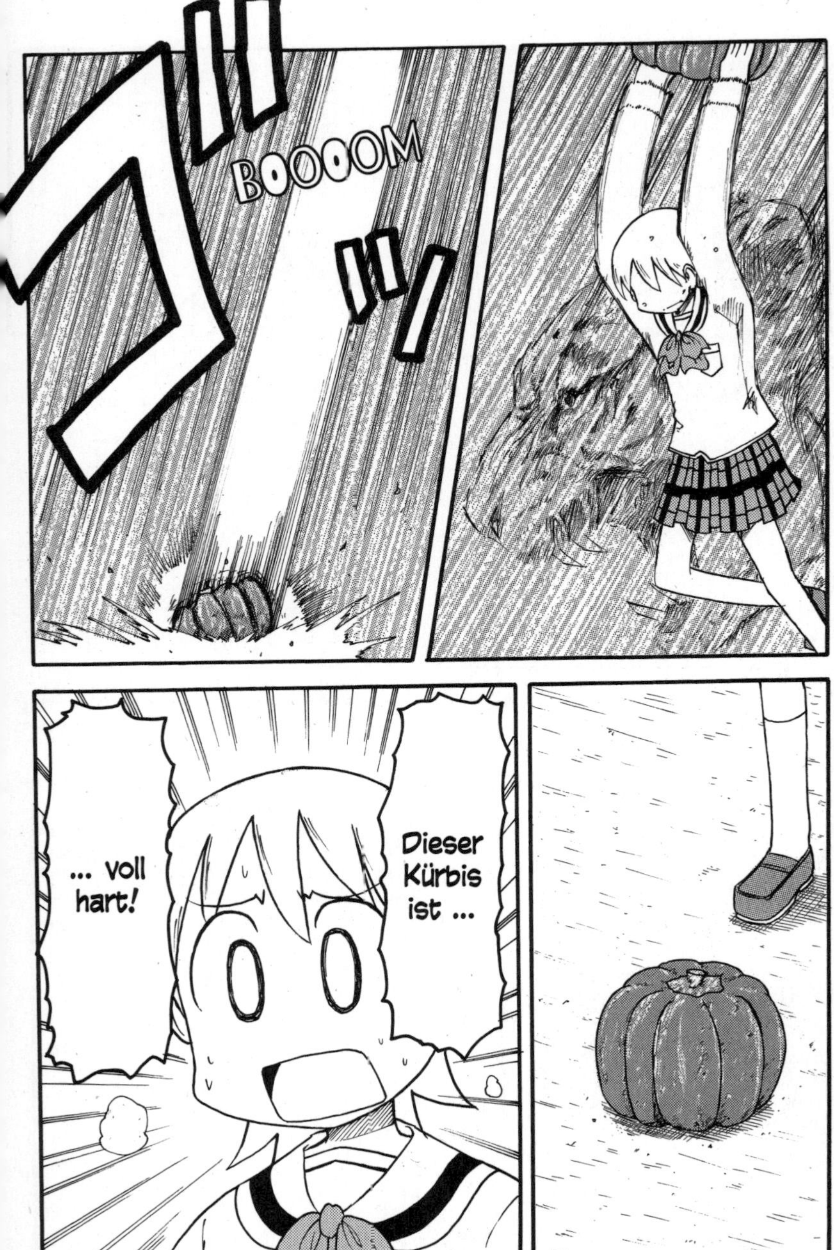
BOOOOM
Dieser Kürbis ist ...
... voll hart!

ALLTAG 118 (ENDE)

VERZWEIFLUNG

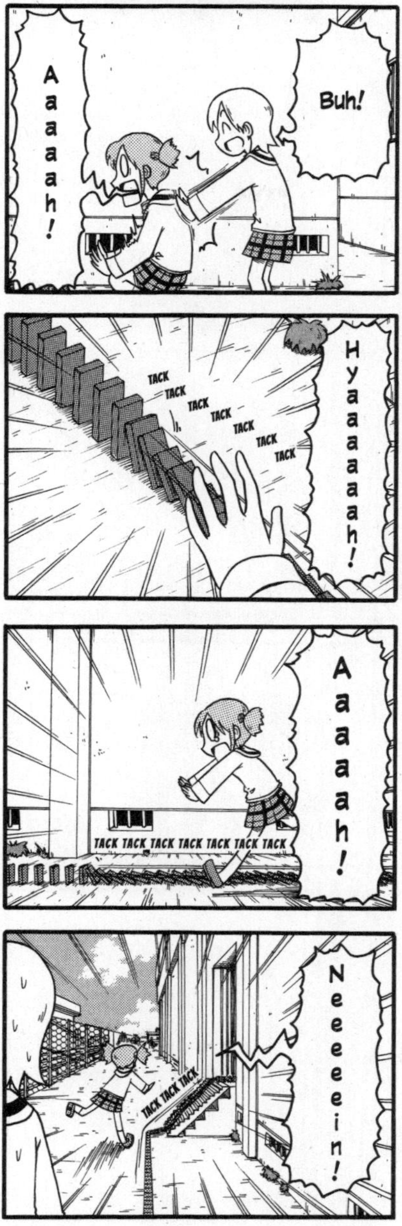
Buh!
Aaaaaah!
Hyaaaaaaah!
TACK TACK TACK TACK TACK TACK TACK
Aaaaaah!
TACK TACK TACK TACK TACK TACK TACK
Neeeeein!
TACK TACK TACK

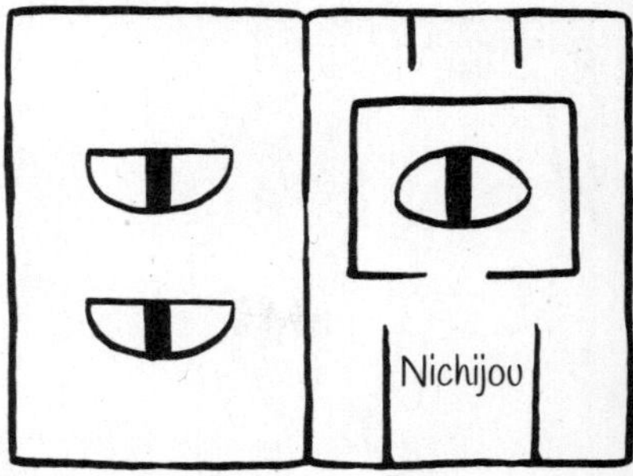
Nichijou

Nichijou
STRIPS 13

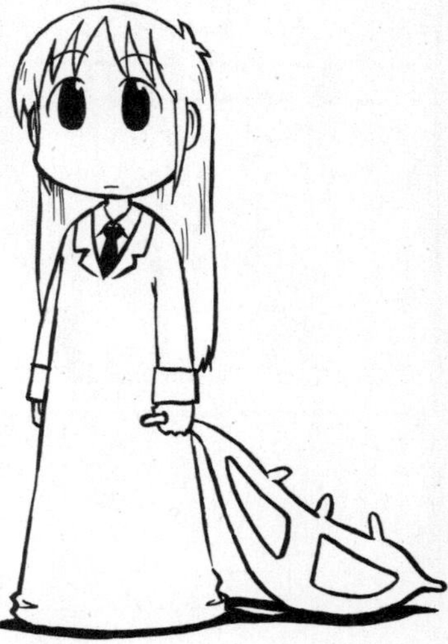

AN VERREGNETEN WOCHENENDEN BLEIBE ICH GERN ZU HAUSE UND MACH ES MIR MIT EINEM BUCH GEMÜTLICH. MEIN LIEBLINGSAUTOR HAT EIN NEUES BUCH VERÖFFENTLICHT, ICH BIN SCHON GANZ GESPANNT!

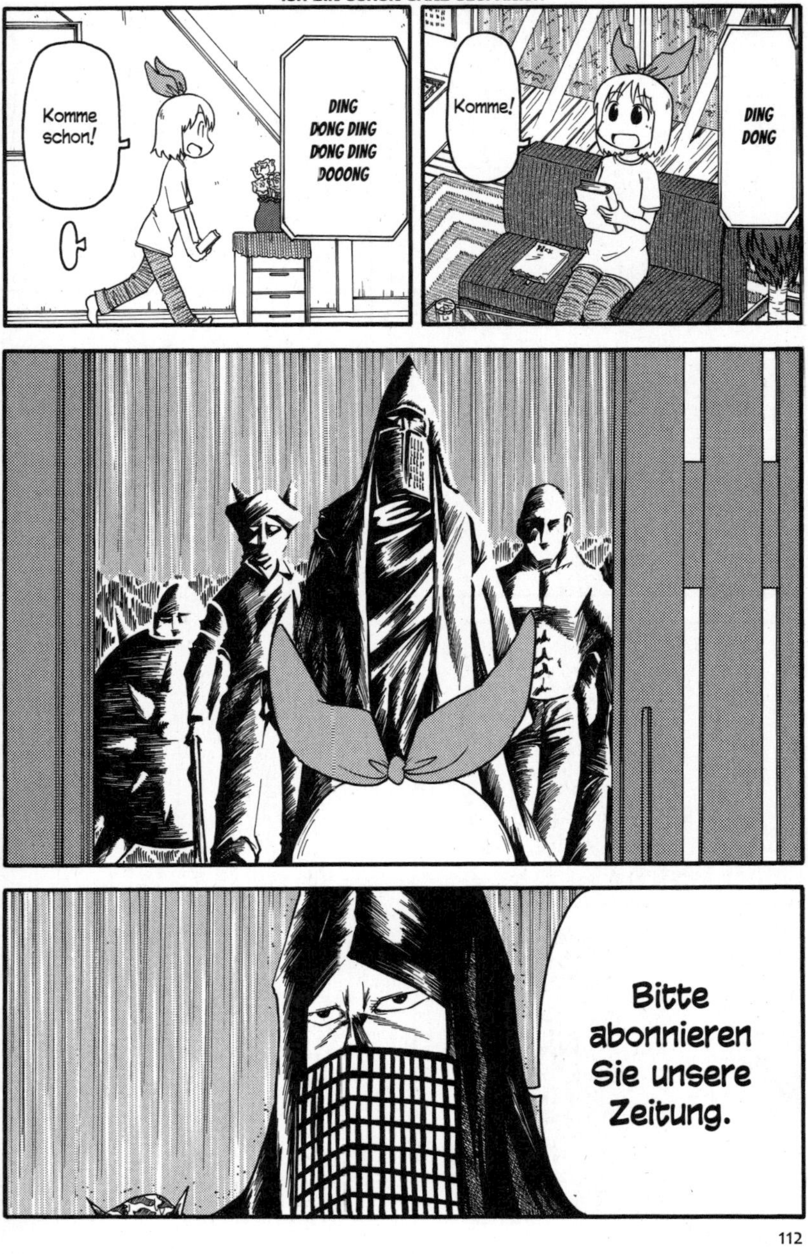
DING DONG
Komme!
DING DONG DING DONG DING DOOONG
Komme schon!
Bitte abonnieren Sie unsere Zeitung.

VERZWEIFLUNG

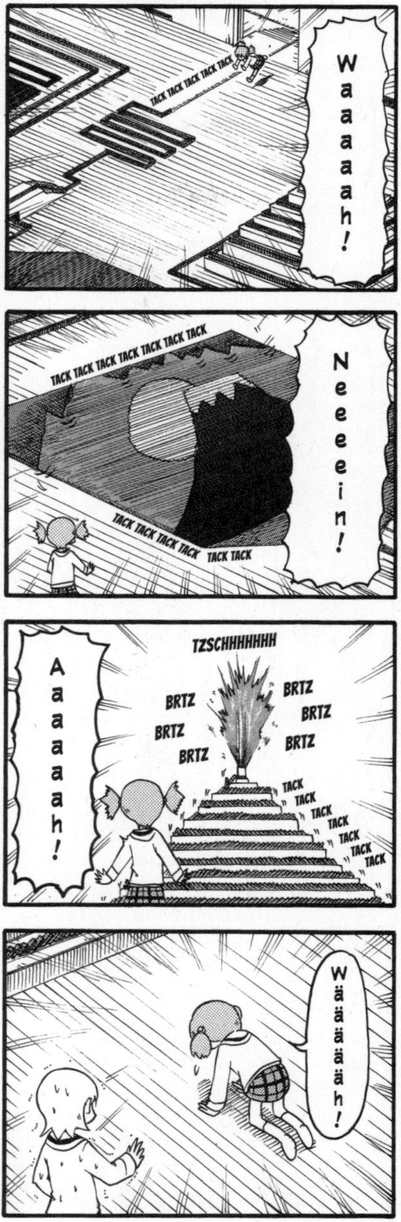
TACK TACK TACK TACK TACK
Waaaaah!
TACK TACK TACK TACK TACK TACK
TACK TACK TACK TACK TACK TACK
Neeeein!
TZSCHHHHHHH
BRTZ BRTZ BRTZ BRTZ BRTZ BRTZ
TACK TACK TACK TACK TACK TACK TACK
Aaaaaah!
Wäääääh!

AN VERREGNETEN WOCHENENDEN BLEIBE ICH GERN ZU HAUSE UND MACH ES MIR MIT EINEM BUCH GEMÜTLICH. MEIN LIEBLINGSAUTOR HAT EIN NEUES BUCH VERÖFFENTLICHT, ICH BIN SCHON GANZ GESPANNT!

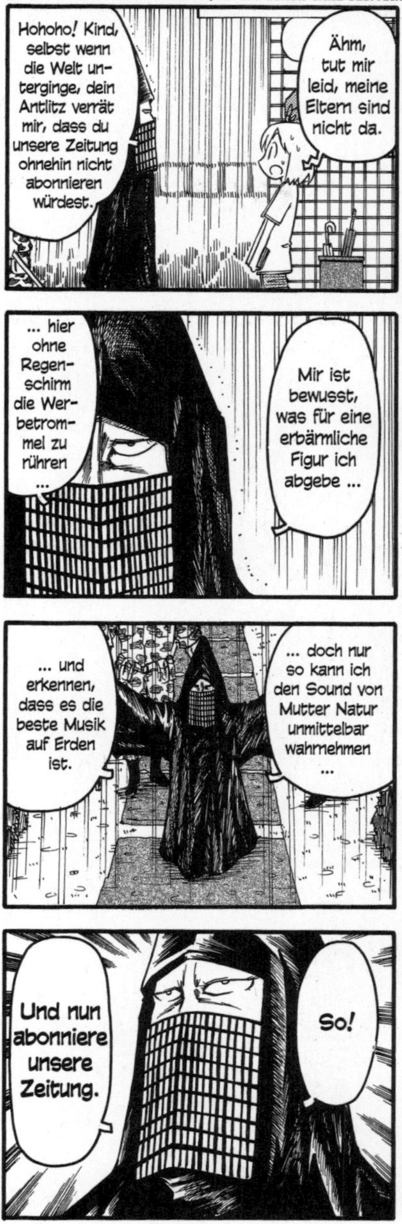
Ähm, tut mir leid, meine Eltern sind nicht da.
Hohoho! Kind, selbst wenn die Welt unterginge, dein Antlitz verrät mir, dass du unsere Zeitung ohnehin nicht abonnieren würdest.
Mir ist bewusst, was für eine erbärmliche Figur ich abgebe ...
... hier ohne Regenschirm die Werbetrommel zu rühren ...
... doch nur so kann ich den Sound von Mutter Natur unmittelbar wahrnehmen ...
... und erkennen, dass es die beste Musik auf Erden ist.
So!
Und nun abonniere unsere Zeitung.

A. THREE-PITCH STRIKEOUT (THANK YOU)

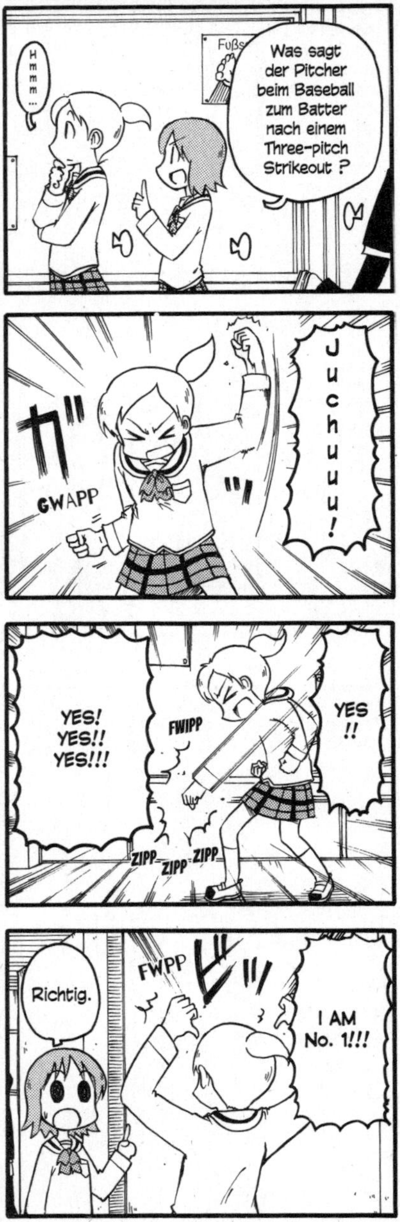

Was sagt der Pitcher beim Baseball zum Batter nach einem Three-pitch Strikeout ?
Hmm ...
Juchuuu!
GWAPP
YES !!
YES! YES!! YES!!!
FWIPP
ZIPP ZIPP ZIPP
I AM No. 1!!!
FWPP
Richtig.

AN VERREGNETEN WOCHENENDEN BLEIBE ICH GERN ZU HAUSE UND MACH ES MIR MIT EINEM BUCH GEMÜTLICH. MEIN LIEBLINGSAUTOR HAT EIN NEUES BUCH VERÖFFENTLICHT, ICH BIN SCHON GANZ GESPANNT!

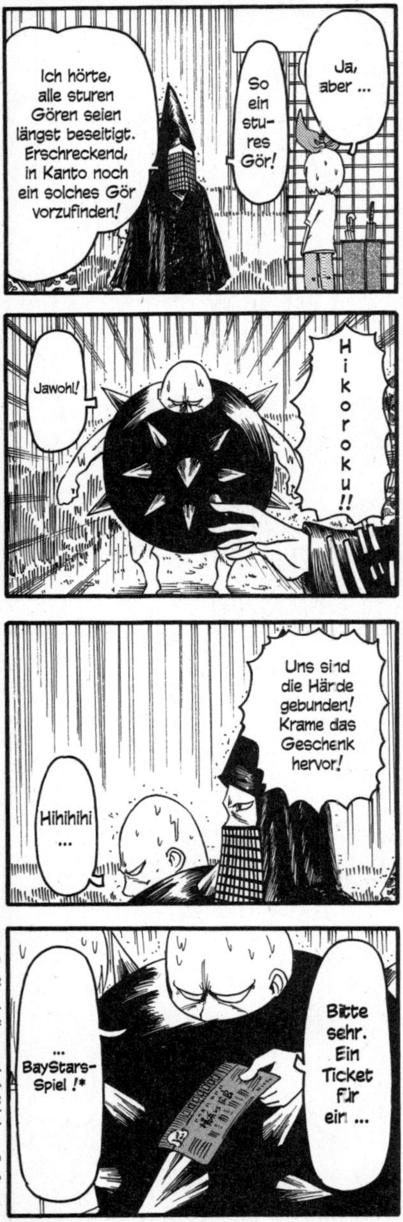

Ja, aber ...
So ein stures Gör!
Ich hörte, alle sturen Gören seien längst beseitigt. Erschreckend, in Kanto noch ein solches Gör vorzufinden!
Hikorokou!!
Jawohl!
Uns sind die Härde gebunden! Krame das Geschenk hervor!
Hihihihi ...
Bitte sehr. Ein Ticket für ein ...
... BayStars-Spiel !*

*jap. Profibaseballmannschaft, Yokohama BayStars

NICHIJOU STRIPS 13 (ENDE)

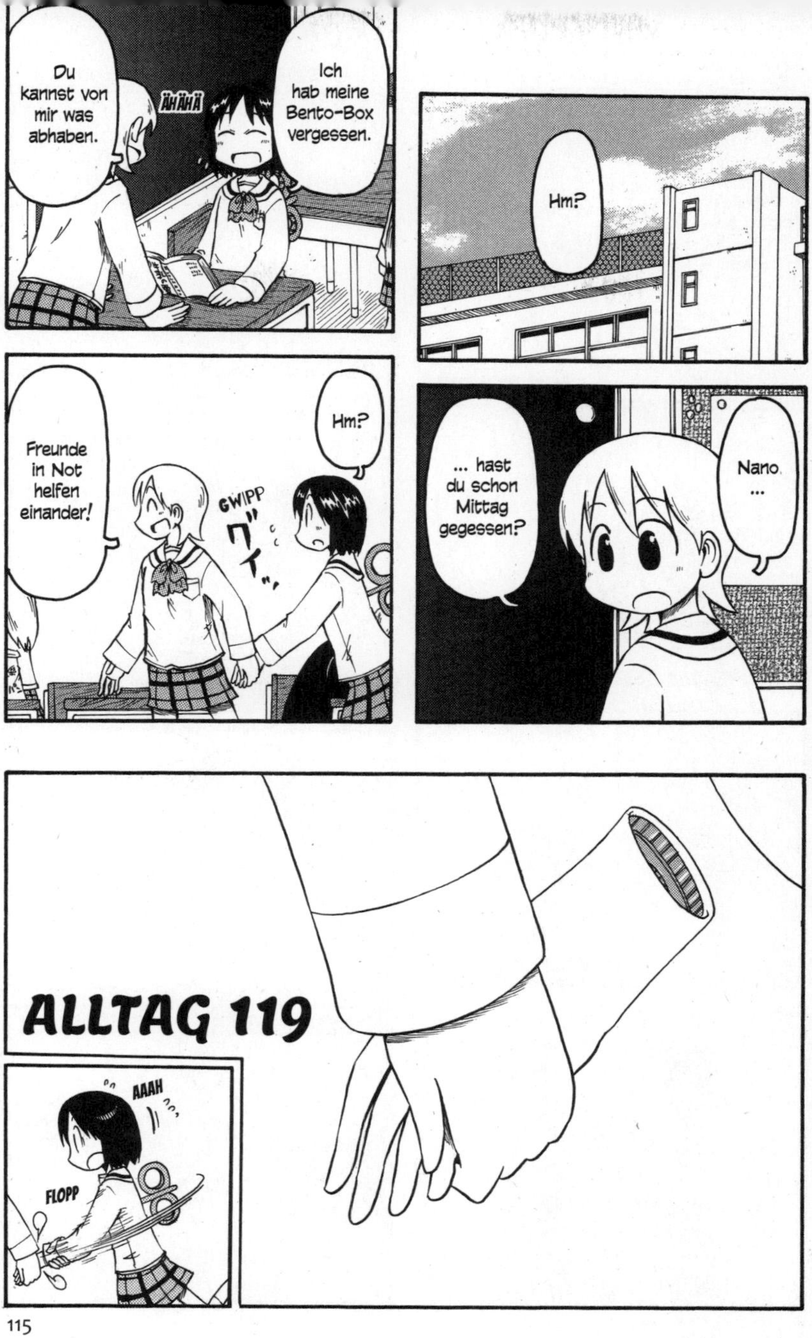
Hm?
Nano ...
... hast du schon Mittag gegessen?
Ich hab meine Bento-Box vergessen.
ÄHÄHÄ
Du kannst von mir was abhaben.
Hm?
GWIPP
Freunde in Not helfen einander!
ALLTAG 119
AAAH
FLOPP

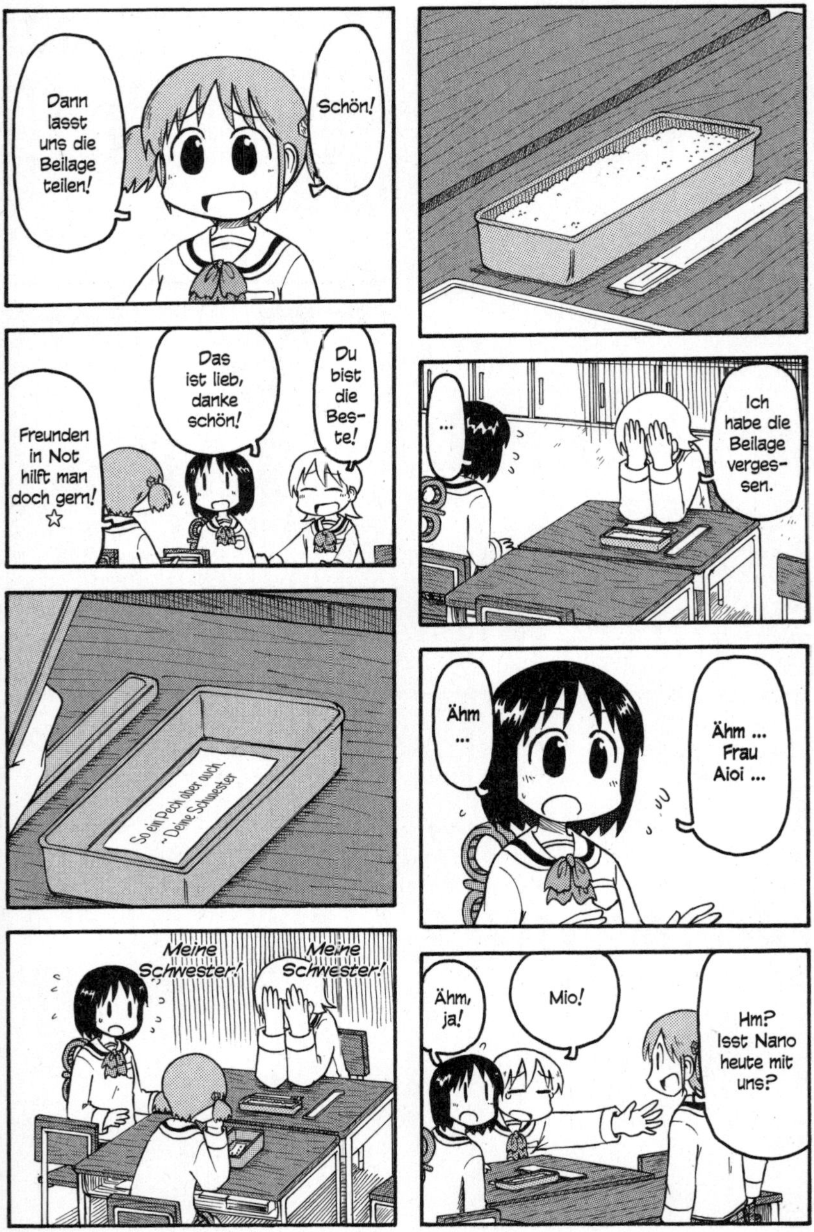
...
Ich habe die Beilage vergessen.
Ähm ...
Ähm ... Frau Aioi ...
Hm? Isst Nano heute mit uns?
Mio!
Ähm, ja!
Schön!
Dann lasst uns die Beilage teilen!
Du bist die Beste!
Das ist lieb, danke schön!
Freunden in Not hilft man doch gern! ☆
So ein Pech aber auch.
~ Deine Schwester
Meine Schwester!
Meine Schwester!

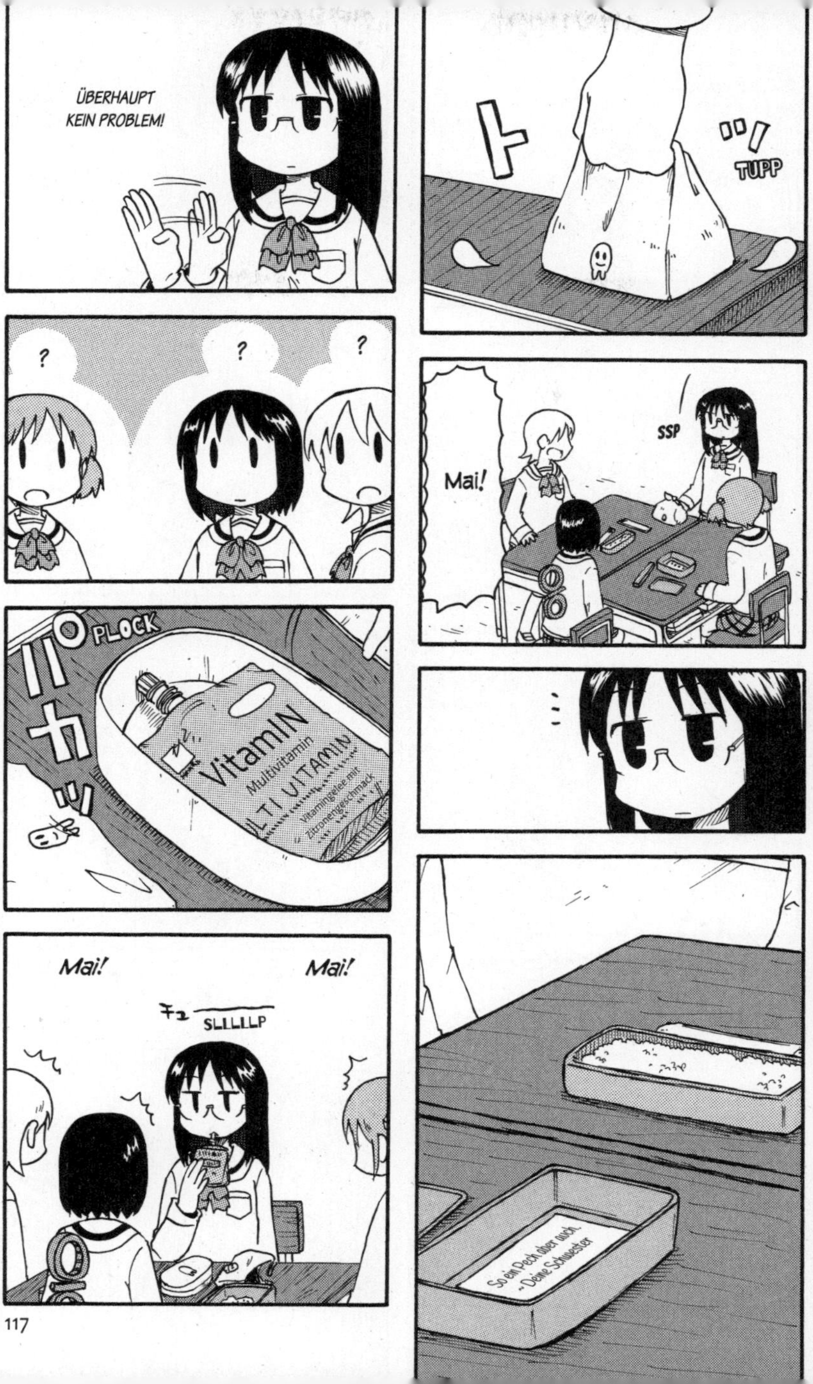
TUPP
Mai!
SSP
...
So ein Pech aber auch.
~ Deine Schwester
ÜBERHAUPT KEIN PROBLEM!
?
?
?
PLOCK
VitamIN
Multivitamin
Vitamingelee mit Zitronengeschmack
Mai!
Mai!
SLLLLLP

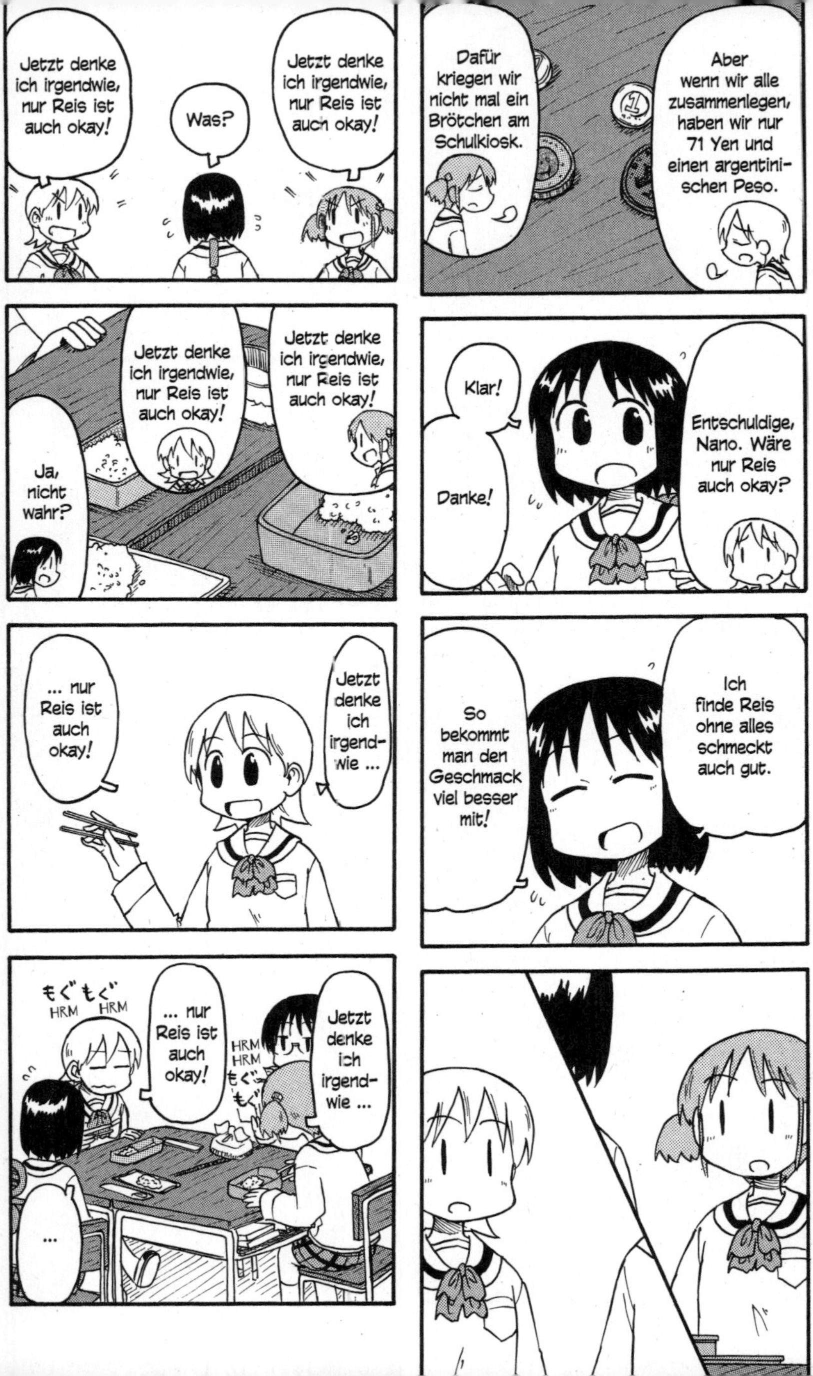
Aber wenn wir alle zusammenlegen, haben wir nur 71 Yen und einen argentinischen Peso.
Dafür kriegen wir nicht mal ein Brötchen am Schulkiosk.
Entschuldige, Nano. Wäre nur Reis auch okay?
Klar!
Danke!
Ich finde Reis ohne alles schmeckt auch gut.
So bekommt man den Geschmack viel besser mit!
Jetzt denke ich irgendwie, nur Reis ist auch okay!
Was?
Jetzt denke ich irgendwie, nur Reis ist auch okay!
Jetzt denke ich irgendwie, nur Reis ist auch okay!
Jetzt denke ich irgendwie, nur Reis ist auch okay!
Ja, nicht wahr?
Jetzt denke ich irgendwie ...
... nur Reis ist auch okay!
Jetzt denke ich irgendwie ...
... nur Reis ist auch okay!
もぐもぐ
HRM HRM
HRM HRM
...

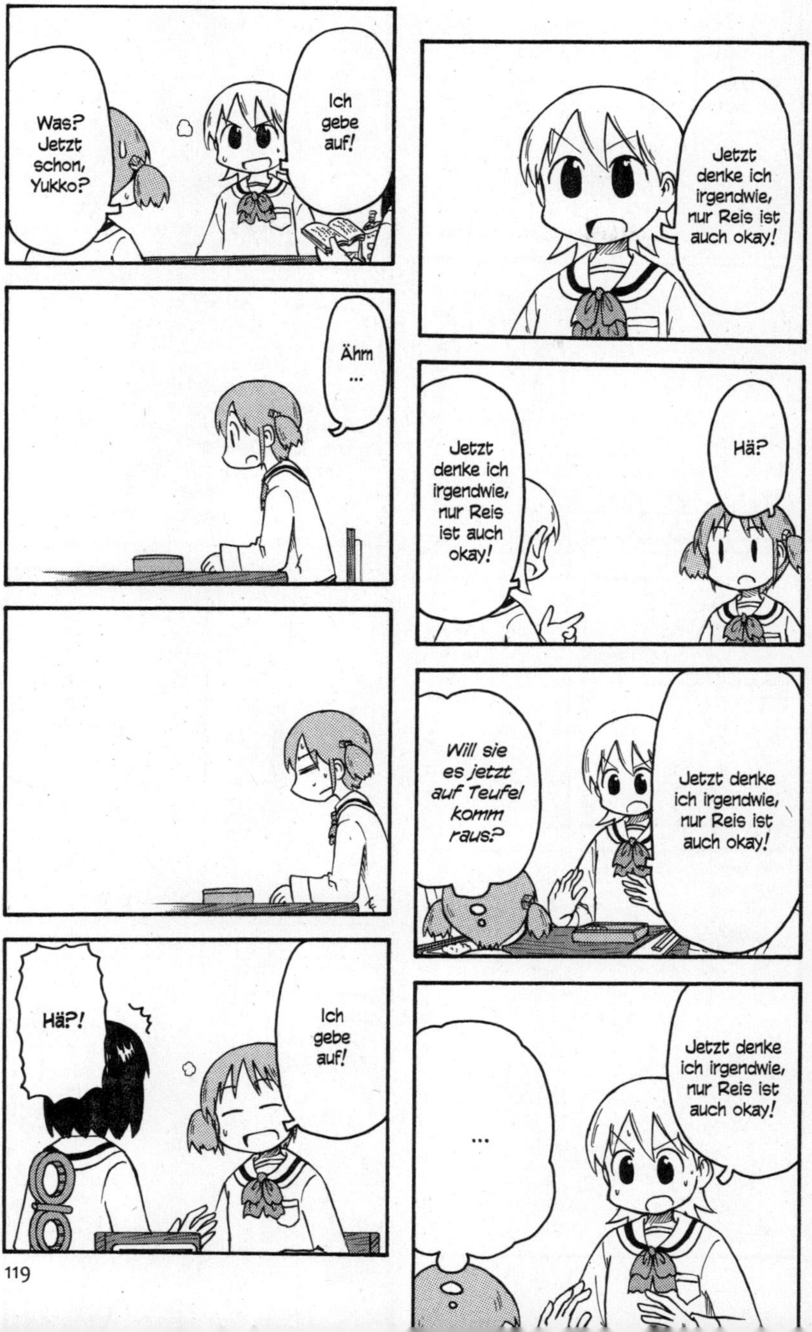
Jetzt denke ich irgendwie, nur Reis ist auch okay!
Hä?
Jetzt denke ich irgendwie, nur Reis ist auch okay!
Jetzt denke ich irgendwie, nur Reis ist auch okay!
Will sie es jetzt auf Teufel komm raus?
Jetzt denke ich irgendwie, nur Reis ist auch okay!
...
Ich gebe auf!
Was? Jetzt schon, Yukko?
Ähm ...
Ich gebe auf!
Hä?!

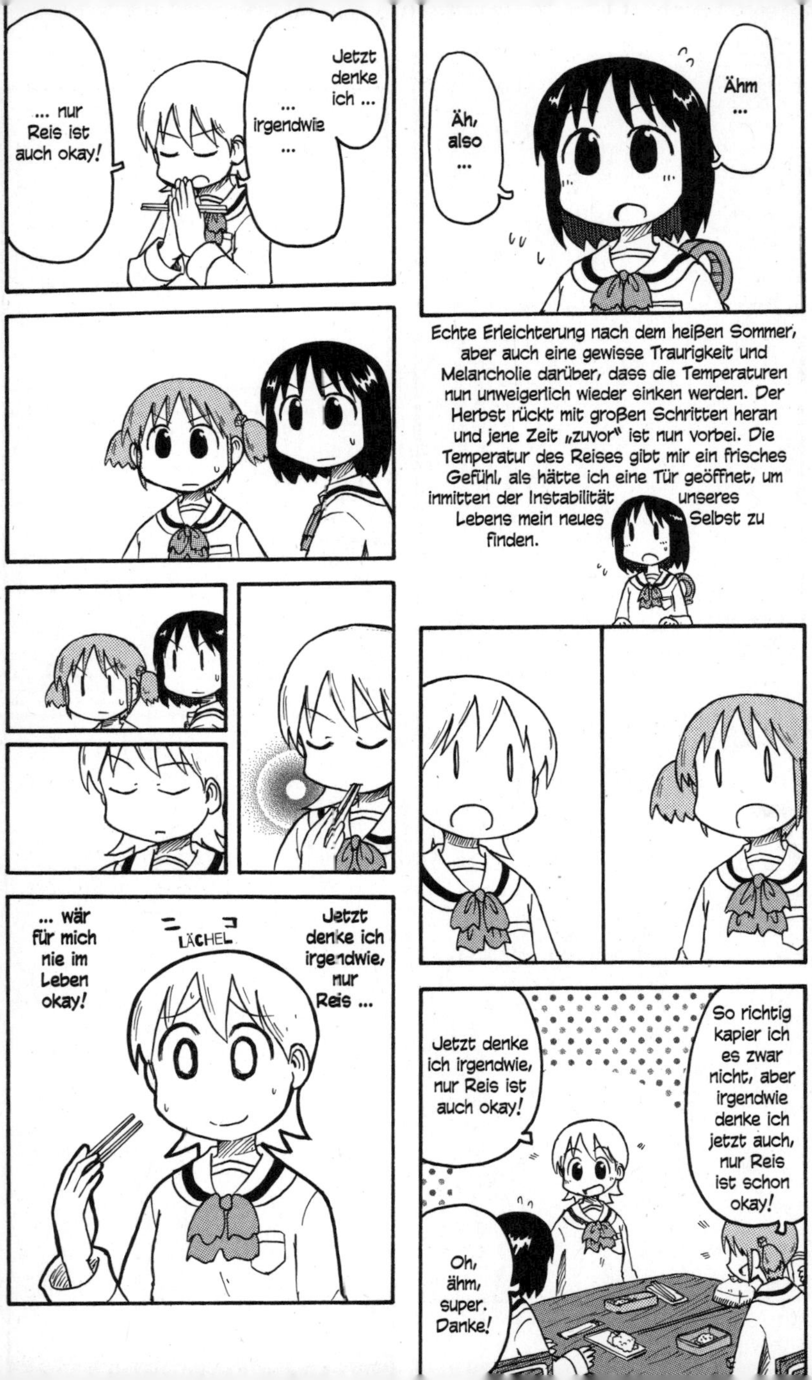

Ähm ...
Äh, also ...
Echte Erleichterung nach dem heißen Sommer, aber auch eine gewisse Traurigkeit und Melancholie darüber, dass die Temperaturen nun unweigerlich wieder sinken werden. Der Herbst rückt mit großen Schritten heran und jene Zeit „zuvor" ist nun vorbei. Die Temperatur des Reises gibt mir ein frisches Gefühl, als hätte ich eine Tür geöffnet, um inmitten der Instabilität unseres Lebens mein neues Selbst zu finden.
So richtig kapier ich es zwar nicht, aber irgendwie denke ich jetzt auch, nur Reis ist schon okay!
Jetzt denke ich irgendwie, nur Reis ist auch okay!
Oh, ähm, super. Danke!
Jetzt denke ich ...
... irgendwie ...
... nur Reis ist auch okay!
LÄCHEL
Jetzt denke ich irgendwie, nur Reis ...
... wär für mich nie im Leben okay!

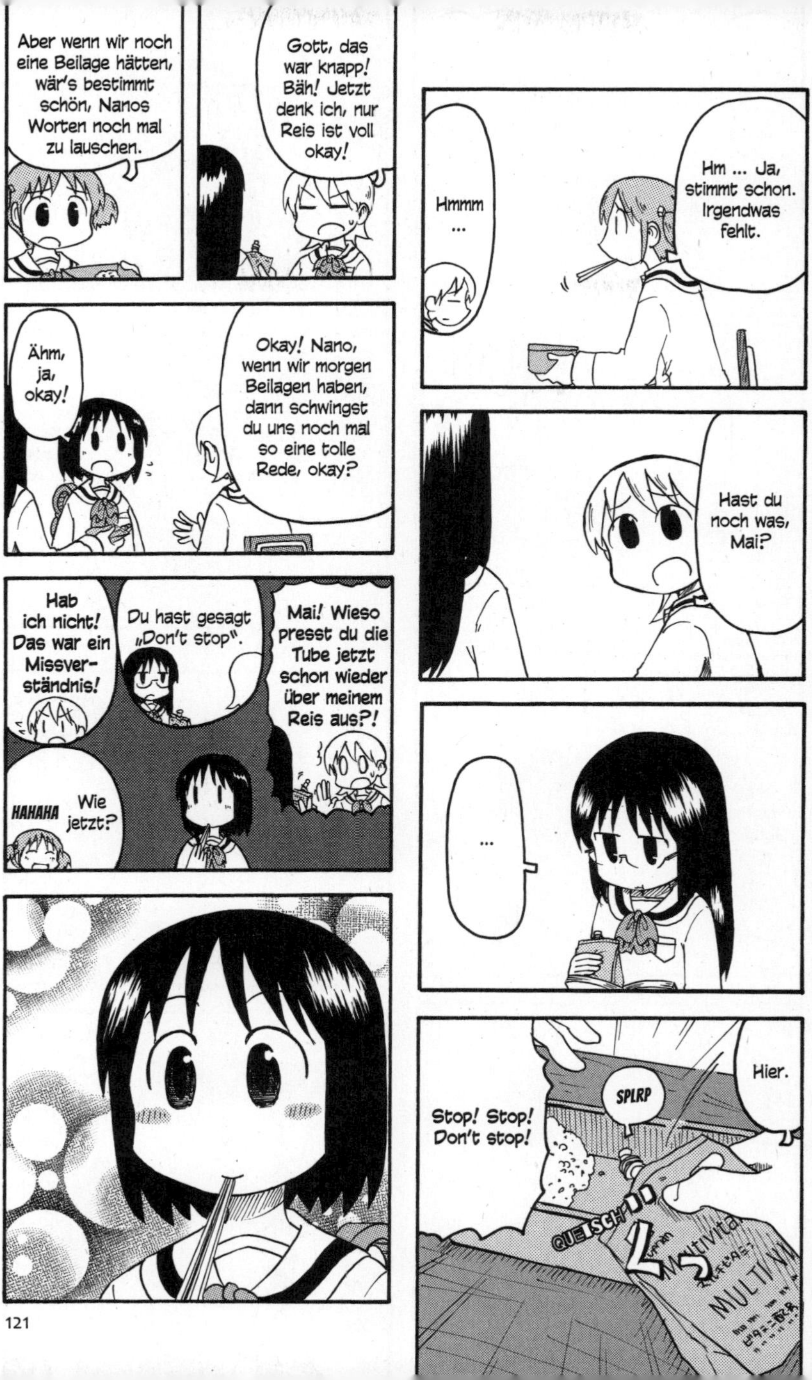
Hm ... Ja, stimmt schon. Irgendwas fehlt.
Hmmm ...
Hast du noch was, Mai?
...
Hier.
SPLRP
Stop! Stop! Don't stop!
QUETSCH
Gott, das war knapp! Bäh! Jetzt denk ich, nur Reis ist voll okay!
Aber wenn wir noch eine Beilage hätten, wär's bestimmt schön, Nanos Worten noch mal zu lauschen.
Okay! Nano, wenn wir morgen Beilagen haben, dann schwingst du uns noch mal so eine tolle Rede, okay?
Ähm, ja, okay!
Mai! Wieso presst du die Tube jetzt schon wieder über meinem Reis aus?!
Du hast gesagt „Don't stop".
Hab ich nicht! Das war ein Missverständnis!
Wie jetzt?
HAHAHA

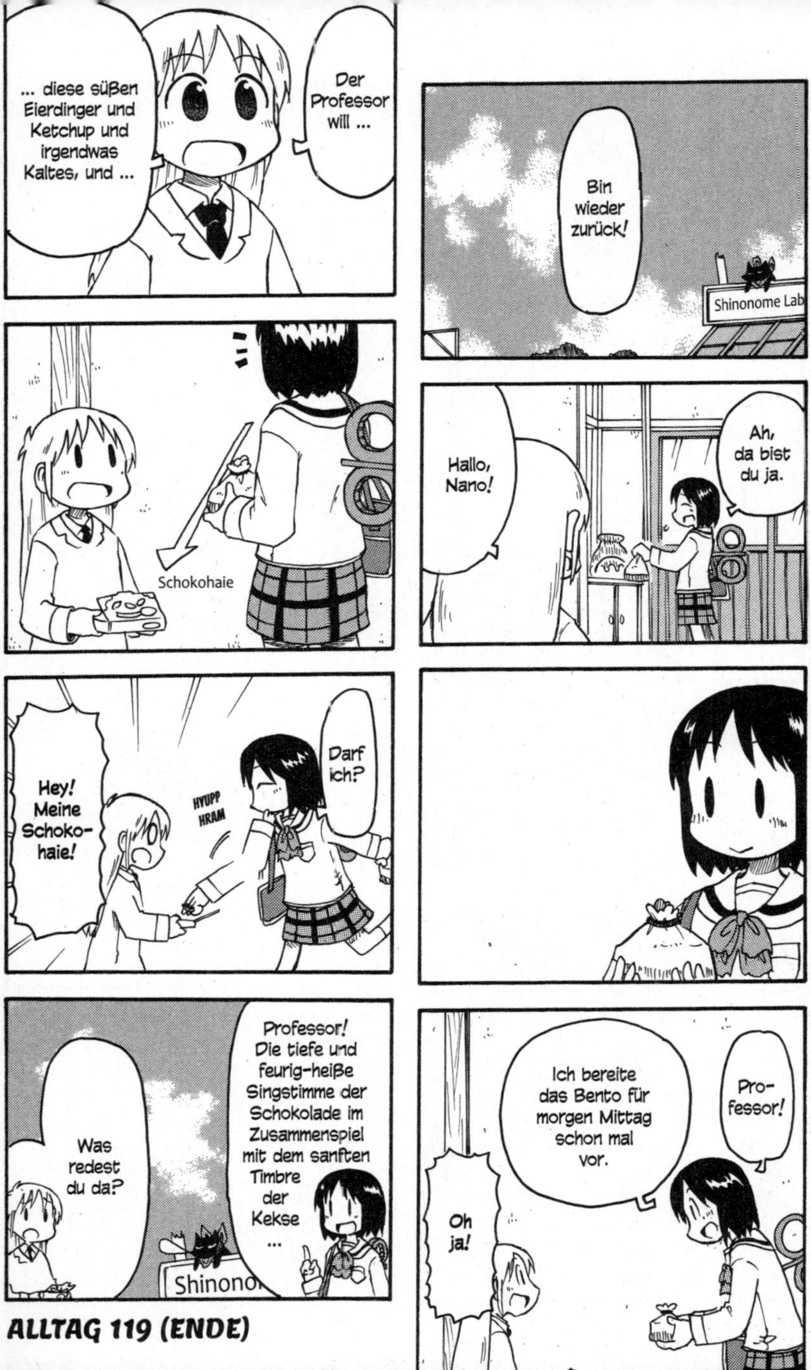
Bin wieder zurück!
Shinonome Lab
Ah, da bist du ja.
Hallo, Nano!
Pro-fessor!
Ich bereite das Bento für morgen Mittag schon mal vor.
Oh ja!
Der Professor will ...
... diese süßen Eierdinger und Ketchup und irgendwas Kaltes, und ...
Schokohaie
Darf ich?
HYUPP HRAM
Hey! Meine Schoko-haie!
Professor! Die tiefe und feurig-heiße Singstimme der Schokolade im Zusammenspiel mit dem sanften Timbre der Kekse ...
Was redest du da?
Shinonom

ALLTAG 119 (ENDE)

KÜRBIS

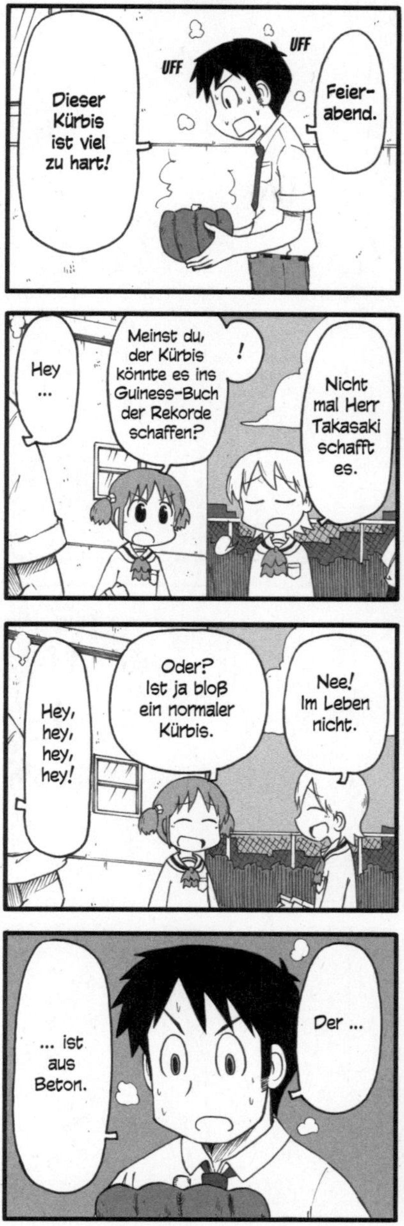

Feier-abend.
UFF
UFF
Dieser Kürbis ist viel zu hart!
Nicht mal Herr Takasaki schafft es.
!
Meinst du, der Kürbis könnte es ins Guiness-Buch der Rekorde schaffen?
Hey ...
Nee! Im Leben nicht.
Oder? Ist ja bloß ein normaler Kürbis.
Hey, hey, hey, hey!
Der ...
... ist aus Beton.

Nichijou STRIPS 14

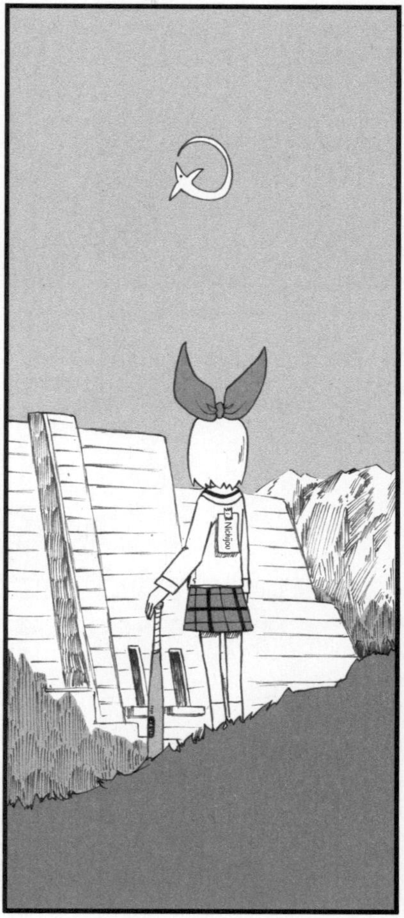

Nichijou

Professor und Yukko

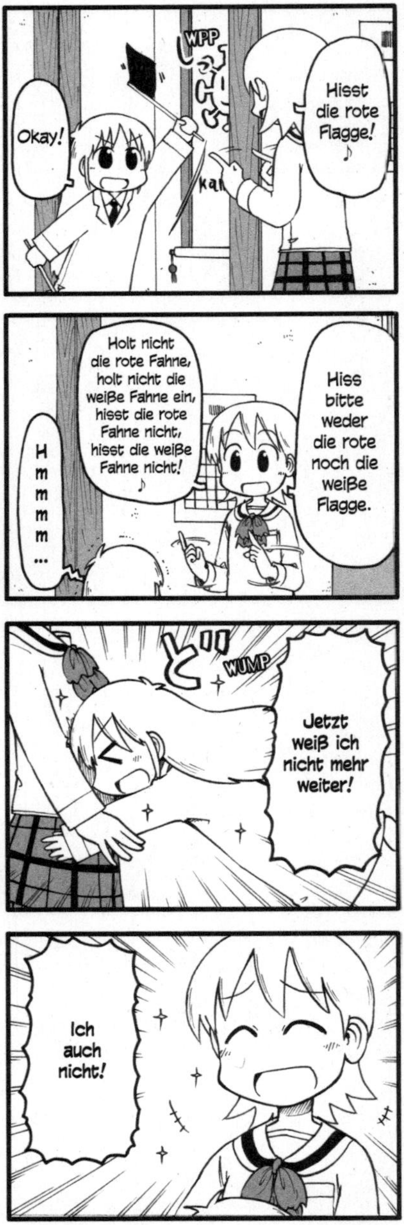
Hisst die rote Flagge! ♪
WPP
Okay!
Hiss bitte weder die rote noch die weiße Flagge.
Holt nicht die rote Fahne, holt nicht die weiße Fahne ein, hisst die rote Fahne nicht, hisst die weiße Fahne nicht! ♪
Hmmmm...
WUMP
Jetzt weiß ich nicht mehr weiter!
Ich auch nicht!

Nakanojou und Tanaka

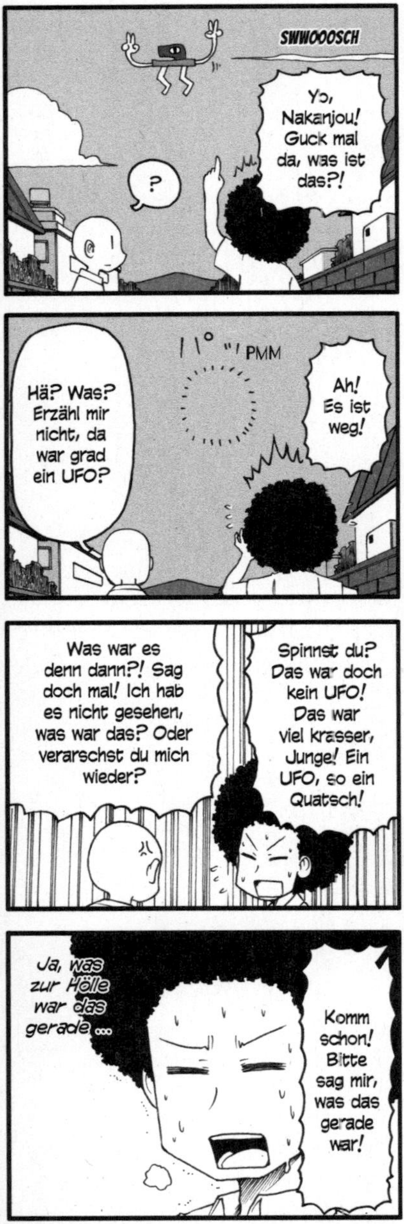
SWWOOOSCH
Yo, Nakanjou! Guck mal da, was ist das?!
?
Ah! Es ist weg!
PMM
Hä? Was? Erzähl mir nicht, da war grad ein UFO?
Spinnst du? Das war doch kein UFO! Das war viel krasser, Junge! Ein UFO, so ein Quatsch!
Was war es denn dann?! Sag doch mal! Ich hab es nicht gesehen, was war das? Oder verarschst du mich wieder?
Komm schon! Bitte sag mir, was das gerade war!
Ja, was zur Hölle war das gerade ...

Professor und Yukko – Rätsel

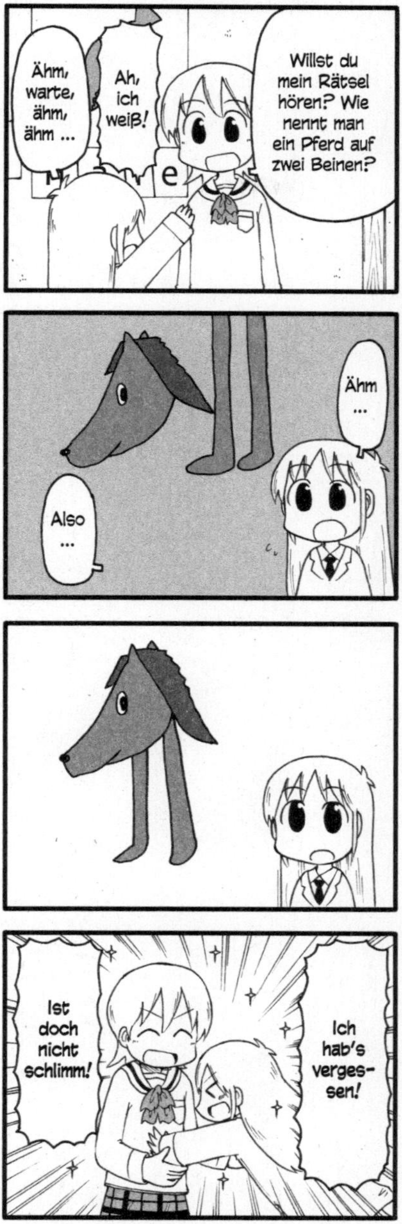
Willst du mein Rätsel hören? Wie nennt man ein Pferd auf zwei Beinen?
Ah, ich weiß!
Ähm, warte, ähm, ähm …
Ähm …
Also …
Ich hab's verges-sen!
Ist doch nicht schlimm!

Professor und Yukko – Lied

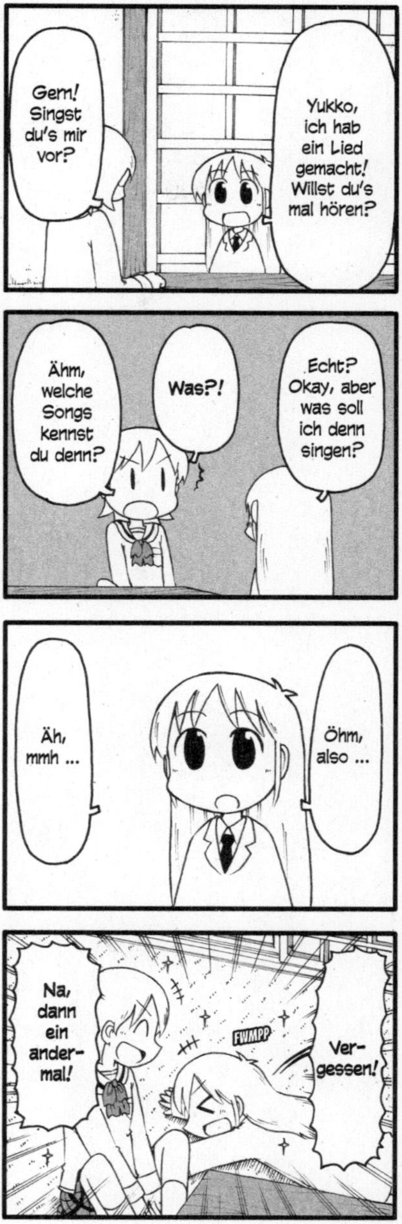
Yukko, ich hab ein Lied gemacht! Willst du's mal hören?
Gern! Singst du's mir vor?
Echt? Okay, aber was soll ich denn singen?
Was?!
Ähm, welche Songs kennst du denn?
Öhm, also …
Äh, mmh …
FWMPP
Ver-gessen!
Na, dann ein ander-mal!

Eine authentische Antwort

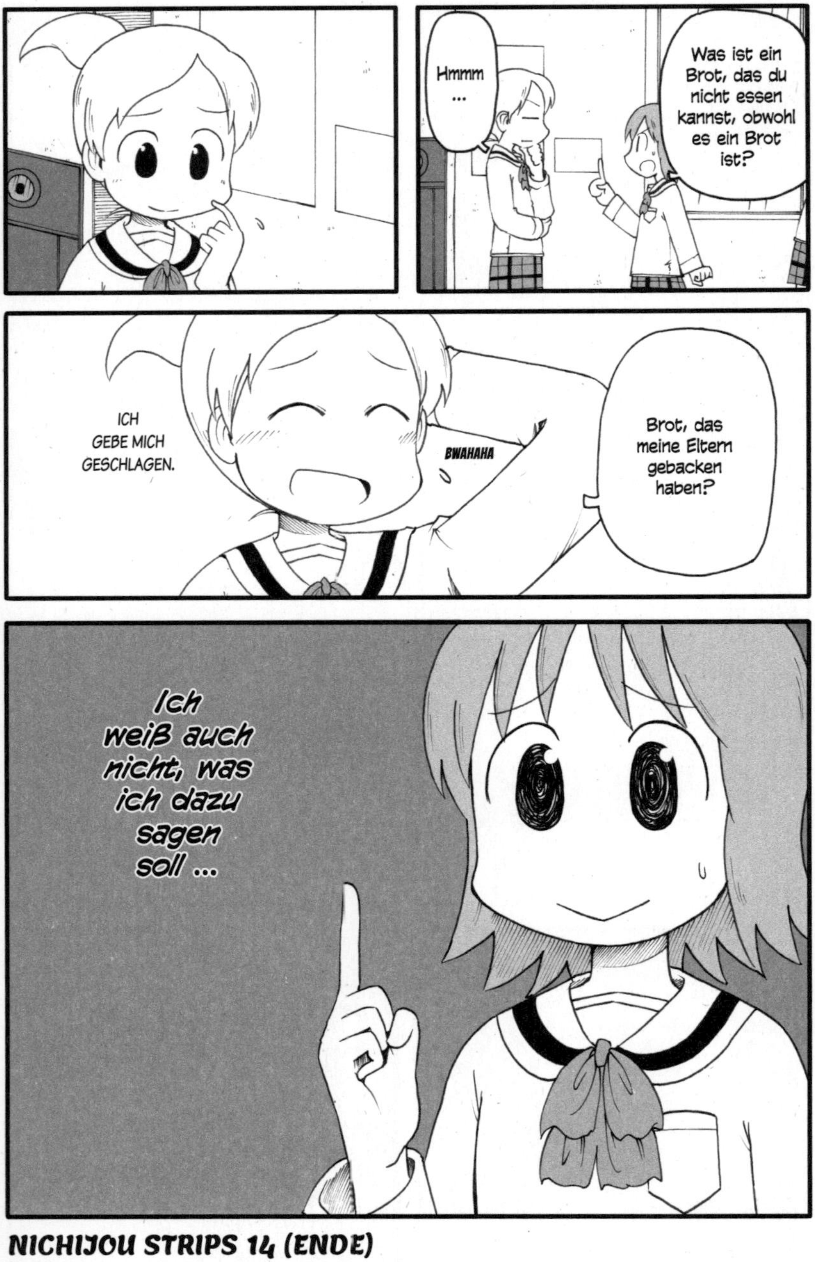
Was ist ein Brot, das du nicht essen kannst, obwohl es ein Brot ist?
Hmmm ...
Brot, das meine Eltern gebacken haben?
BWAHAHA
ICH GEBE MICH GESCHLAGEN.
Ich weiß auch nicht, was ich dazu sagen soll ...

NICHIJOU STRIPS 14 (ENDE)

HILFT MIR BITTE WER?

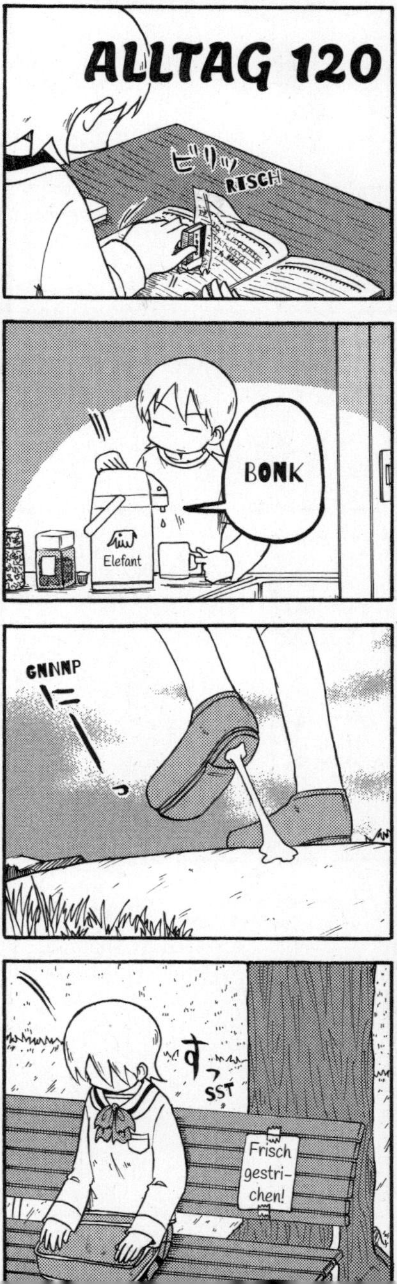
ALLTAG 120
ビリッ
RISCH
BONK
Elefant
GNNNP
すっ
SST
Frisch gestri-chen!

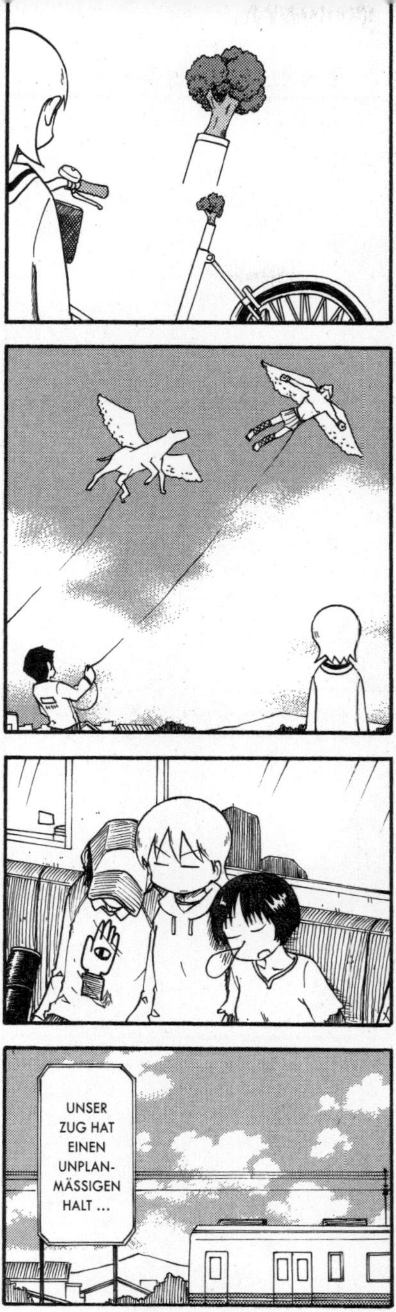
UNSER ZUG HAT EINEN UNPLAN-MÄSSIGEN HALT ...

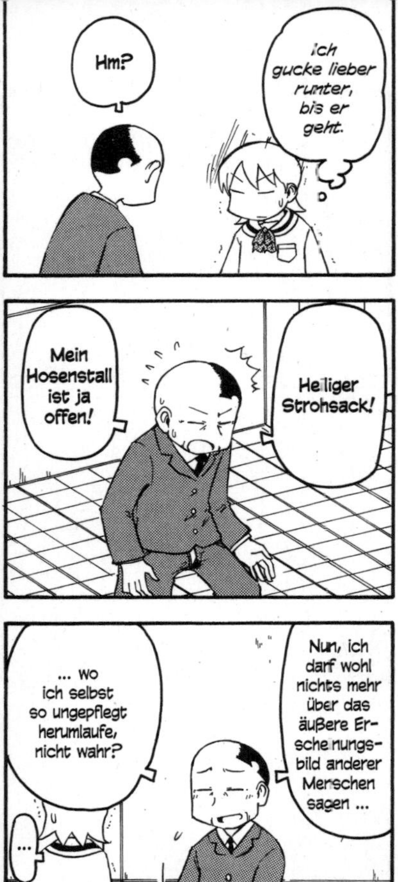
Hm?
Ich gucke lieber runter, bis er geht.
Mein Hosenstall ist ja offen!
Heiliger Strohsack!
... wo ich selbst so ungepflegt herumlaufe, nicht wahr?
Nun, ich darf wohl nichts mehr über das äußere Erscheinungsbild anderer Menschen sagen ...
...
Gehen Sie bitte! Schnell! Gehen Sie einfach ...
Gut, sagen wir, es herrscht Gleichstand zwischen uns!

ALLTAG 120 (ENDE)

EIN GEPFLEGTES ÄUSSERES

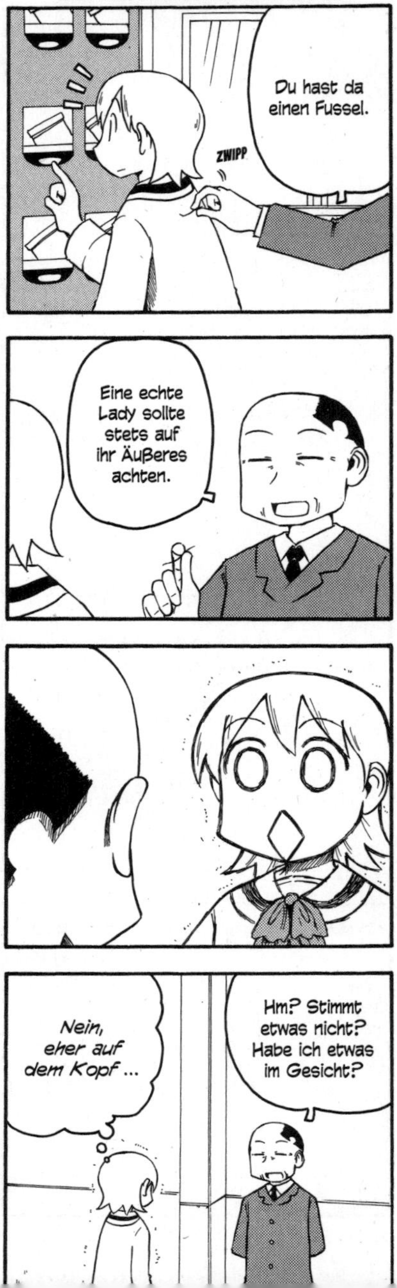
Du hast da einen Fussel.
ZWIPP
Eine echte Lady sollte stets auf ihr Äußeres achten.
Nein, eher auf dem Kopf ...
Hm? Stimmt etwas nicht? Habe ich etwas im Gesicht?

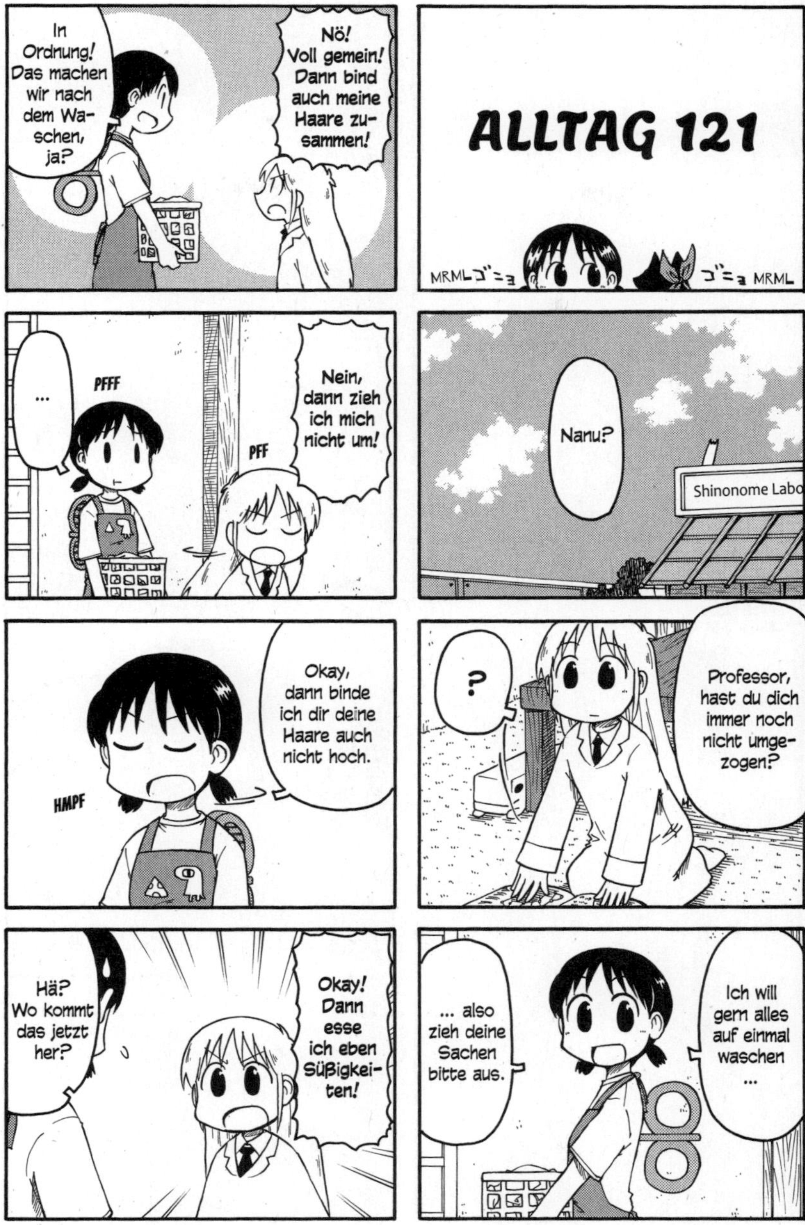
ALLTAG 121
MRML ゴニョ
ゴニョ MRML
Nanu?
Shinonome Labo
Professor, hast du dich immer noch nicht umgezogen?
?
Ich will gern alles auf einmal waschen …
… also zieh deine Sachen bitte aus.
Nö! Voll gemein! Dann bind auch meine Haare zusammen!
In Ordnung! Das machen wir nach dem Waschen, ja?
Nein, dann zieh ich mich nicht um!
PFF
PFFF
…
Okay, dann binde ich dir deine Haare auch nicht hoch.
HMPF
Okay! Dann esse ich eben Süßigkeiten!
Hä? Wo kommt das jetzt her?

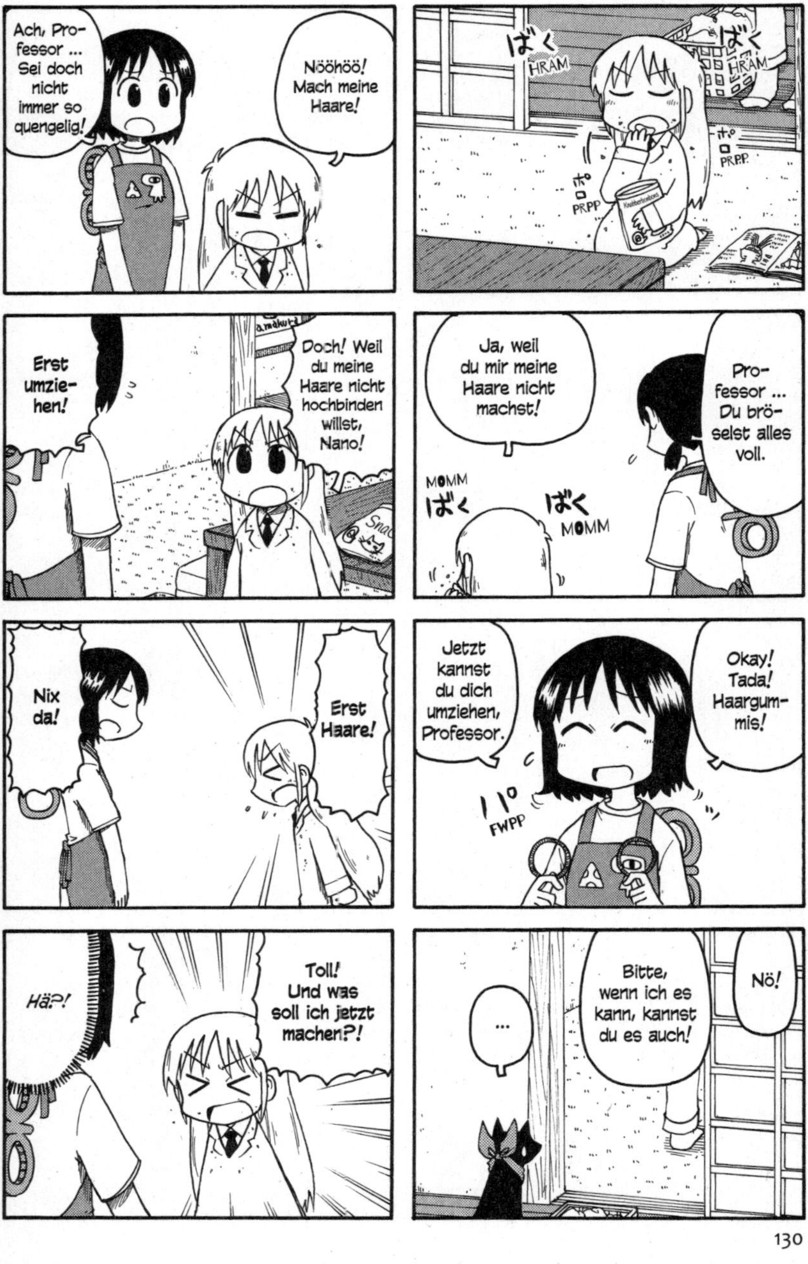
ばく
HRAM
ばく
HRAM
ポロ
PRPP
ポロ
PRPP
Pro-fessor ... Du bröselst alles voll.
Ja, weil du mir meine Haare nicht machst!
ばく
MOMM
ばく
MOMM
Okay! Tada! Haargummis!
Jetzt kannst du dich umziehen, Professor.
パ
FWPP
Nö!
Bitte, wenn ich es kann, kannst du es auch!
...
Nööhöö! Mach meine Haare!
Ach, Professor ... Sei doch nicht immer so quengelig!
Doch! Weil du meine Haare nicht hochbinden willst, Nano!
Erst umziehen!
Erst Haare!
Nix da!
Toll! Und was soll ich jetzt machen?!
Hä?!

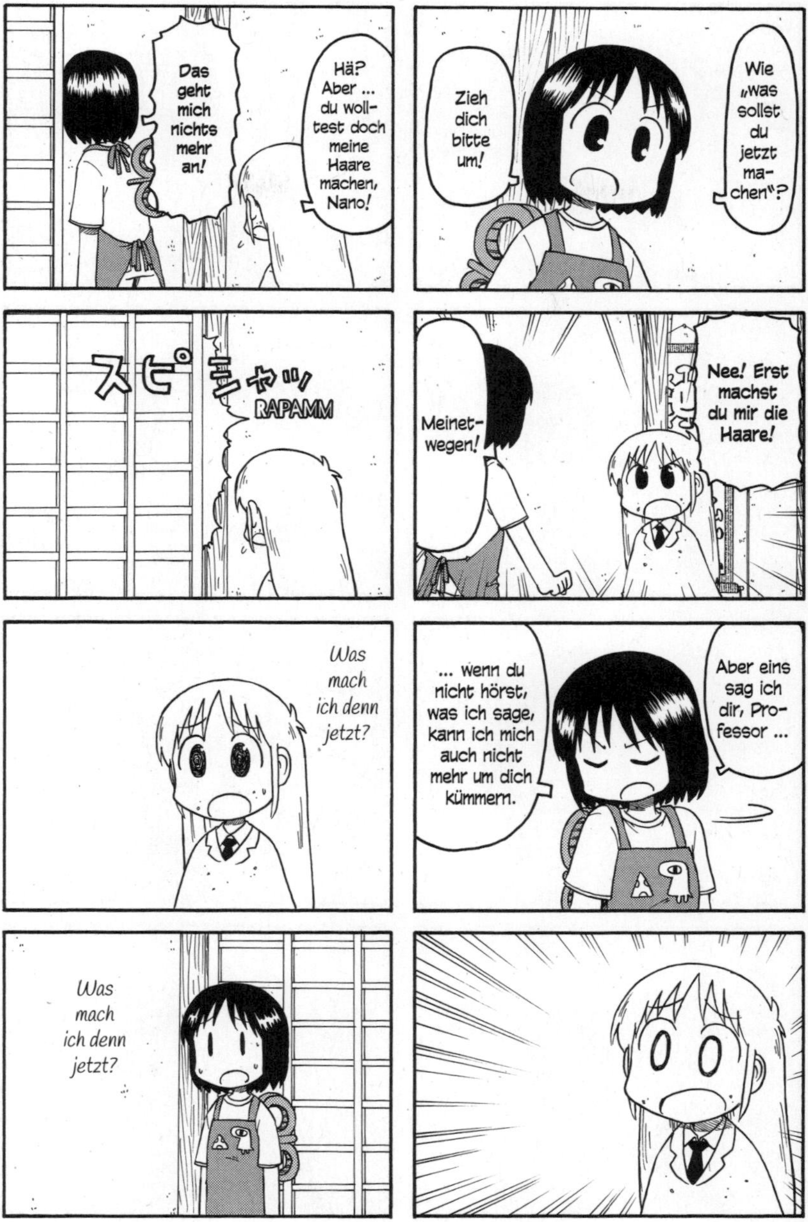
Wie „was sollst du jetzt machen“?
Zieh dich bitte um!
Nee! Erst machst du mir die Haare!
Meinetwegen!
Aber eins sag ich dir, Professor ...
... wenn du nicht hörst, was ich sage, kann ich mich auch nicht mehr um dich kümmern.
Hä? Aber ... du wolltest doch meine Haare machen, Nano!
Das geht mich nichts mehr an!
スピシャッ
RAPAMM
Was mach ich denn jetzt?
Was mach ich denn jetzt?

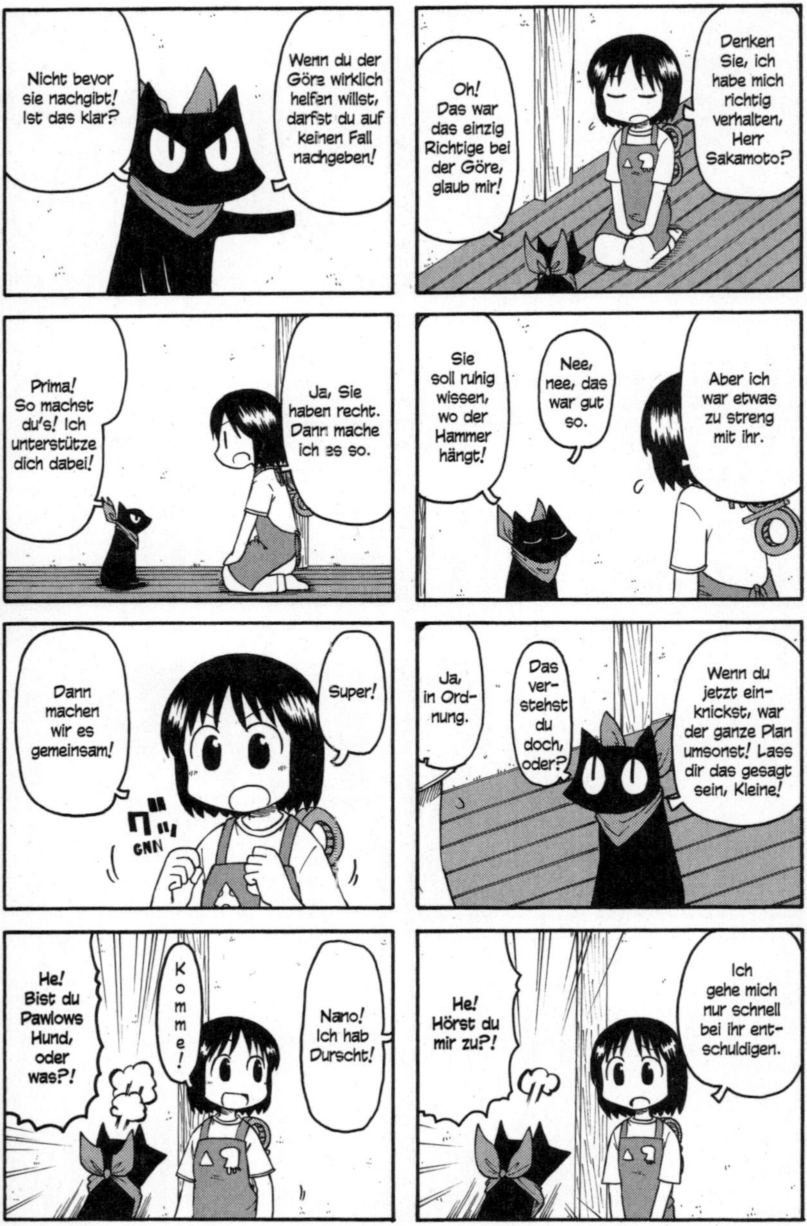
Denken Sie, ich habe mich richtig verhalten, Herr Sakamoto?
Oh! Das war das einzig Richtige bei der Göre, glaub mir!
Aber ich war etwas zu streng mit ihr.
Nee, nee, das war gut so.
Sie soll ruhig wissen, wo der Hammer hängt!
Wenn du jetzt einknickst, war der ganze Plan umsonst! Lass dir das gesagt sein, Kleine!
Das verstehst du doch, oder?
Ja, in Ordnung.
Ich gehe mich nur schnell bei ihr entschuldigen.
He! Hörst du mir zu?!
Wenn du der Göre wirklich helfen willst, darfst du auf keinen Fall nachgeben!
Nicht bevor sie nachgibt! Ist das klar?
Ja, Sie haben recht. Dann mache ich es so.
Prima! So machst du's! Ich unterstütze dich dabei!
Super!
Dann machen wir es gemeinsam!
GNN
Komme!
Nano! Ich hab Durscht!
He! Bist du Pawlows Hund, oder was?!

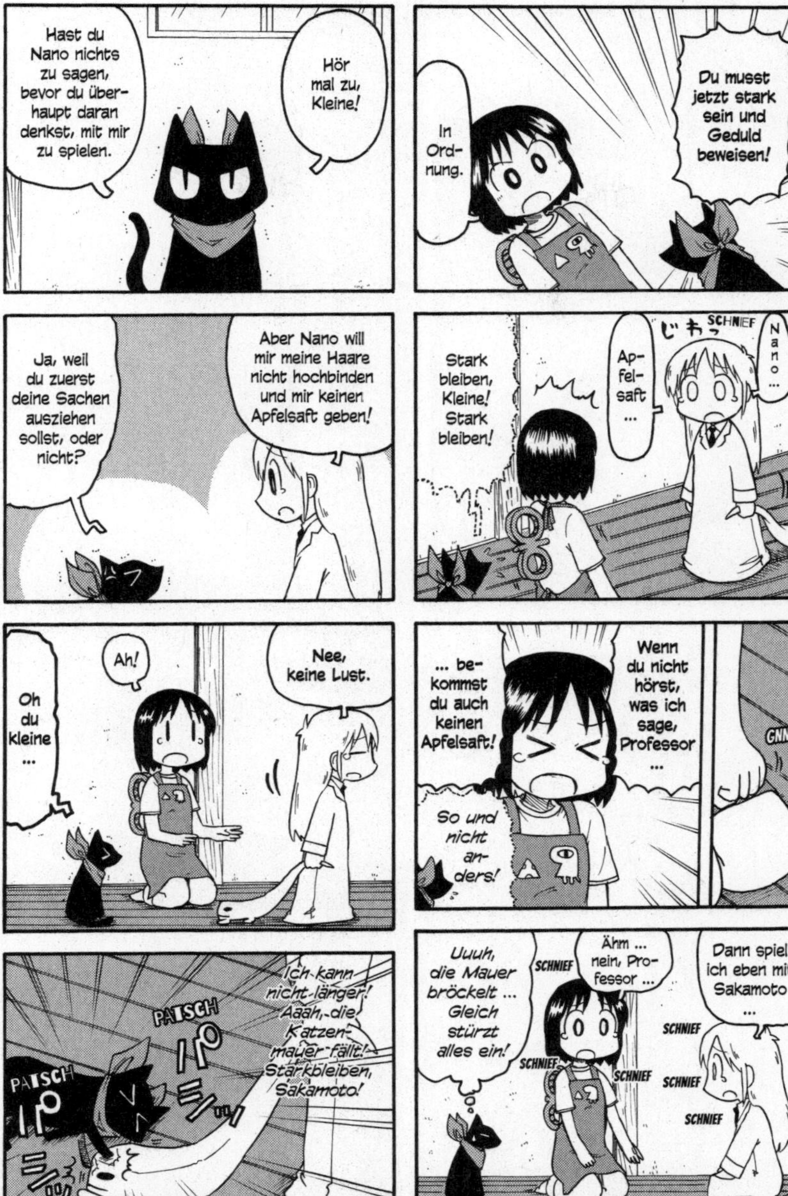
Du musst jetzt stark sein und Geduld beweisen!
In Ordnung.
Nano ...
SCHNIEF
Apfelsaft ...
Stark bleiben, Kleine! Stark bleiben!
Wenn du nicht hörst, was ich sage, Professor ...
... bekommst du auch keinen Apfelsaft!
So und nicht anders!
GNN
Dann spiel ich eben mit Sakamoto ...
SCHNIEF
SCHNIEF
SCHNIEF
Ähm ... nein, Professor ...
SCHNIEF
Uuuh, die Mauer bröckelt ... Gleich stürzt alles ein!
SCHNIEF
SCHNIEF
Hör mal zu, Kleine!
Hast du Nano nichts zu sagen, bevor du überhaupt daran denkst, mit mir zu spielen.
Aber Nano will mir meine Haare nicht hochbinden und mir keinen Apfelsaft geben!
Ja, weil du zuerst deine Sachen ausziehen sollst, oder nicht?
Nee, keine Lust.
Ah!
Oh du kleine ...
Ich kann nicht länger! Aaah, die Katzenmauer fällt! Starkbleiben, Sakamoto!
PATSCH
PATSCH

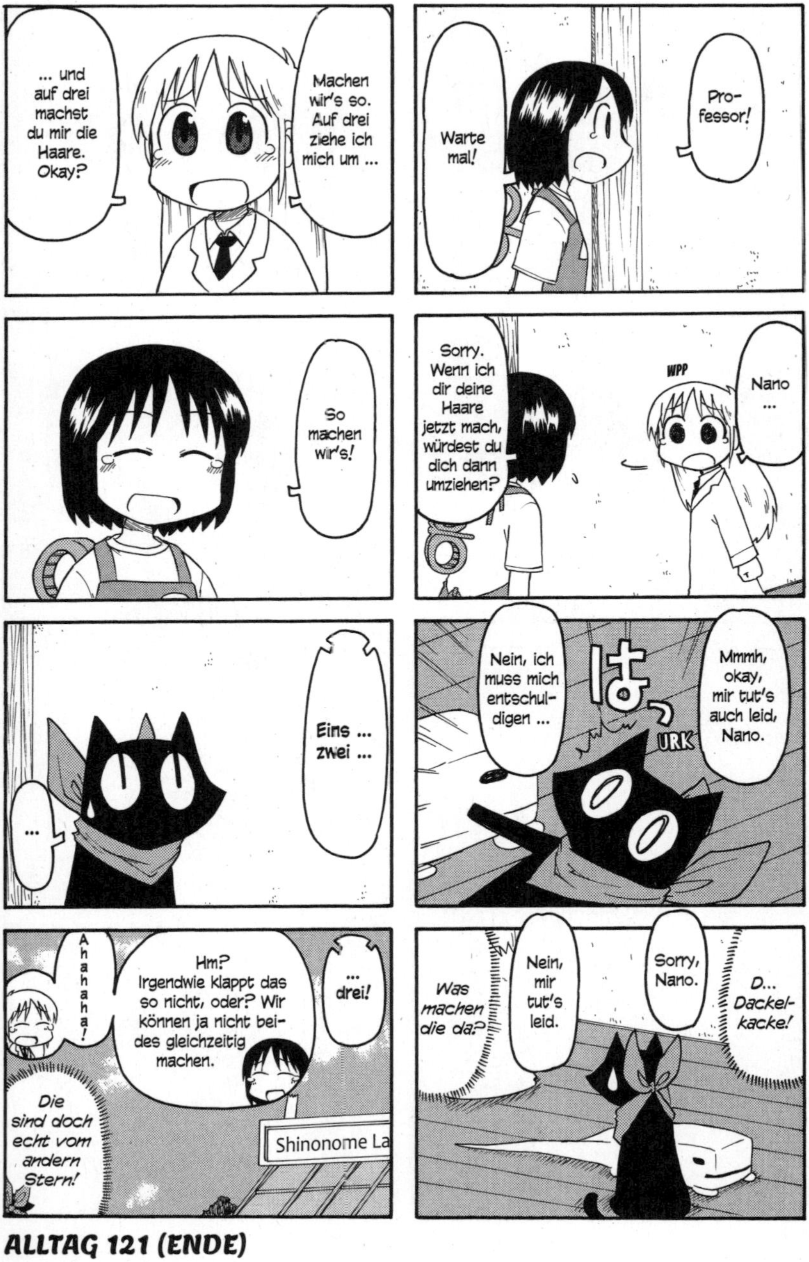
Professor!
Warte mal!
Nano ...
WPP
Sorry. Wenn ich dir deine Haare jetzt mach, würdest du dich dann umziehen?
Mmmh, okay, mir tut's auch leid, Nano.
はっ
URK
Nein, ich muss mich entschuldigen ...
D... Dackelkacke!
Sorry, Nano.
Nein, mir tut's leid.
Was machen die da?
Machen wir's so. Auf drei ziehe ich mich um ...
... und auf drei machst du mir die Haare. Okay?
So machen wir's!
Eins ... zwei ...
...
... drei!
Hm? Irgendwie klappt das so nicht, oder? Wir können ja nicht beides gleichzeitig machen.
Ahahaha!
Die sind doch echt vom andern Stern!
Shinonome La

ALLTAG 121 (ENDE)

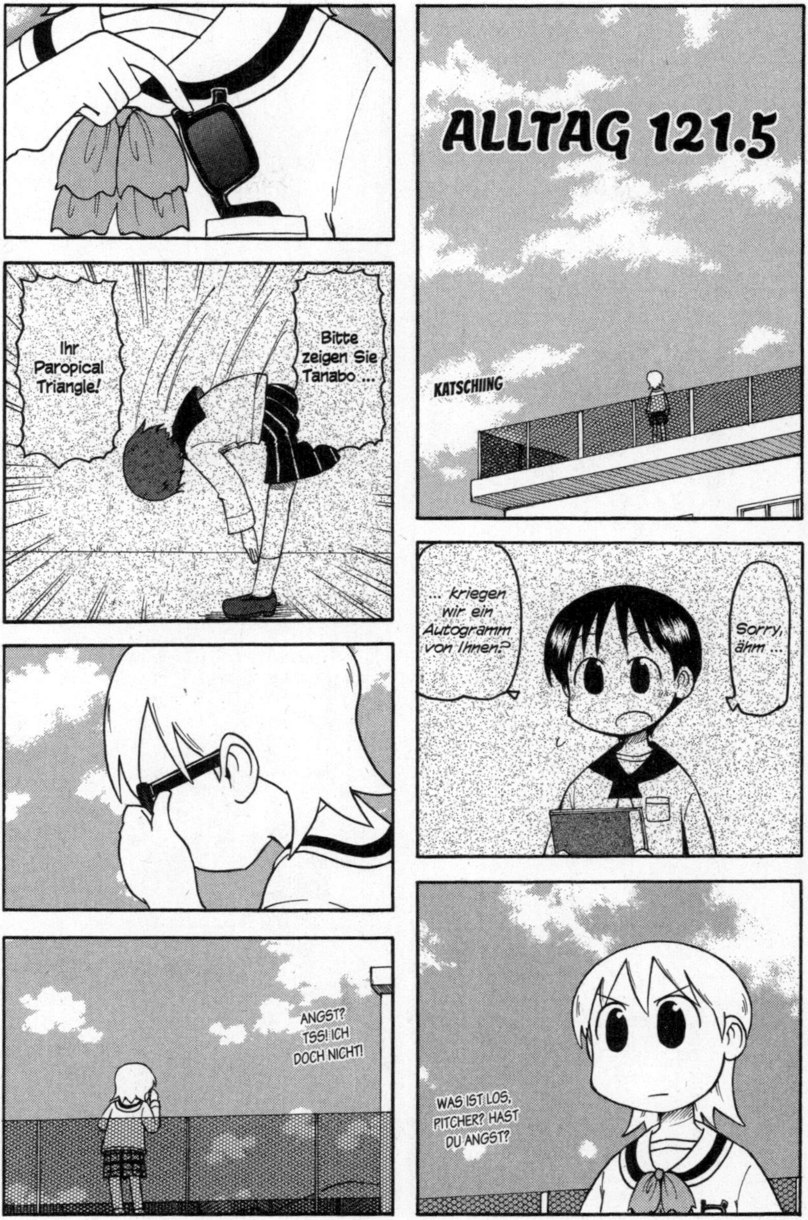
ALLTAG 121.5
KATSCHIING
Sorry, ähm ...
... kriegen wir ein Autogramm von Ihnen?
Bitte zeigen Sie Tanabo ...
Ihr Paropical Triangle!
WAS IST LOS, PITCHER? HAST DU ANGST?
ANGST? TSS! ICH DOCH NICHT!

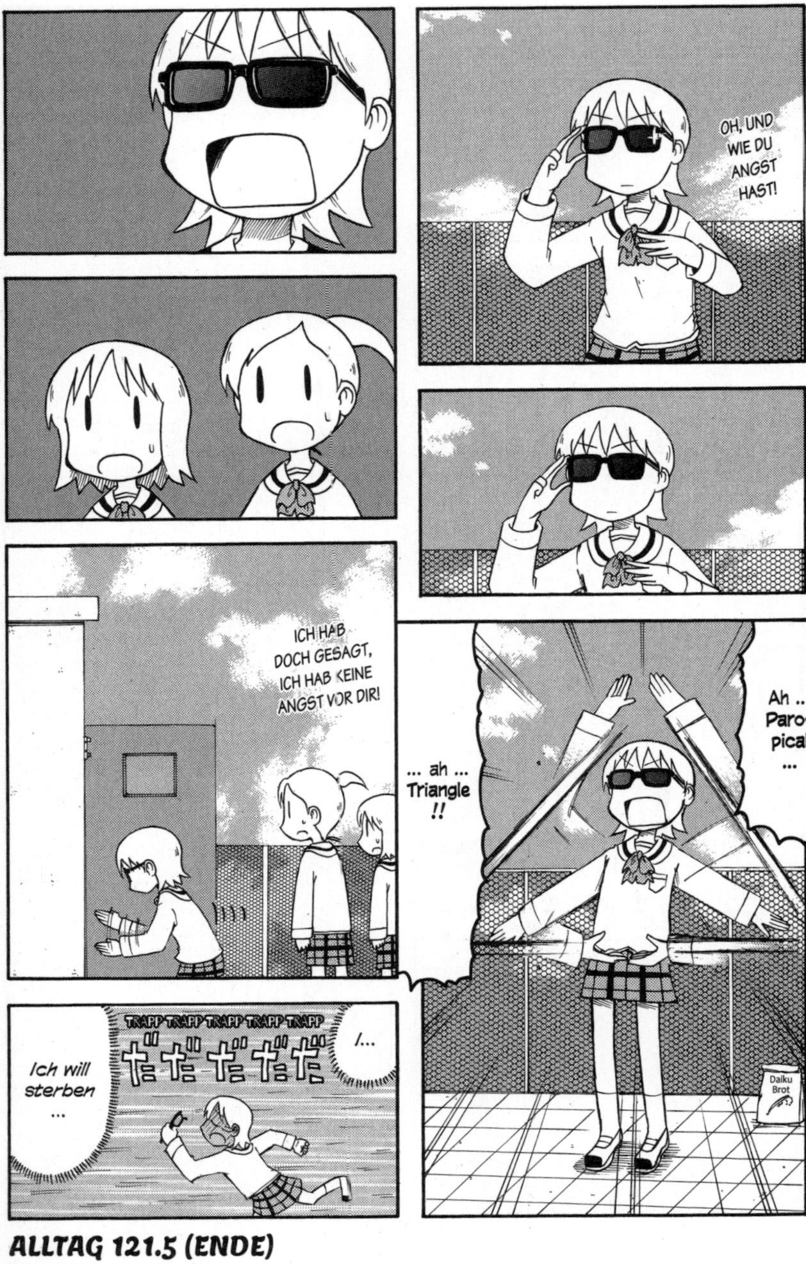
OH, UND WIE DU ANGST HAST!
Ah ... Paro-pical ...
... ah ... Triangle !!
Daiku Brot
ICH HAB DOCH GESAGT, ICH HAB KEINE ANGST VOR DIR!
/...
TRAPP TRAPP TRAPP TRAPP TRAPP
Ich will sterben ...

ALLTAG 121.5 (ENDE)

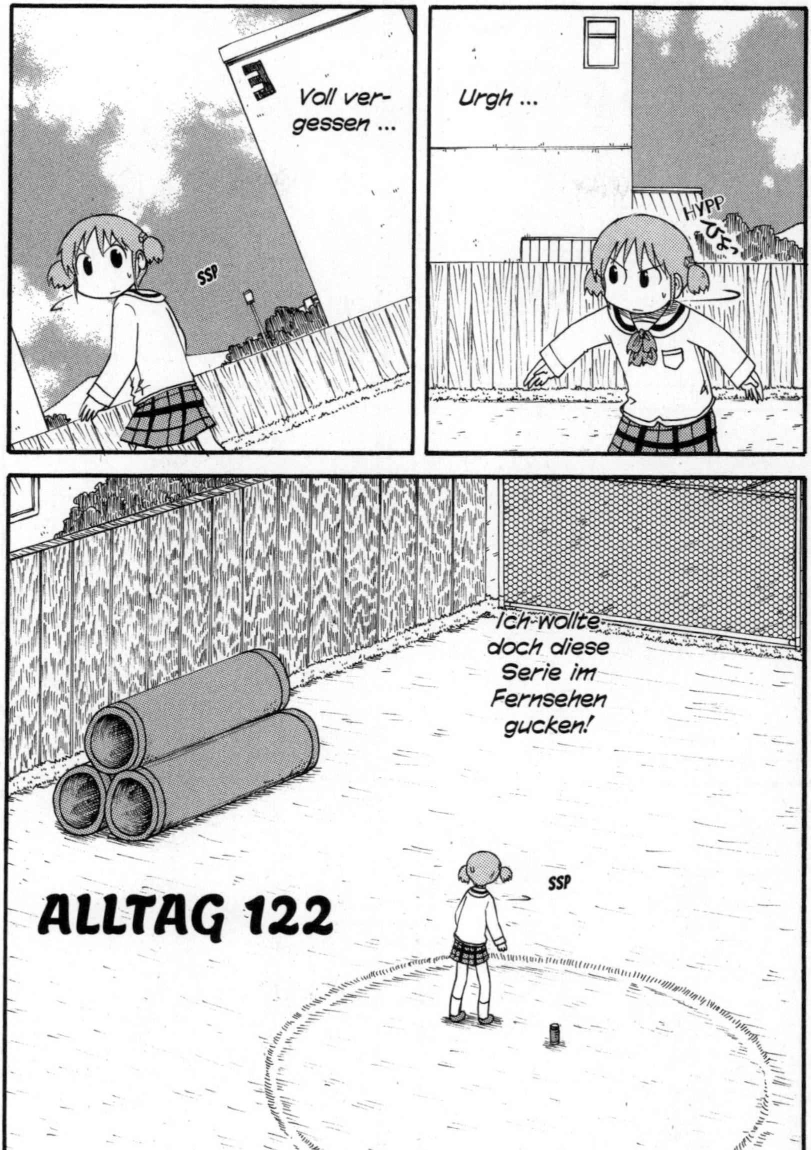
Urgh ...
HYPP
ひょっ
Voll ver-
gessen ...
SSP
Ich wollte
doch diese
Serie im
Fernsehen
gucken!
ALLTAG 122
SSP

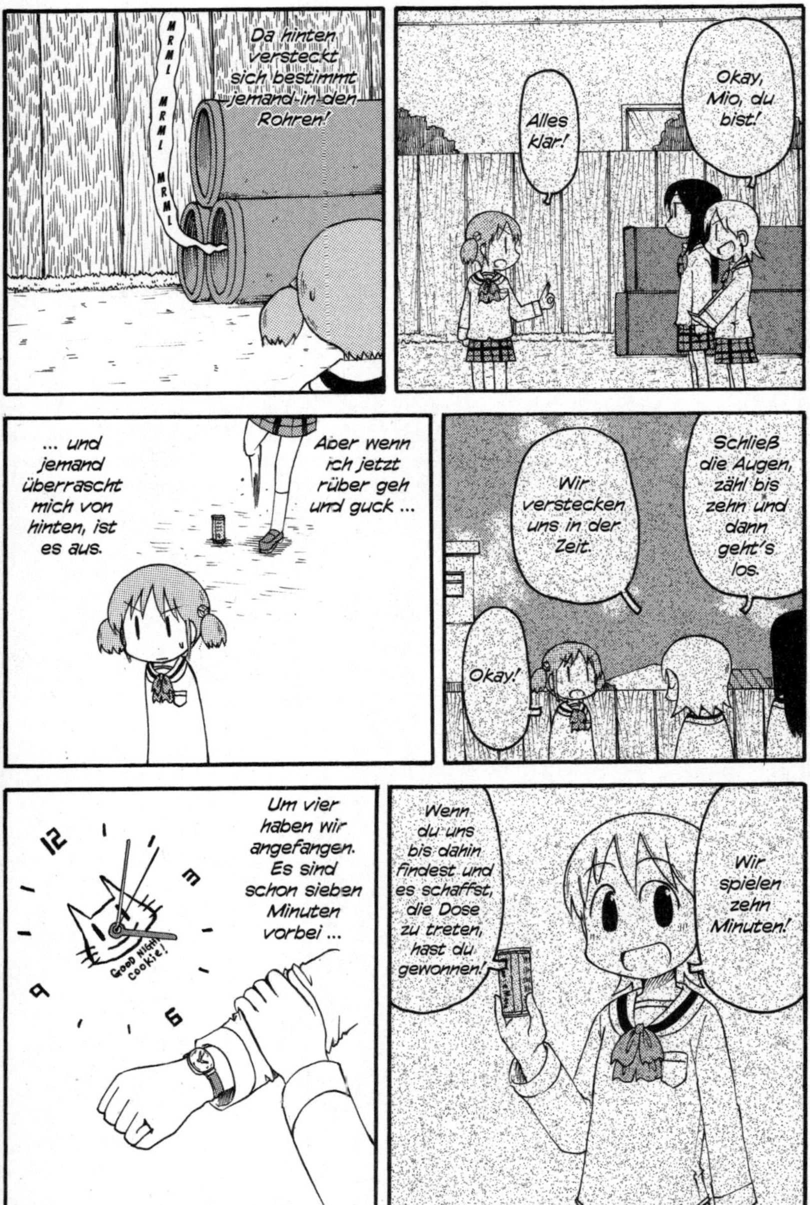
Okay, Mio, du bist!
Alles klar!
MRML MRML MRML
Da hinten versteckt sich bestimmt jemand in den Rohren!
Schließ die Augen, zähl bis zehn und dann geht's los.
Wir verstecken uns in der Zeit.
Okay!
Aber wenn ich jetzt rüber geh und guck ...
... und jemand überrascht mich von hinten, ist es aus.
Wir spielen zehn Minuten!
Wenn du uns bis dahin findest und es schaffst, die Dose zu treten, hast du gewonnen!
Um vier haben wir angefangen. Es sind schon sieben Minuten vorbei ...
GOOD NIGHT cookie!

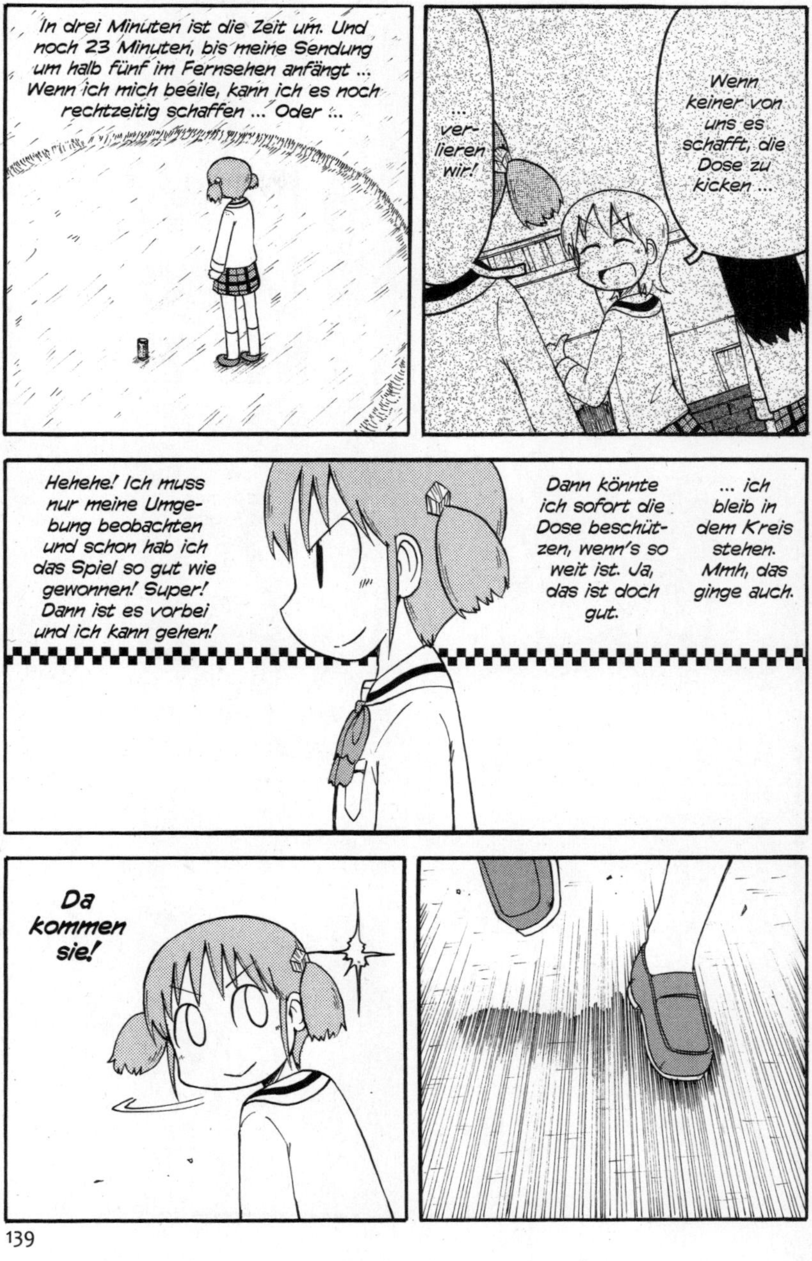
Wenn keiner von uns es schafft, die Dose zu kicken ...
... verlieren wir!
In drei Minuten ist die Zeit um. Und noch 23 Minuten, bis meine Sendung um halb fünf im Fernsehen anfängt ... Wenn ich mich beeile, kann ich es noch rechtzeitig schaffen ... Oder ...
... ich bleib in dem Kreis stehen. Mmh, das ginge auch.
Dann könnte ich sofort die Dose beschützen, wenn's so weit ist. Ja, das ist doch gut.
Hehehe! Ich muss nur meine Umgebung beobachten und schon hab ich das Spiel so gut wie gewonnen! Super! Dann ist es vorbei und ich kann gehen!
Da kommen sie!

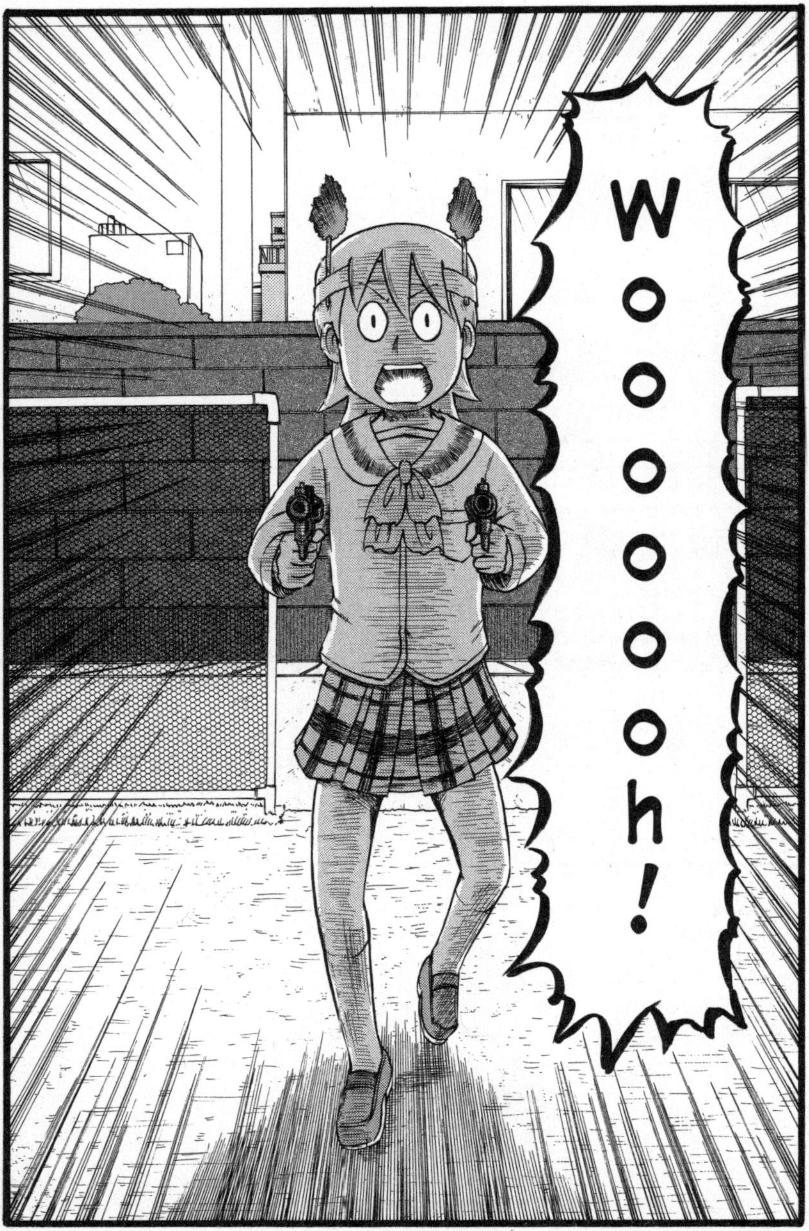
Wooooooh!

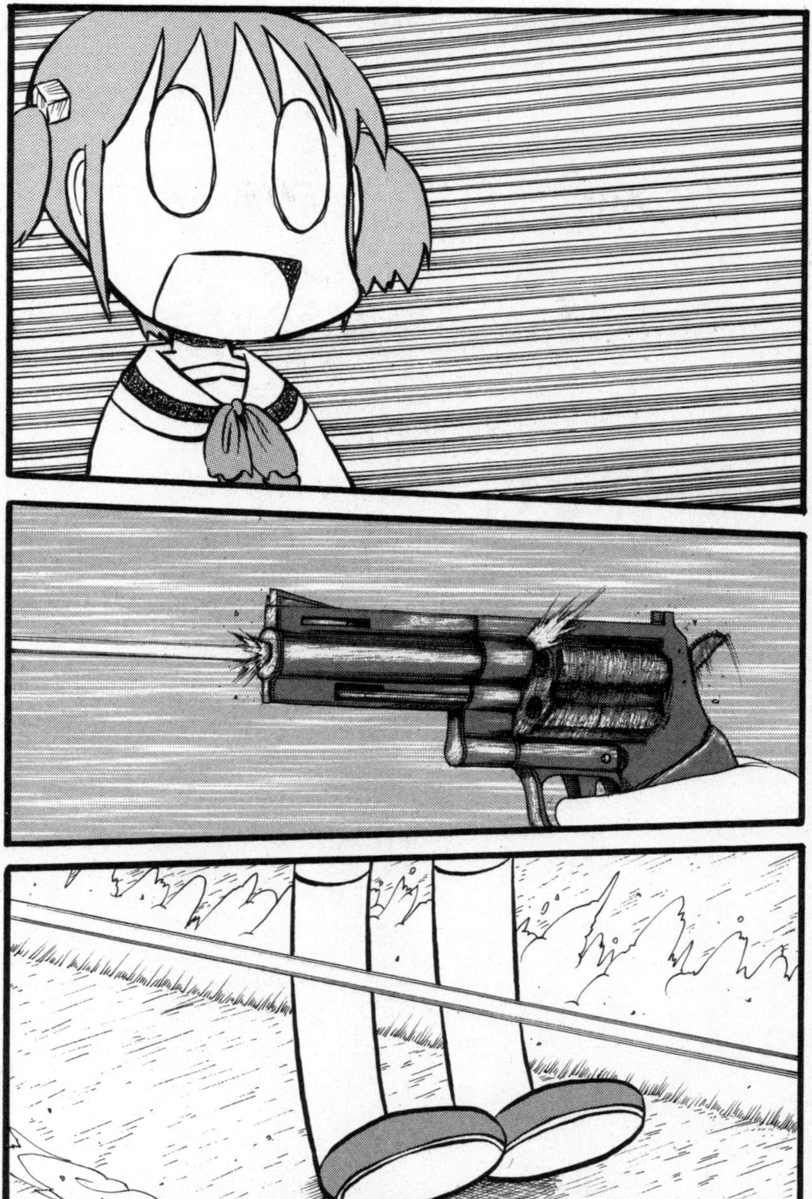

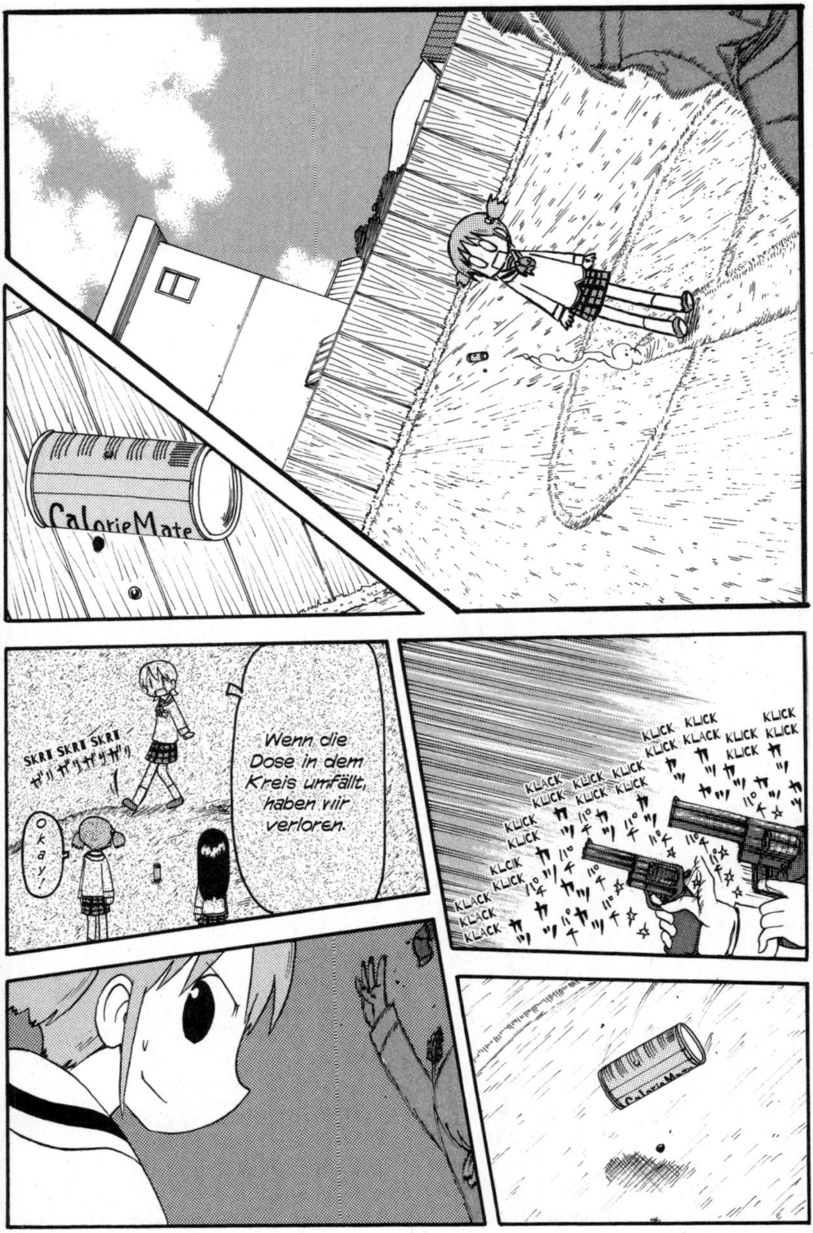
CalorieMate
KLICK KLICK
KLICK KLACK KLICK KLICK
KLICK KLICK KLICK
KLICK KLICK
KLACK KLICK
KLICK KLICK
KLICK
KLICK
KLCIK
KLICK
KLACK
KLACK
KLACK
Wenn die Dose in dem Kreis umfällt, haben wir verloren.
SKRI SKRI SKRI
Okay!
CalorieMate

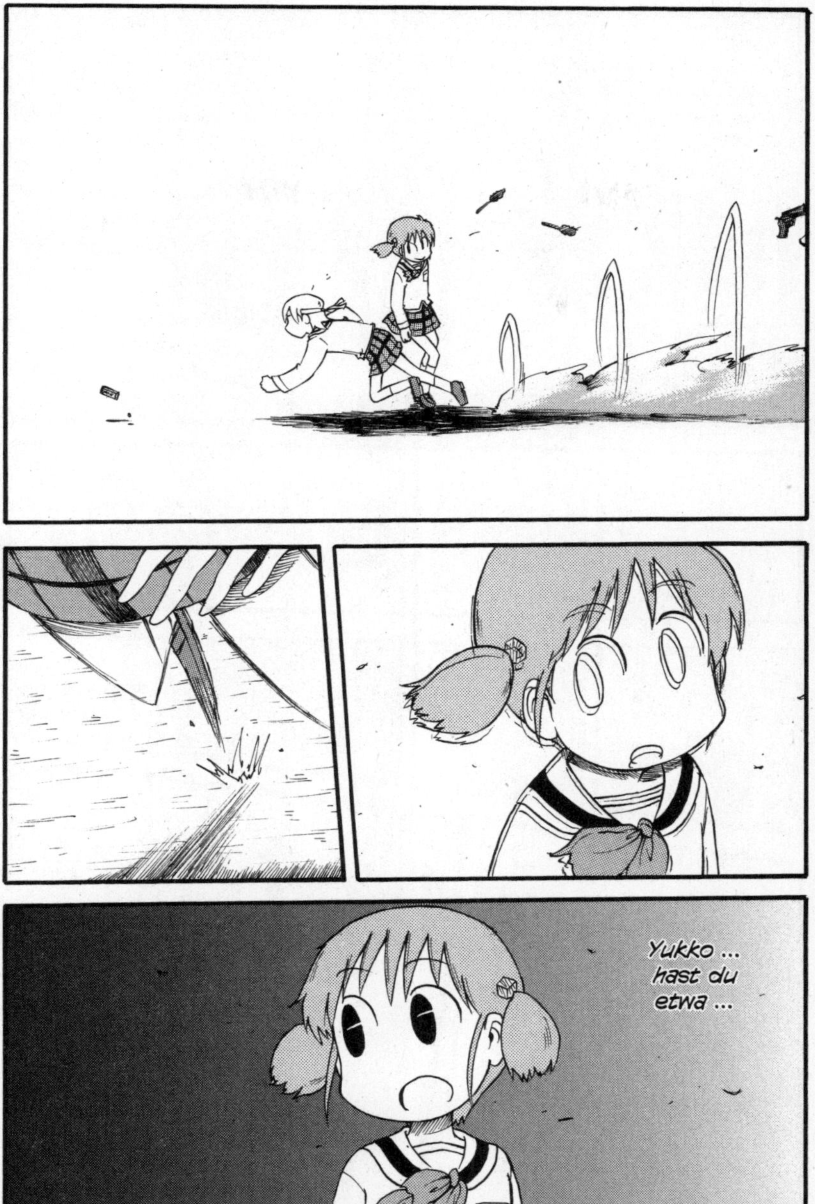
Yukko ...
hast du
etwa ...

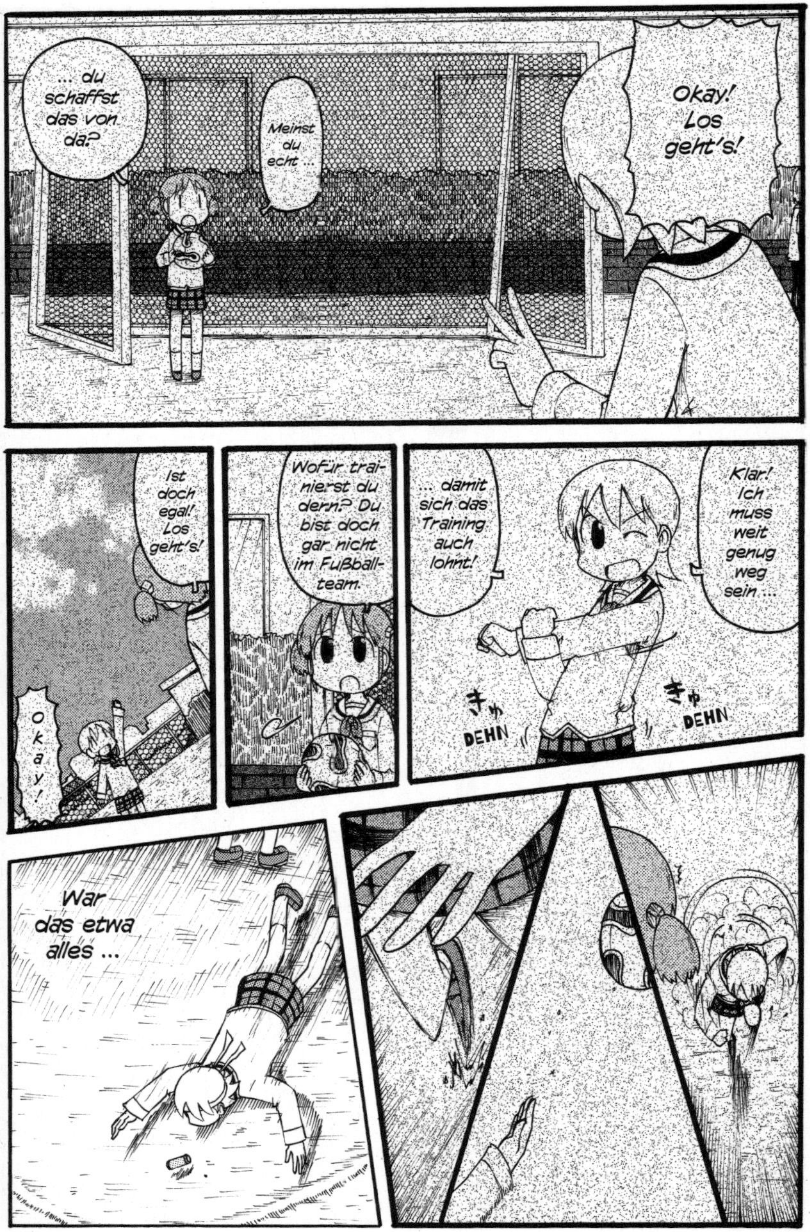
Okay! Los geht's!
Meinst du echt ...
... du schaffst das von da?
Klar! Ich muss weit genug weg sein ...
... damit sich das Training auch lohnt!
きゅ DEHN
きゅ DEHN
Wofür trainierst du denn? Du bist doch gar nicht im Fußballteam.
Ist doch egal! Los geht's!
Okay!
War das etwa alles ...

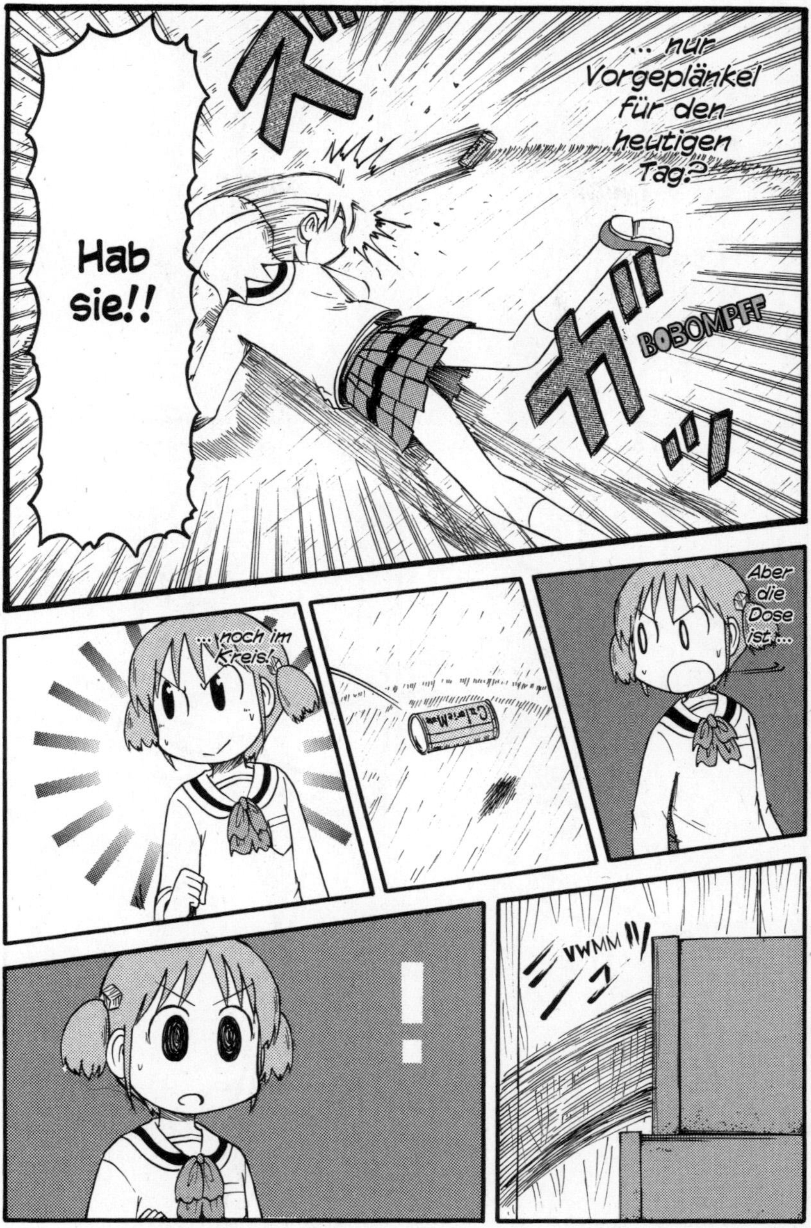
... nur Vorgeplänkel für den heutigen Tag?
Hab sie!!
BOBOMPFF
Aber die Dose ist ...
... noch im Kreis!
VWMM
!

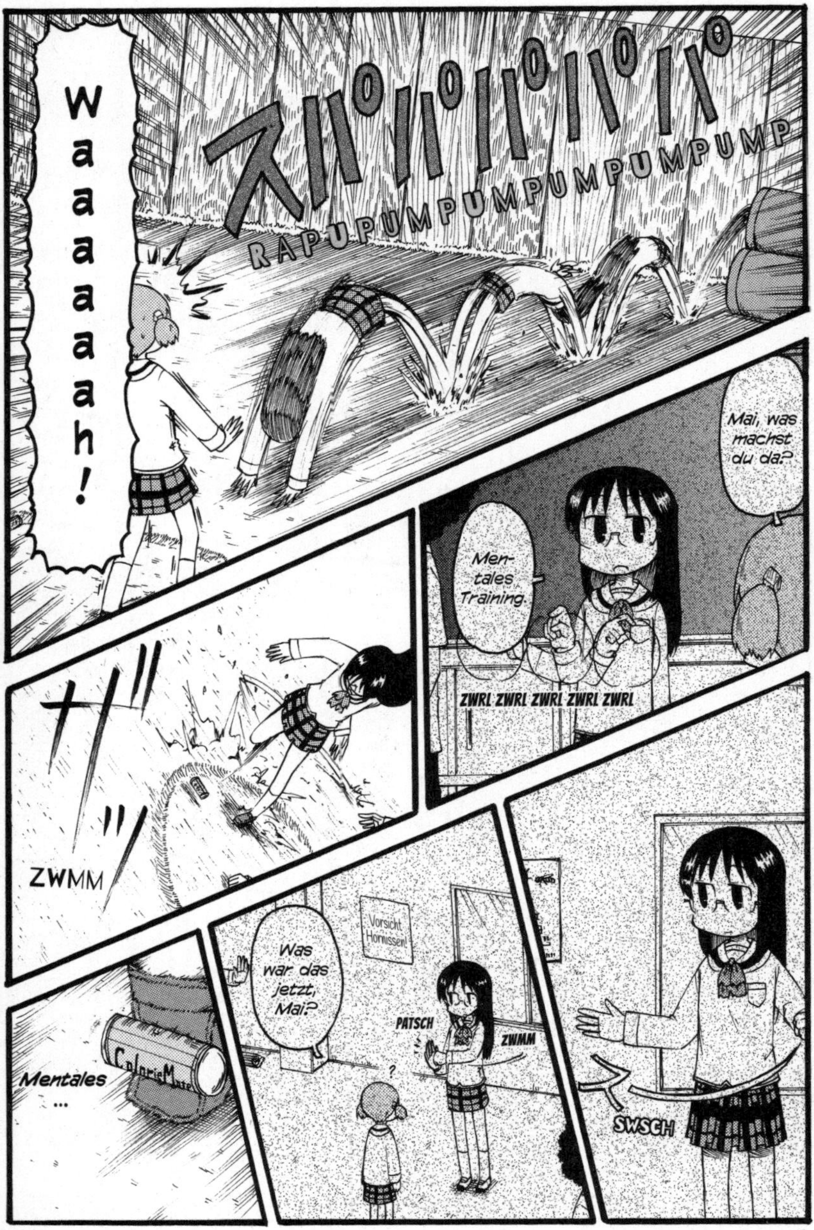
Waaaaaaaah!
スパパパパパ
RAPUPUMPUMPUMPUMPUMP
Mai, was machst du da?
Mentales Training.
ZWRL ZWRL ZWRL ZWRL ZWRL
ZWMM
SWSCH
Vorsicht Hornissen!
Was war das jetzt, Mai?
PATSCH
ZWMM
?
Mentales ...

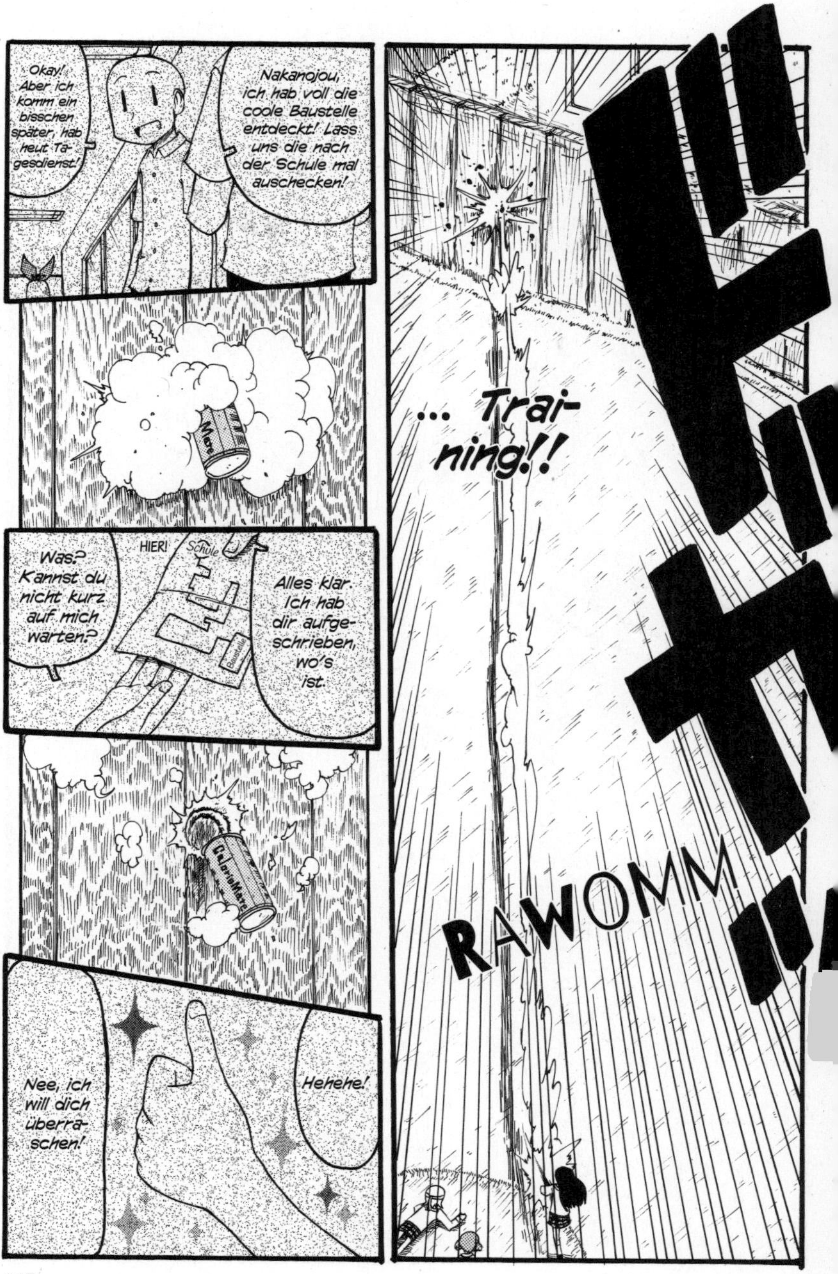

... Training!!
RAWOMM
Nakanojou, ich hab voll die coole Baustelle entdeckt! Lass uns die nach der Schule mal auschecken!
Okay! Aber ich komm ein bisschen später, hab heut Tagesdienst!
Mare
Alles klar. Ich hab dir aufgeschrieben, wo's ist.
HIER!
Schule
Baustelle
Was? Kannst du nicht kurz auf mich warten?
CalorieMare
Hehehe!
Nee, ich will dich überraschen!

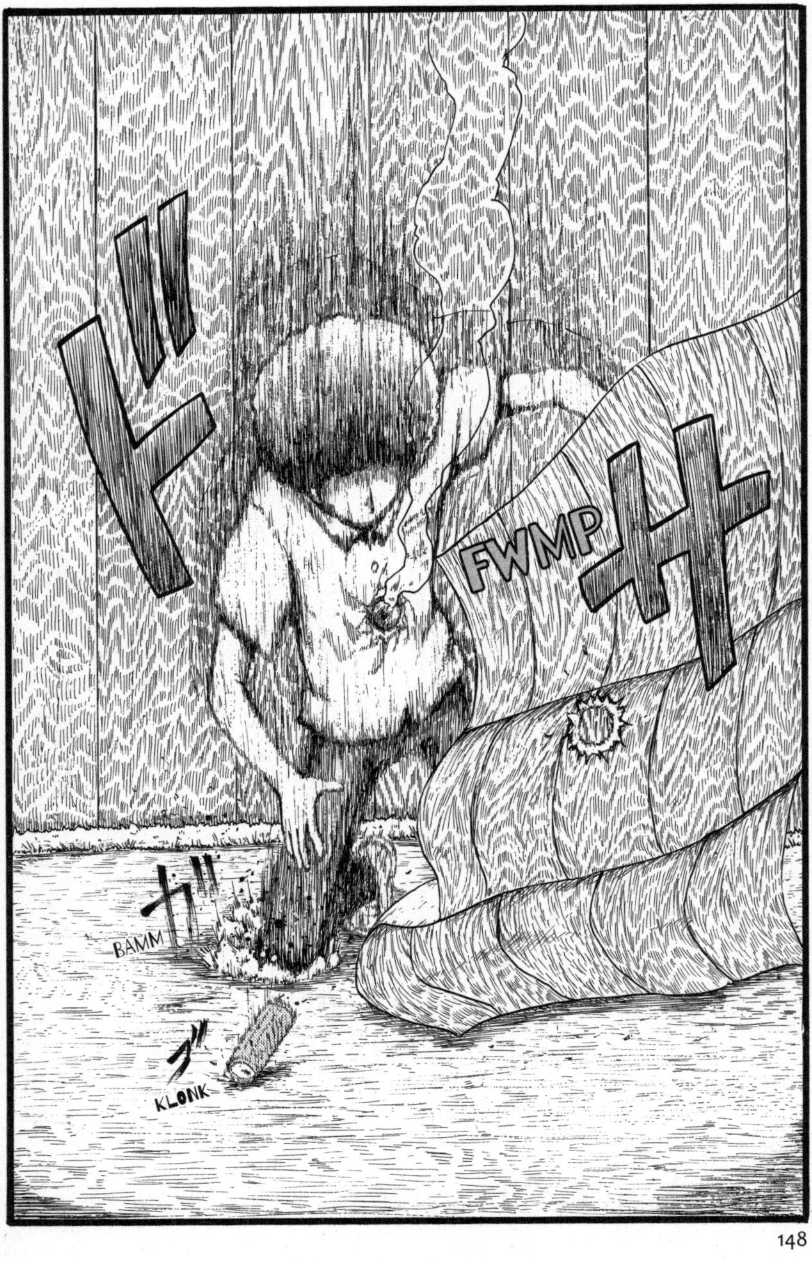
ド
FWMP
ザ
BAMM
ゴ
KLONK

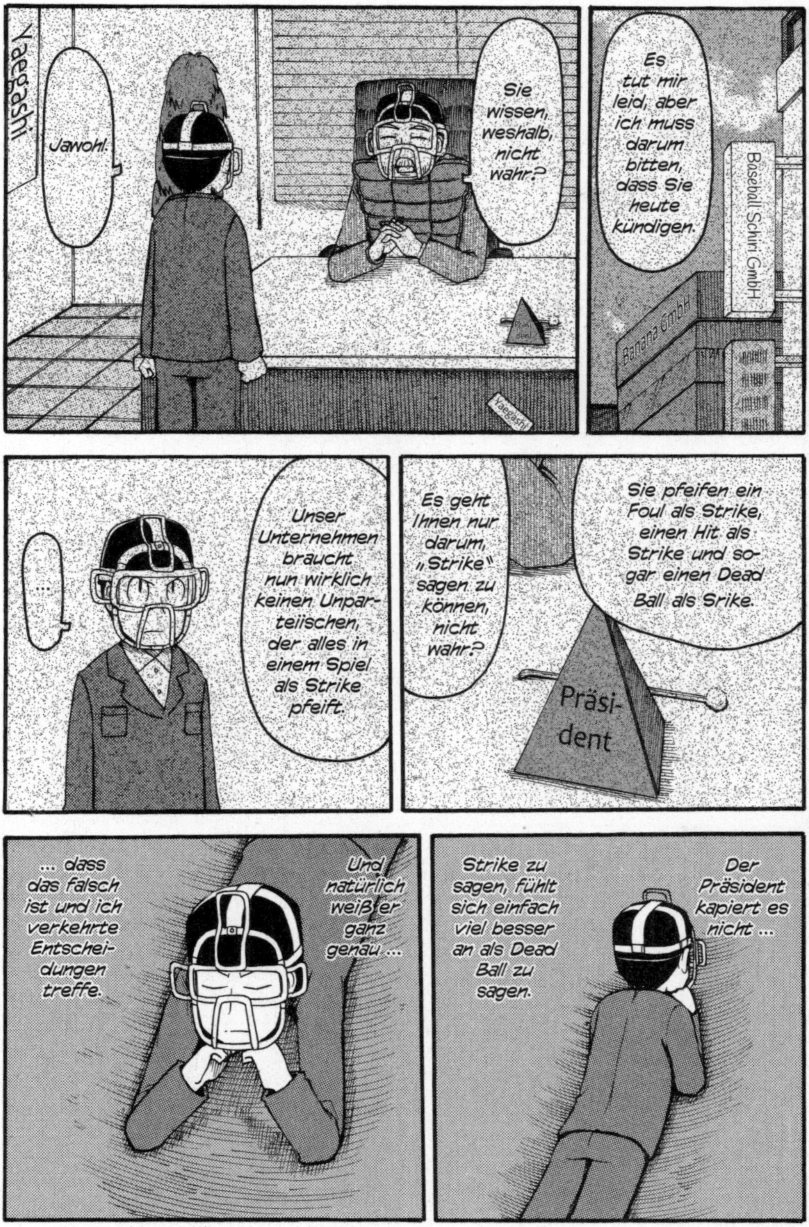
Es tut mir leid, aber ich muss darum bitten, dass Sie heute kündigen.
Baseball Schiri GmbH
Banana GmbH
Yaegashi
Sie wissen, weshalb, nicht wahr?
Jawohl.
Yaegashi
Sie pfeifen ein Foul als Strike, einen Hit als Strike und sogar einen Dead Ball als Srike.
Es geht Ihnen nur darum, „Strike" sagen zu können, nicht wahr?
Präsident
Unser Unternehmen braucht nun wirklich keinen Unparteiischen, der alles in einem Spiel als Strike pfeift.
...
Der Präsident kapiert es nicht ...
Strike zu sagen, fühlt sich einfach viel besser an als Dead Ball zu sagen.
Und natürlich weiß er ganz genau ...
... dass das falsch ist und ich verkehrte Entscheidungen treffe.

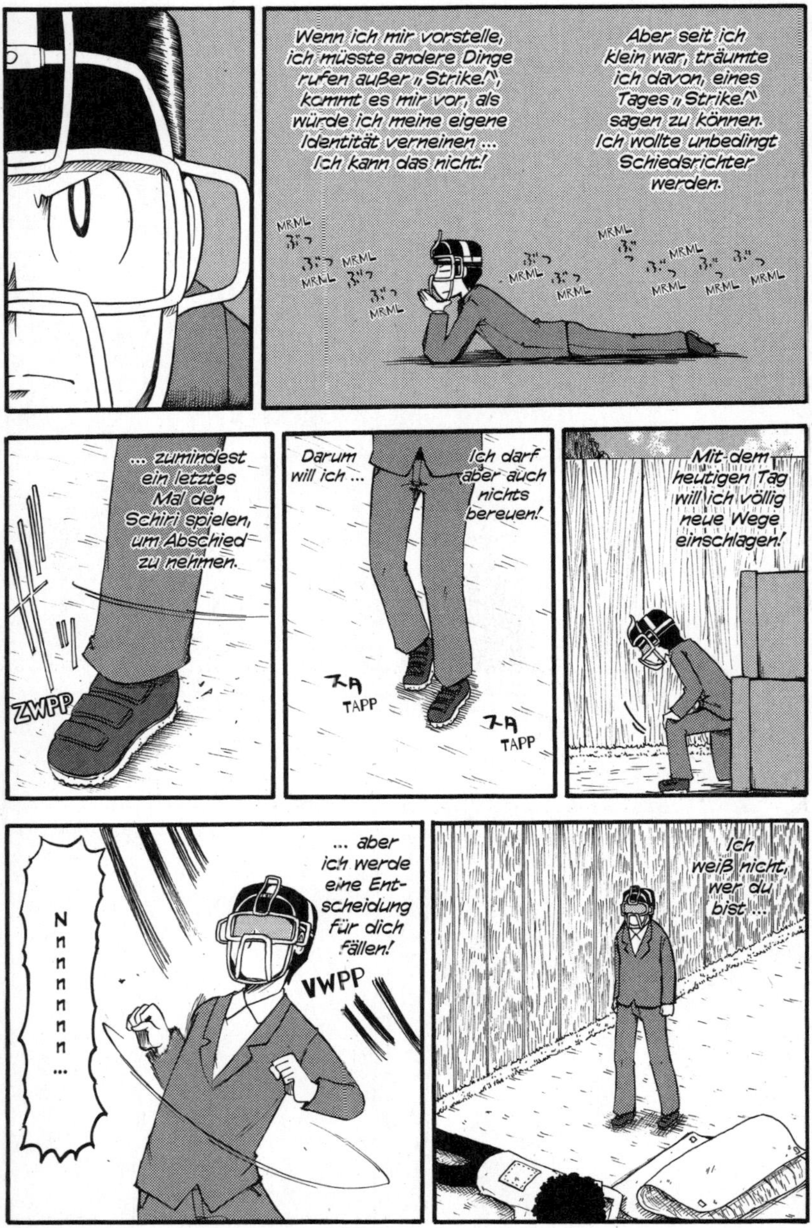
Aber seit ich klein war, träumte ich davon, eines Tages „Strike!“ sagen zu können. Ich wollte unbedingt Schiedsrichter werden.
Wenn ich mir vorstelle, ich müsste andere Dinge rufen außer „Strike!“, kommt es mir vor, als würde ich meine eigene Identität verneinen ... Ich kann das nicht!
MRML MRML MRML MRML MRML MRML MRML MRML MRML MRML
Mit dem heutigen Tag will ich völlig neue Wege einschlagen!
Ich darf aber auch nichts bereuen!
Darum will ich ...
TAPP
TAPP
... zumindest ein letztes Mal den Schiri spielen, um Abschied zu nehmen.
ZWPP
Ich weiß nicht, wer du bist ...
... aber ich werde eine Entscheidung für dich fällen!
VWPP
Nnnnnnnn ...!

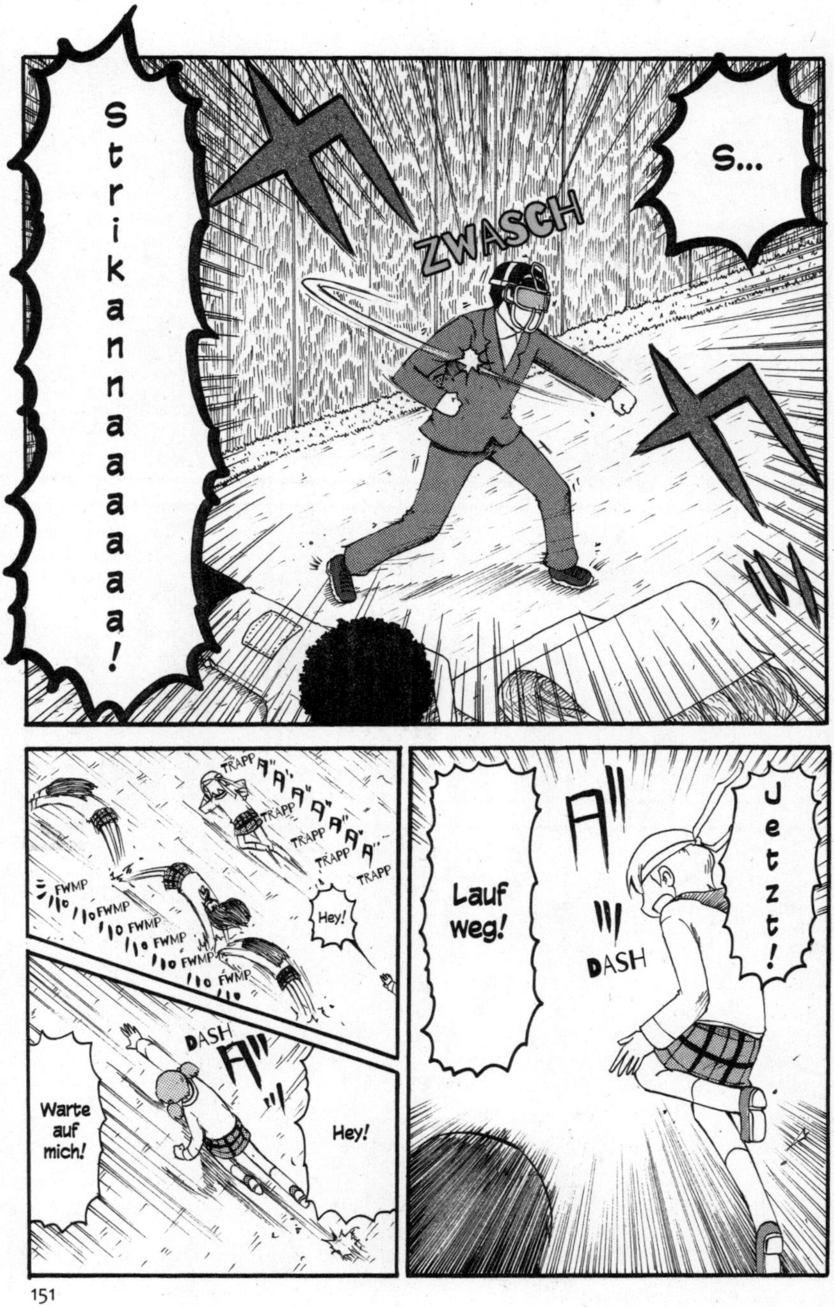
S...
ZWASCH
Strikannaaaaaa!
Jetzt!
DASH
Lauf weg!
TRAPP
TRAPP
TRAPP
TRAPP
TRAPP
Hey!
FWMP
FWMP
FWMP
FWMP
FWMP
FWMP
Hey!
DASH
Warte auf mich!

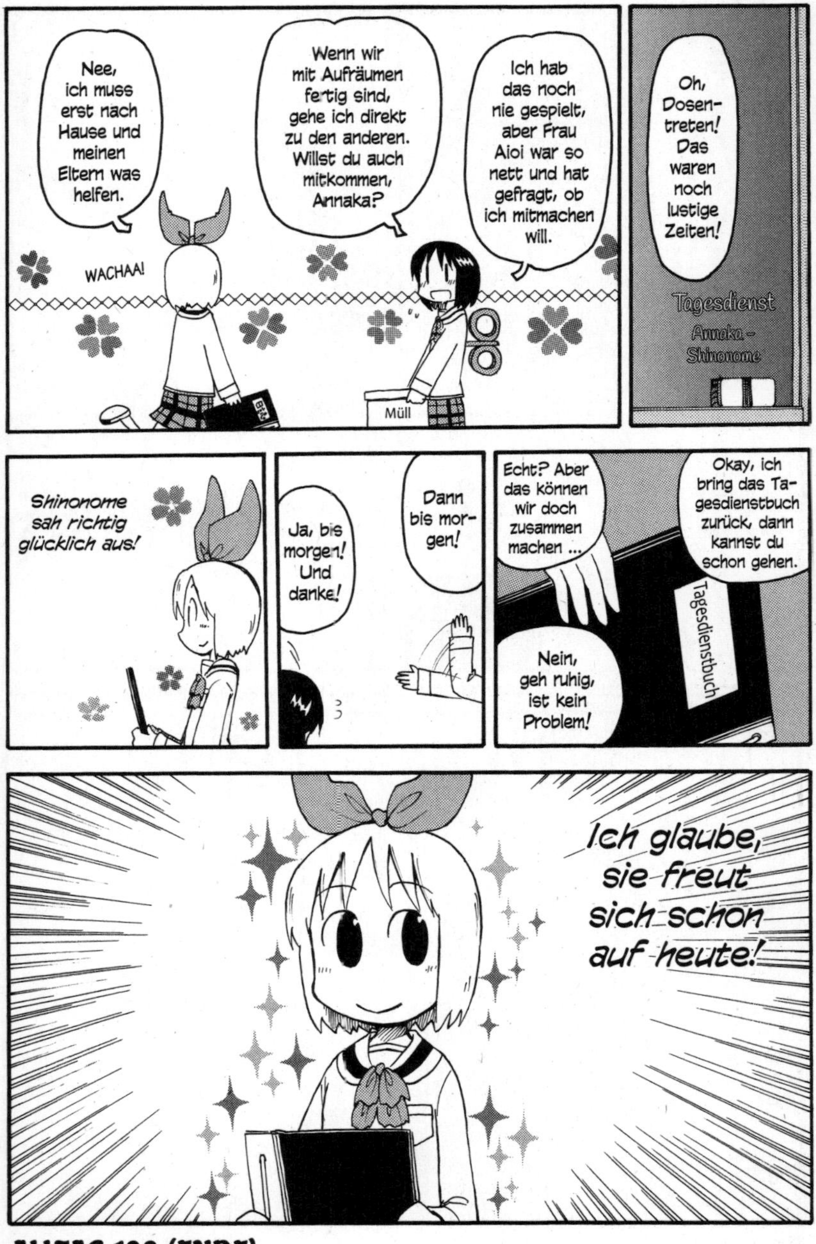

Oh, Dosen-treten! Das waren noch lustige Zeiten!
Tagesdienst
Annaka – Shinonome
Ich hab das noch nie gespielt, aber Frau Aioi war so nett und hat gefragt, ob ich mitmachen will.
Wenn wir mit Aufräumen fertig sind, gehe ich direkt zu den anderen. Willst du auch mitkommen, Annaka?
Nee, ich muss erst nach Hause und meinen Eltern was helfen.
WACHAA!
Müll
Okay, ich bring das Tagesdienstbuch zurück, dann kannst du schon gehen.
Echt? Aber das können wir doch zusammen machen ...
Tagesdienstbuch
Nein, geh ruhig, ist kein Problem!
Dann bis morgen!
Ja, bis morgen! Und danke!
Shinonome sah richtig glücklich aus!
Ich glaube, sie freut sich schon auf heute!

ALLTAG 122 (ENDE)

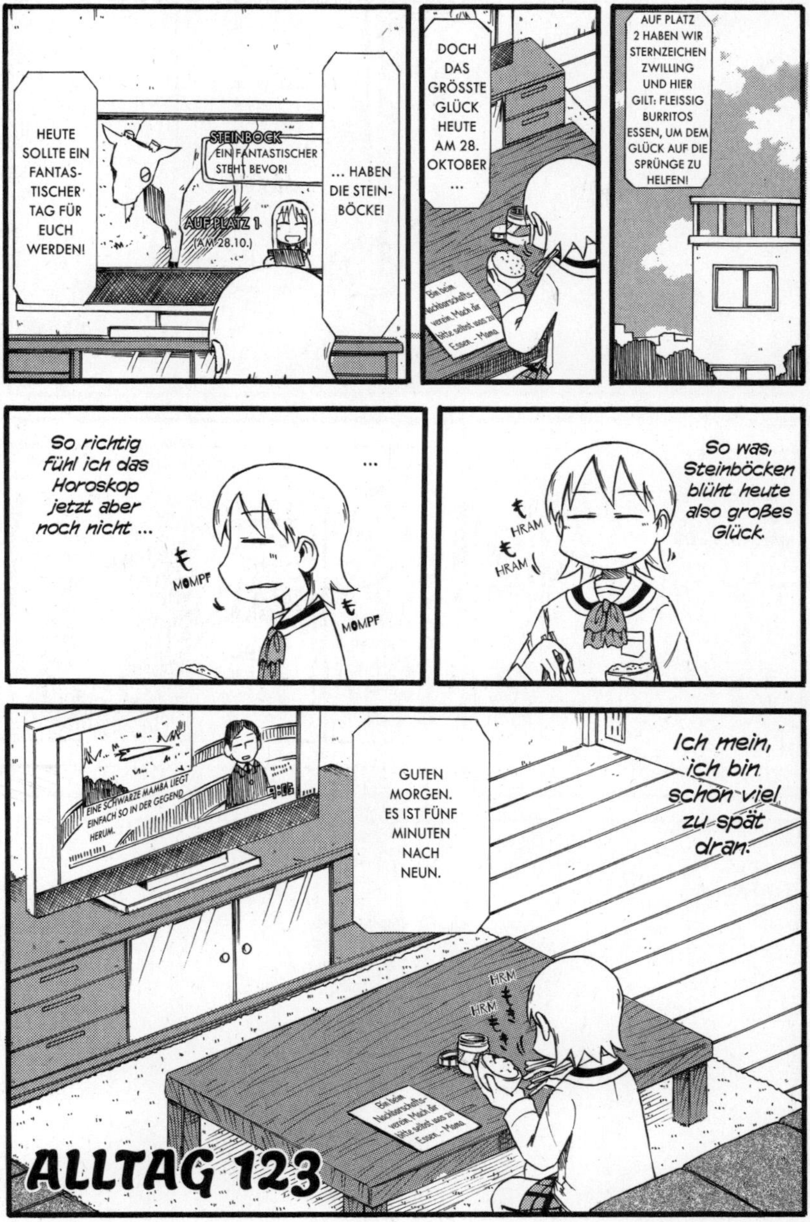
AUF PLATZ 2 HABEN WIR STERNZEICHEN ZWILLING UND HIER GILT: FLEISSIG BURRITOS ESSEN, UM DEM GLÜCK AUF DIE SPRÜNGE ZU HELFEN!
DOCH DAS GRÖSSTE GLÜCK HEUTE AM 28. OKTOBER …
Bin beim Nachbarschaftsverein. Mach dir bitte selbst was zu Essen. - Mama
… HABEN DIE STEINBÖCKE!
STEINBOCK
EIN FANTASTISCHER STEHT BEVOR!
AUF PLATZ 1
(AM 28.10.)
HEUTE SOLLTE EIN FANTASTISCHER TAG FÜR EUCH WERDEN!
So was, Steinböcken blüht heute also großes Glück.
HRAM
HRAM
…
So richtig fühl ich das Horoskop jetzt aber noch nicht …
MOMPF
MOMPF
Ich mein, ich bin schon viel zu spät dran.
GUTEN MORGEN. ES IST FÜNF MINUTEN NACH NEUN.
EINE SCHWARZE MAMBA LIEGT EINFACH SO IN DER GEGEND HERUM.
HRM
HRM
Bin beim Nachbarschaftsverein. Mach dir bitte selbst was zu Essen. - Mama
ALLTAG 123

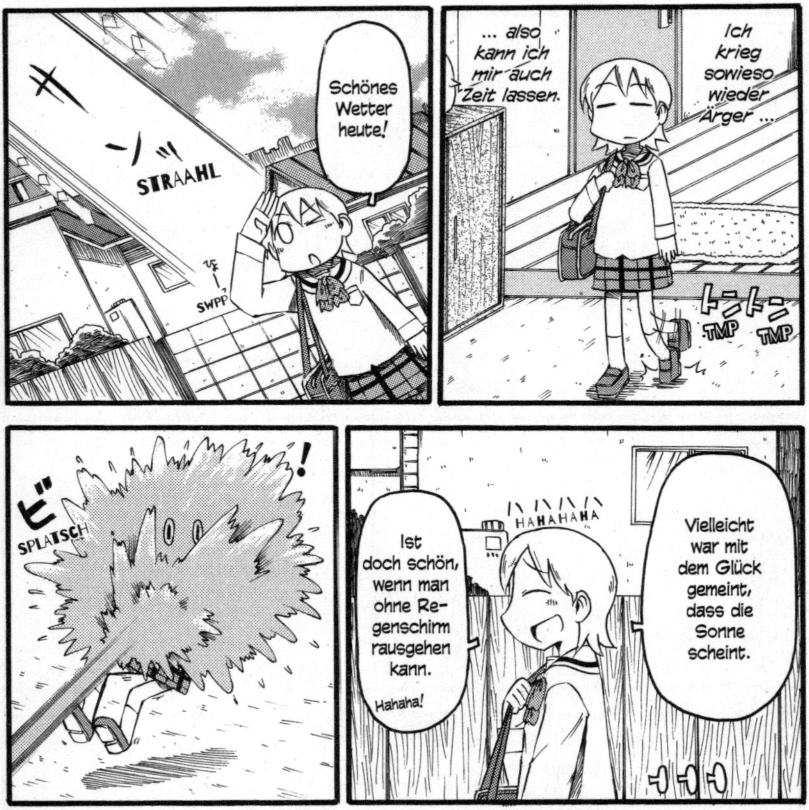
Ich krieg sowieso wieder Ärger ...
... also kann ich mir auch Zeit lassen.
TMP TMP
Schönes Wetter heute!
STRAAHL
SWPP
Vielleicht war mit dem Glück gemeint, dass die Sonne scheint.
HAHAHAHA
Ist doch schön, wenn man ohne Regenschirm rausgehen kann.
Hahaha!
!
SPLATSCH
Fräulein! Siehst du nicht, dass ich den Weg wässere?
WENN DIE TÄTERIN IHR OPFER ANSCHNAUZT!
Du bist jung, du hättest ausweichen können!
BRSCHH
FWSCHH
T...
Tut mir leid.
So ein Scheißtag!

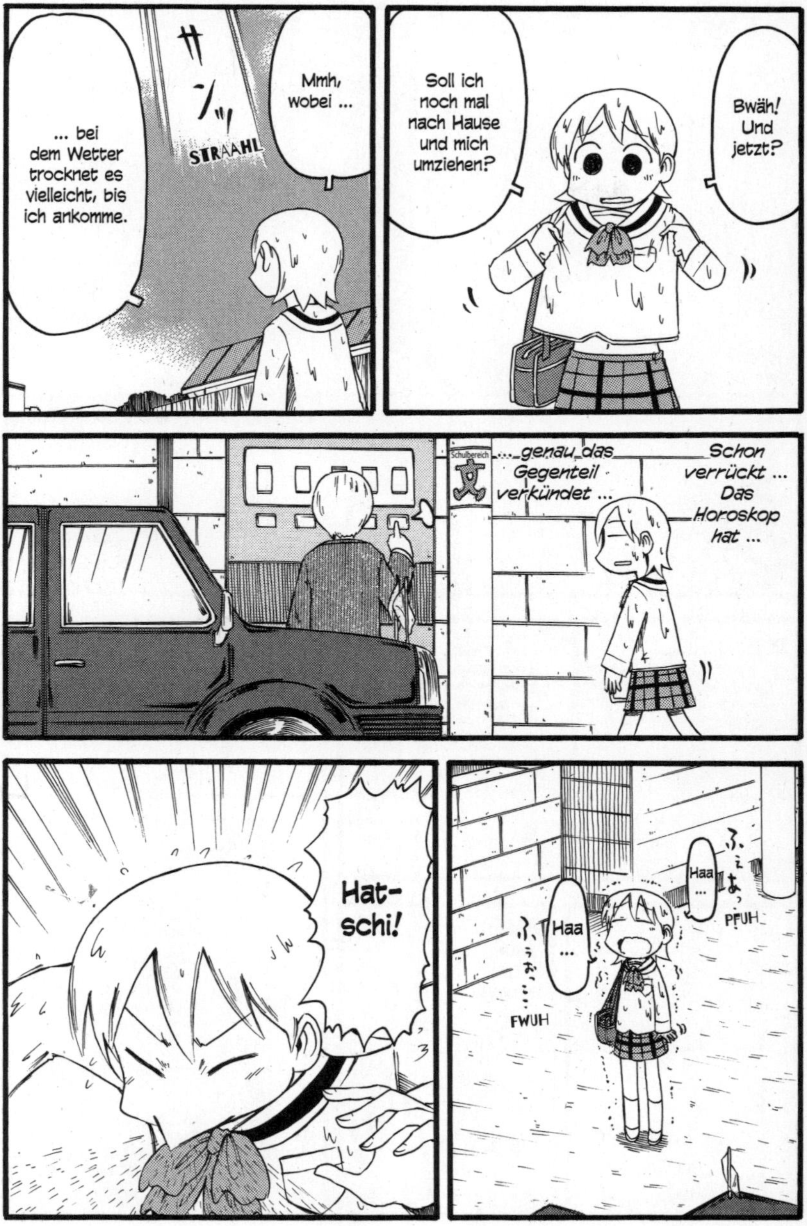

Bwäh! Und jetzt?
Soll ich noch mal nach Hause und mich umziehen?
Mmh, wobei ...
STRAAHL
... bei dem Wetter trocknet es vielleicht, bis ich ankomme.
Schon verrückt ... Das Horoskop hat ...
... genau das Gegenteil verkündet ...
Schulbereich
Haa ...
PFUH
Haa ...
FWUH
Hat-schi!

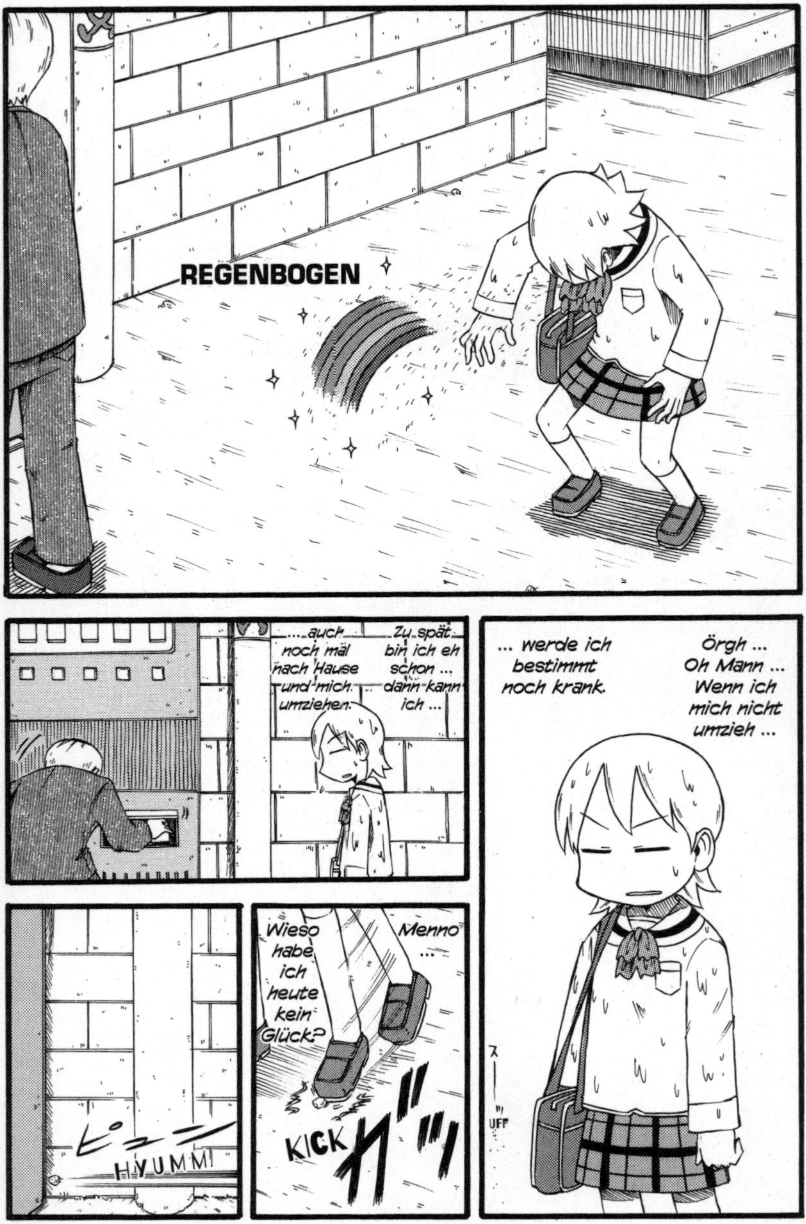
REGENBOGEN
Örgh ... Oh Mann ... Wenn ich mich nicht umzieh ...
... werde ich bestimmt noch krank.
UFF
Zu spät bin ich eh schon ... dann kann ich ...
... auch noch mal nach Hause und mich umziehen.
Menno ...
Wieso habe ich heute kein Glück?
KICK
HYUMM

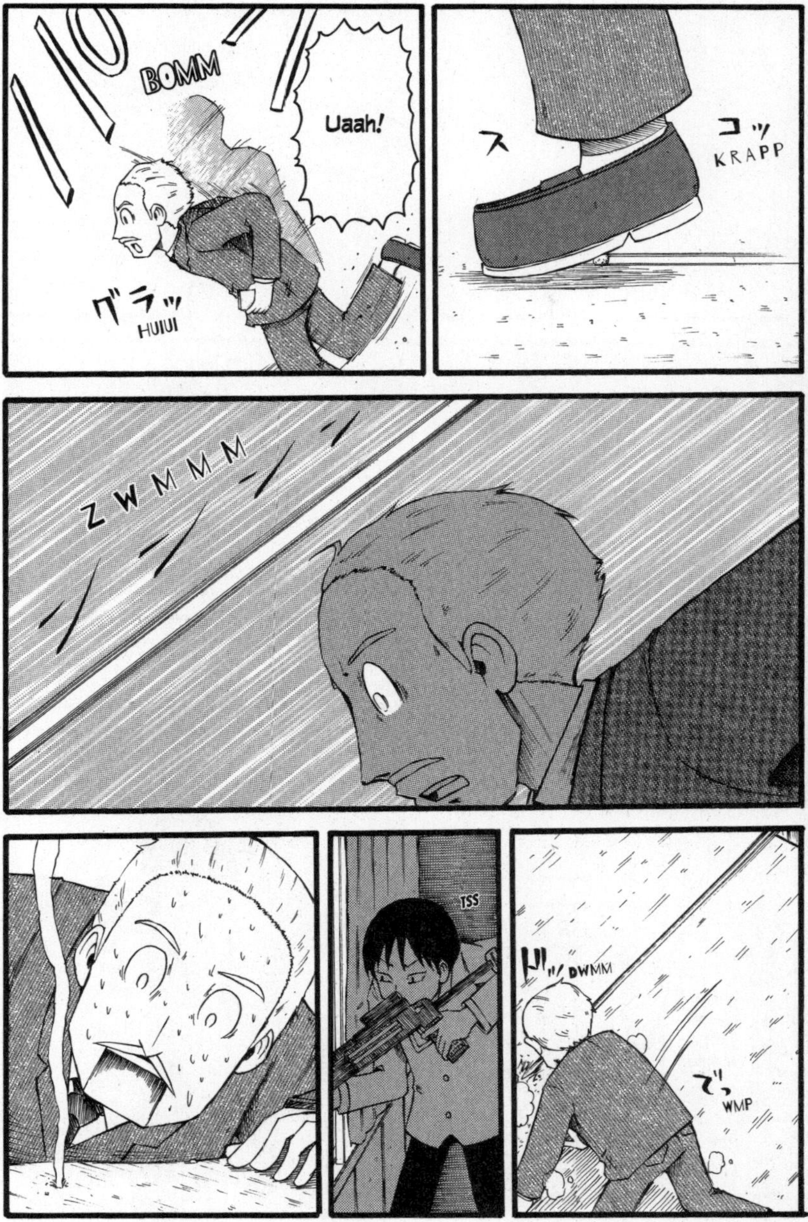
ス
コッ
KRAPP
BOMM
Uaah!
グラッ
HUIUI
ZWMMM
でっ
WMP
DWMM
ISS

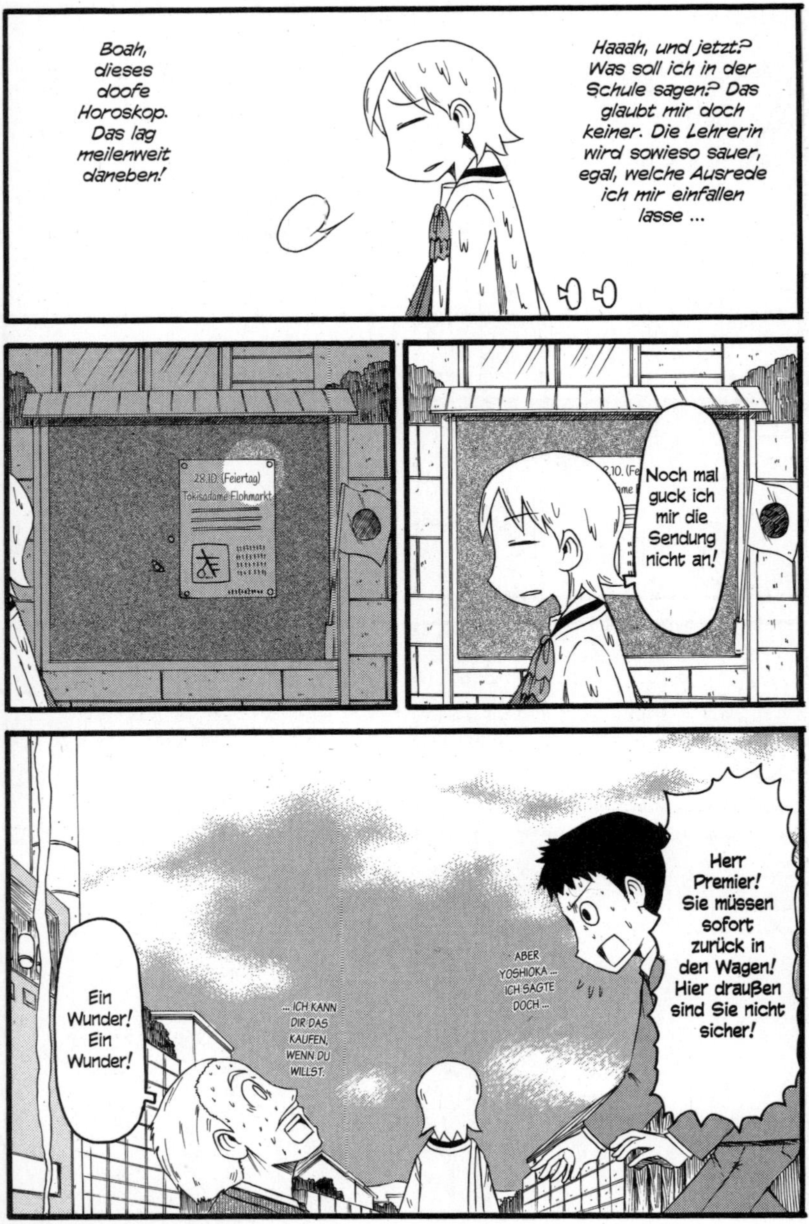
Haaah, und jetzt? Was soll ich in der Schule sagen? Das glaubt mir doch keiner. Die Lehrerin wird sowieso sauer, egal, welche Ausrede ich mir einfallen lasse ...
Boah, dieses doofe Horoskop. Das lag meilenweit daneben!
Noch mal guck ich mir die Sendung nicht an!
28.10. (Feiertag)
Tokisadame-Flohmarkt
Herr Premier! Sie müssen sofort zurück in den Wagen! Hier draußen sind Sie nicht sicher!
Aber Yoshioka ... ich sagte doch ...
... ich kann dir das kaufen, wenn du willst.
Ein Wunder! Ein Wunder!

ALLTAG 123 (ENDE)

ALLTAG 124

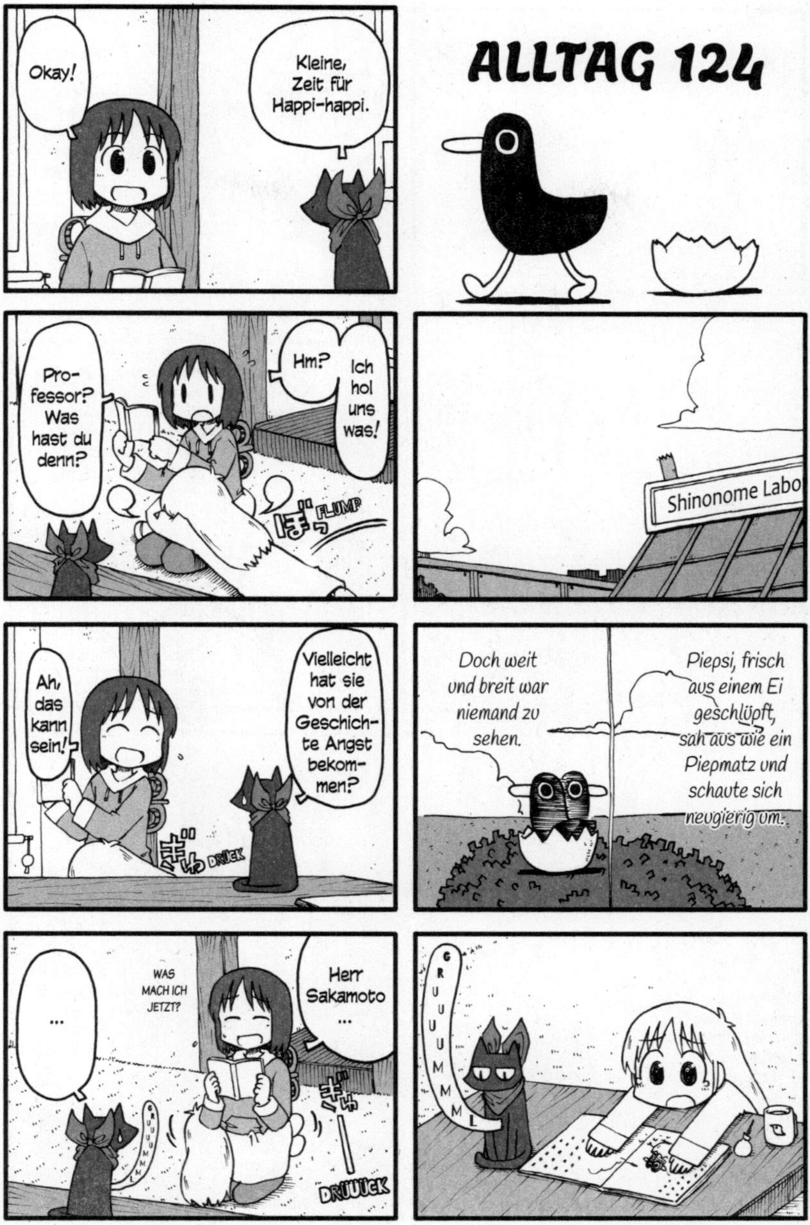

Shinonome Labo
Piepsi, frisch aus einem Ei geschlüpft, sah aus wie ein Piepmatz und schaute sich neugierig um.
Doch weit und breit war niemand zu sehen.
GRUUUMML
Kleine, Zeit für Happi-happi.
Okay!
Hm?
Ich hol uns was!
Professor? Was hast du denn?
ぼっ FLUMP
Vielleicht hat sie von der Geschichte Angst bekommen?
Ah, das kann sein!
ぎゅ DRÜCK
Herr Sakamoto ...
WAS MACH ICH JETZT?
...
GRUUUMML
ぎゅ DRÜÜÜCK

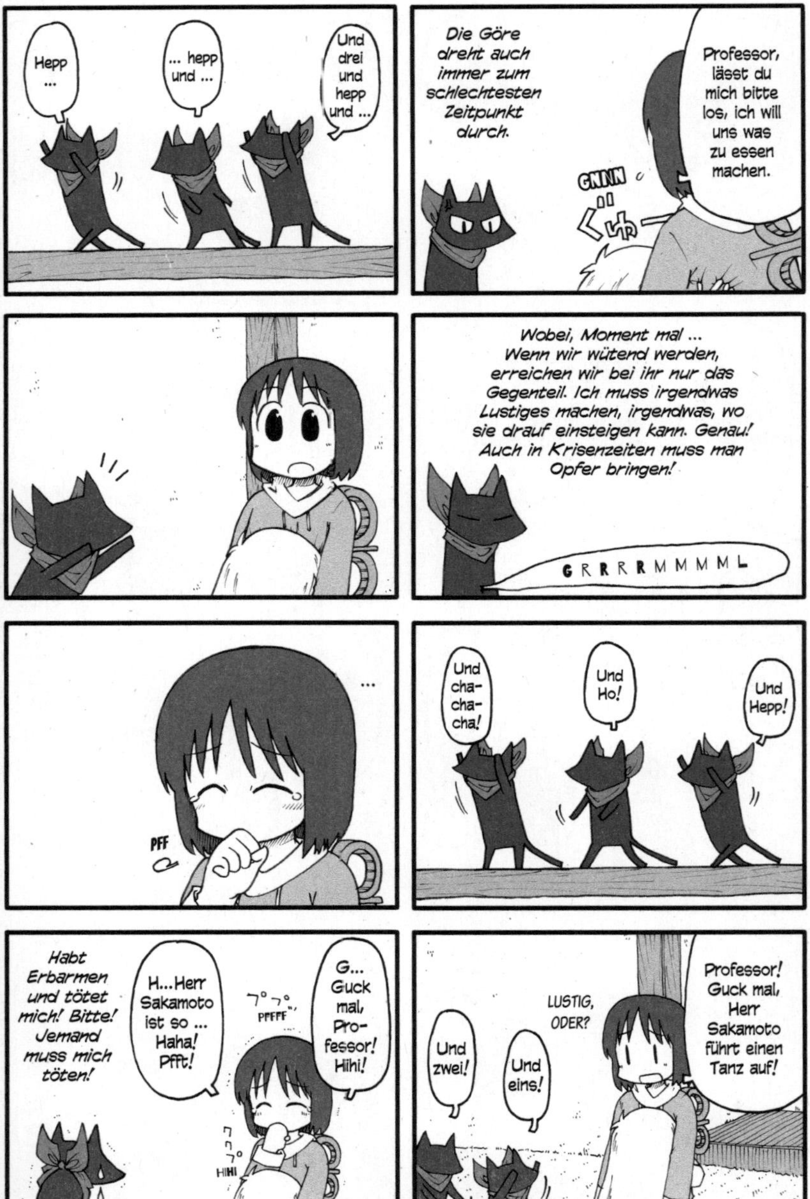
Professor, lässt du mich bitte los, ich will uns was zu essen machen.
GNNN
Die Göre dreht auch immer zum schlechtesten Zeitpunkt durch.
Wobei, Moment mal … Wenn wir wütend werden, erreichen wir bei ihr nur das Gegenteil. Ich muss irgendwas Lustiges machen, irgendwas, wo sie drauf einsteigen kann. Genau! Auch in Krisenzeiten muss man Opfer bringen!
GRRRRMMMML
Und Hepp!
Und Ho!
Und cha-cha-cha-cha!
Professor! Guck mal, Herr Sakamoto führt einen Tanz auf!
LUSTIG, ODER?
Und eins!
Und zwei!
Und drei und hepp und …
… hepp und …
Hepp …
…
PFF
G… Guck mal, Pro-fessor! Hihi!
PFFFF
H…Herr Sakamoto ist so … Haha! Pfft!
HIHI
Habt Erbarmen und tötet mich! Bitte! Jemand muss mich töten!

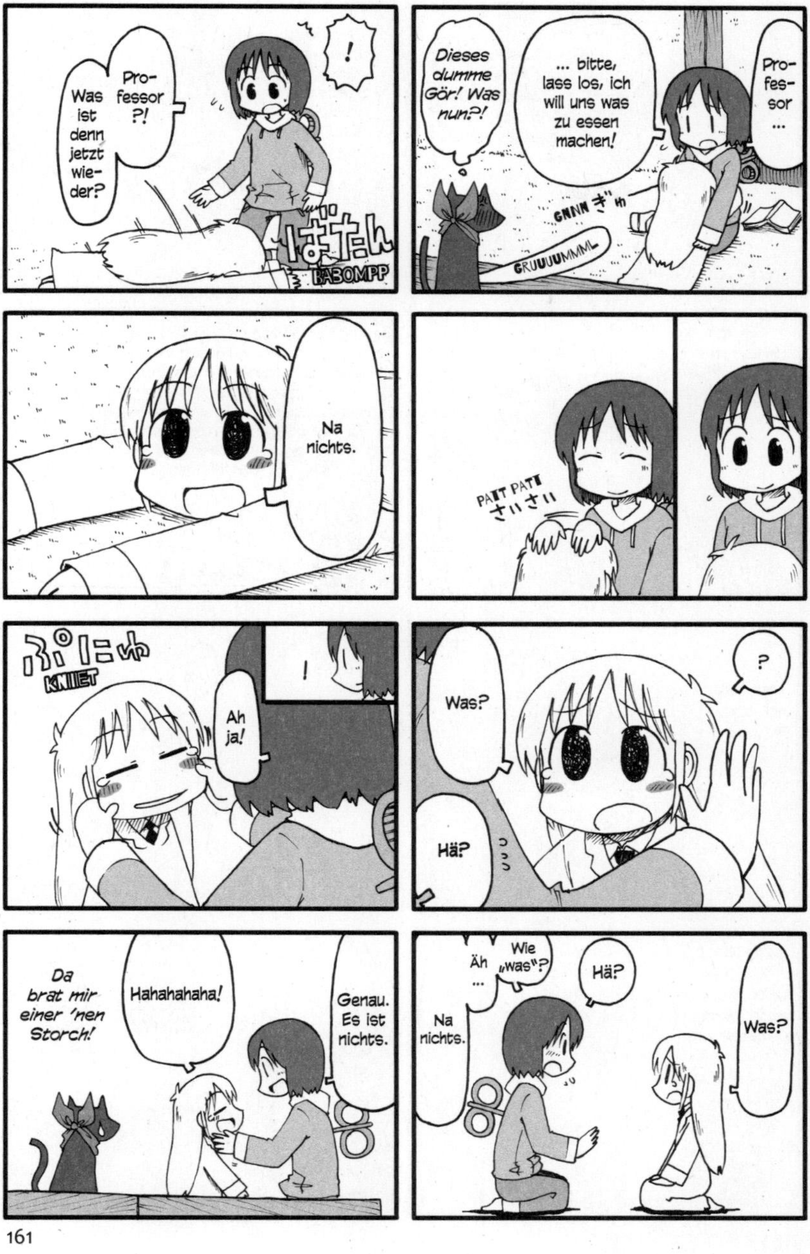
Pro-fes-sor ...
... bitte, lass los, ich will uns was zu essen machen!
Dieses dumme Gör! Was nun?!
GNNN ぎゅ
GRUUUUMMML
!
Pro-fessor ?!
Was ist denn jetzt wie-der?
ばたーん
BABOMPP
PATT PATT
さいさい
Na nichts.
?
Was?
Hä?
ぷにゅ
KNIIET
!
Ah ja!
Was?
Hä?
Wie „was"?
Äh ...
Na nichts.
Genau. Es ist nichts.
Hahahahaha!
Da brat mir einer 'nen Storch!

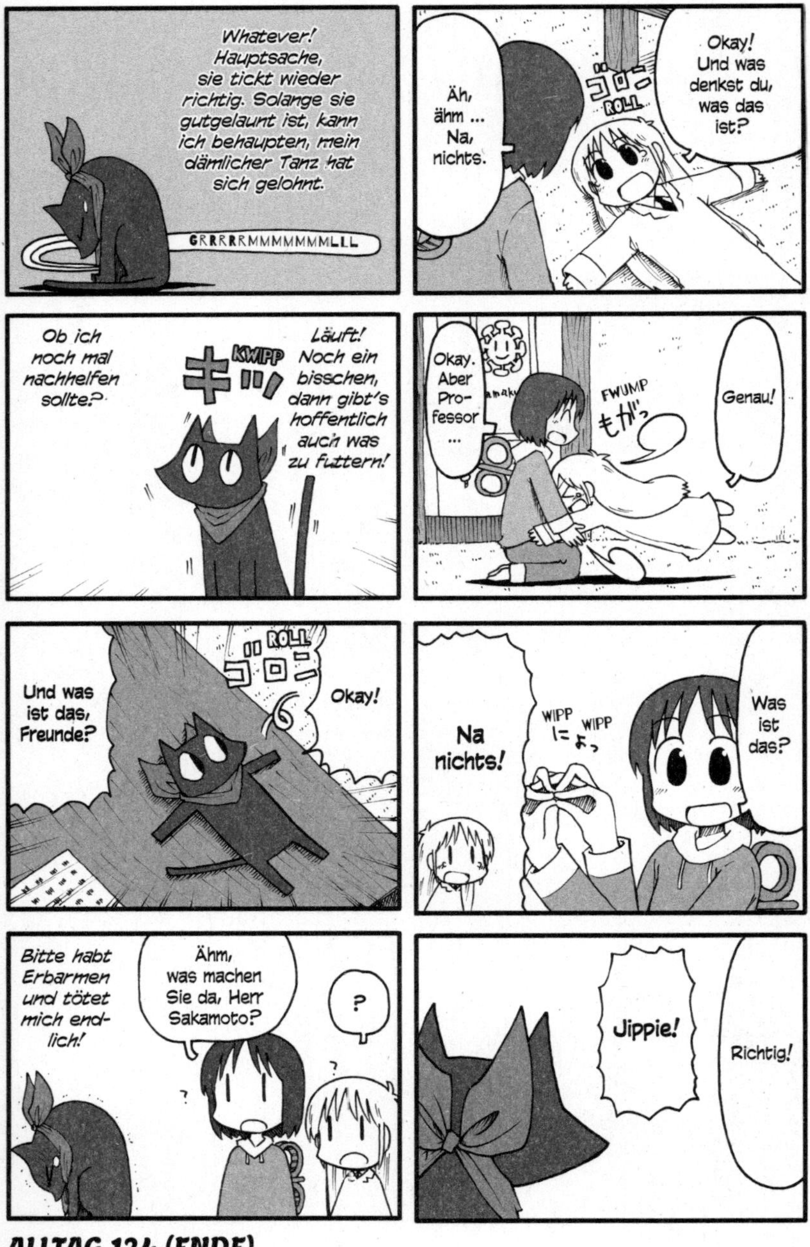
Okay! Und was denkst du, was das ist?
ROLL
Äh, ähm ... Na, nichts.
Whatever! Hauptsache, sie tickt wieder richtig. Solange sie gutgelaunt ist, kann ich behaupten, mein dämlicher Tanz hat sich gelohnt.
GRRRRRMMMMMMMLLL
Genau!
FWUMP
Okay. Aber Professor ...
Läuft! Noch ein bisschen, dann gibt's hoffentlich auch was zu futtern!
KWIPP
Ob ich noch mal nachhelfen sollte?
Was ist das?
WIPP WIPP
Na nichts!
Okay!
ROLL
Und was ist das, Freunde?
Richtig!
Jippie!
?
Ähm, was machen Sie da, Herr Sakamoto?
Bitte habt Erbarmen und tötet mich endlich!

ALLTAG 124 (ENDE)

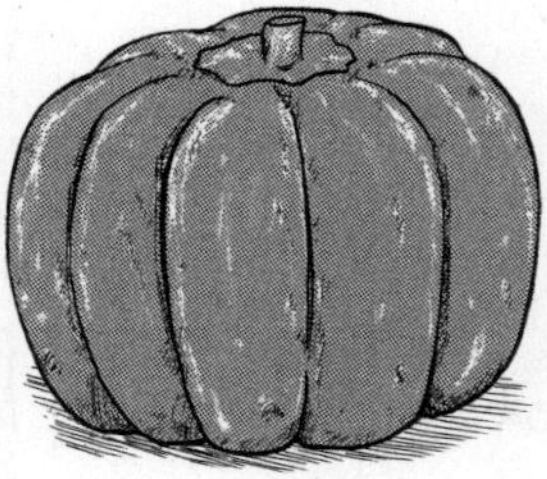

SUTOPPU!

**Koko wa kono manga no owari dayo.
Hantaigawa kara yomihajimete ne!
Dewa omatase shimashita!
Tanoshii hitotoki wo dozo!**

Egmont-Manga-Chiimu

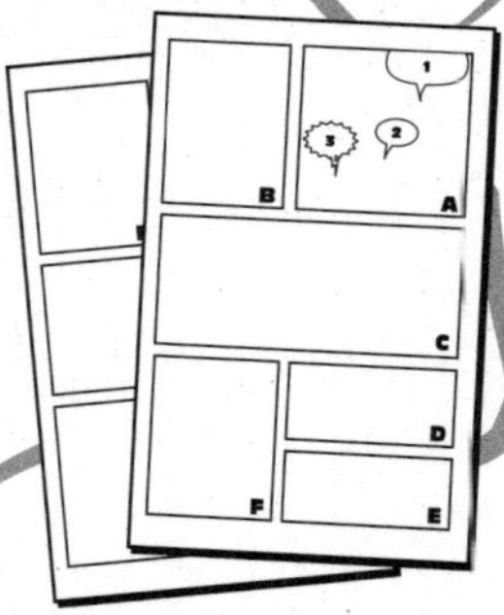

STOPP!

**Das ist der Schluss des Mangas.
Fangt bitte am anderen Ende an!
Und nun genug der Vorrede,
viel Spaß beim Lesen!**

Euer Egmont-Manga-Team

„Nichijou – Das ganz normale Leben“ von Keiichi Arawi
Aus dem Japanischen von Martin Gericke
Originaltitel: „Nichijou“

Originalausgabe: NICHIJO Vol. 7

First published in Japan in 2011 by
KADOKAWA CORPORATION, Tokyo.
German translation rights arranged with
KADOKAWA CORPORATION, Tokyo,
through TOHAN CORPORATION, Tokyo.

Deutschsprachige Ausgabe erschienen bei
© Egmont Manga verlegt durch
Egmont Verlagsgesellschaften mbH,
Ritterstraße 26, 10969 Berlin

1. Auflage 2024
Verantwortliche Redakteurin: Inga Wurzbach
Gestaltung: Anke Koopmann, Designomicon
Koordination: Angelika Schönhuber
Printed in the EU
ISBN 978-3-7555-0216-6

story house
EGMONT